本书获河北大学红色文学与文化研究项目资助

2021—2022年度河北省社会科学基金项目（项目批准号：HB21WW006）

红色文化研究丛书

茅盾小说在日本的译介与研究

连 正 著

中国社会科学出版社

图书在版编目（CIP）数据

茅盾小说在日本的译介与研究／连正著．—北京：中国社会科学出版社，2023.3
（红色文化研究丛书）

ISBN 978 – 7 – 5227 – 1400 – 4

Ⅰ.①茅⋯　Ⅱ.①连⋯　Ⅲ.①茅盾（1896 – 1981）—小说—日语—文学翻译—研究　Ⅳ.①H365.9②I207.42

中国国家版本馆 CIP 数据核字（2023）第 033829 号

出 版 人	赵剑英	
责任编辑	张　玥	
责任校对	王　龙	
责任印制	戴　宽	

出　　版	中国社会科学出版社	
社　　址	北京鼓楼西大街甲 158 号	
邮　　编	100720	
网　　址	http://www.csspw.cn	
发 行 部	010 – 84083685	
门 市 部	010 – 84029450	
经　　销	新华书店及其他书店	

印　　刷	北京明恒达印务有限公司	
装　　订	廊坊市广阳区广增装订厂	
版　　次	2023 年 3 月第 1 版	
印　　次	2023 年 3 月第 1 次印刷	

开　　本	710 × 1000　1/16	
印　　张	18.5	
插　　页	2	
字　　数	269 千字	
定　　价	96.00 元	

"红色文化研究丛书"总序

  本丛书所谓"红色文化",是指中国共产党直接领导和影响下产生的一切文化产品与文化现象,包括文学、艺术、新闻传播、伦理道德、历史书写、理论建设、社会教育、社会组织与社会动员等各个领域。中国共产党历来重视文化建设,它是与政治斗争、军事斗争和经济建设密切配合的重要一翼。不同时期的红色文化建设都取得重要成就:十年内战时期大都市的左翼文化、苏区的革命文化是红色文化建设的起步阶段,抗日战争时期红色文化逐步走向成熟,特别是毛泽东《新民主主义论》和《在延安文艺座谈会上的讲话》发表以后,红色文化建设有了理论的升华和行动的共同指针,红色文化明确为"新民主主义文化"。1949年以后,这种新民主主义文化又发展为社会主义和共产主义文化。

  红色文化是此前世界上从未出现过的一种新型文化。它的最早形态是新民主主义文化。新民主主义文化来源于五四,因而作为现代性文化它以对延续几千年的封建的传统文化反叛的面貌出现的。1930年代的红色文化分为两大块,就是以上海为中心的大都市的左翼文化和各个苏区的革命文化。都市左翼文化的影响范围基本限于知识分子和部分市民范围,苏区文化面对农民和士兵,其内容和形式尚比较质朴。抗日战争时期是新民主主义文化在解放区做到了全社会性大普及。在中国共产党及其所领导的军队及文化干部到来之前,不论是陕甘宁还是晋察冀,都基本处于封建落后状态,一些偏僻山区极端贫穷,甚至接近原始生活。红色文化的进入和普及,使得这些地区一下子而有了现代文化,这可以说是文化上的大飞跃。红军或八路军的社会动员能力亘古未见，而这种社会动员主要靠的是文化的力量。为了更容易为偏僻落后地区的群众所接受，这种现代文化又很自然地揉进或利用了某些传统文化质素，做到了为人民大众"喜闻乐见"，因而就社会影响面来说，它所取得的成就超过了此前的五四文化和左翼文化，其成熟程度也超过了苏区文化。其成就在人类文化发展史特别是中国文化发展史上是值得大书特书的。

红色文化在建设和发展中有宝贵经验，也有深刻教训。不论是经验还是教训，都是中国革命史的一部分，也是整个中国现代史的重要组成部分，这些都需要的专业的研究者予以实事求是、细致深入的学理研究。大致来说，对于红色文化，新时期以前单从政治角度予以研究的较多，从文化与社会层面进行学理性研究的较少；新时期初期，对于其教训研究较多，对其经验的学理化研究较少。在今天来说，只有做全面的学理化研究，才能真正利用好红色资源，传承好红色基因。

本丛书是河北大学红色文学与文化研究中心学者们成果的结集。河北大学地处冀中，这里是当年晋察冀边区的腹地，晋察冀边区是被毛泽东主席称赞过的模范抗日根据地，在社会组织与文化建设方面均取得引人注目的成绩。因此，河北大学红色文学与文化研究中心对于红色文化的研究以晋察冀革命文化的研究为特色。但本中心的研究范围并不仅限于晋察冀。我们下设红色文学研究、马克思主义文艺理论研究、解放区新闻传播研究、红色文化传承研究和红色艺术研究五个主要方向。这五个方向既互相呼应、互有交叉，又有各自的侧重与特色：红色文学研究侧重"史"的梳理与评估；马克思主义文艺理论研究为其他方向研究提供理论指导；解放区新闻传播研究由晋察冀新闻出版研究起步，兼及其他解放区及其他时期红色新闻出版的研究；红色文化传承研究涉及苏区、解放区社会动员、社会组织、文化建设和文化传承各个方面，红色艺术研究包括红色美术、音乐、戏剧（戏曲）及影视的研究。近十几年来，本中心学者已出版许多重要相关著作，并将陆续有新著面世。十年前出版的旧著，因近些年来学界又有新的发展，作者又有新的资料或观点，这次以修订版方式再版，纳入丛书；本中心学者的新著，也纳入丛书系列，从而展现我们团队的成果与特色，为红色文化研究做出自己的贡献。

阎浩岗

2022 年 5 月 14 日于河北大学

前　言

　　1935 年小田岳夫对《幻灭》的摘译是茅盾中长篇小说在日本译介的滥觞之作。1936 年他再将《动摇》和《追求》合译，以《忧愁的中国：大过渡期》为书名由东京第一书房出版发行，这是首部茅盾作品的日译单行本。《大过渡期》出版后引发日本批评家的不同评价，日本学者以局外人角度，从文学本身出发所提出的观点对中国国内茅盾研究界有一定参考价值，而这些评价又与战前日本社会文化背景分不开。"二战"后日本学者进一步推进深化了对《蚀》的研究。日本学者的研究成果使我们认识到：总览社会全局、记录时代风云的宏大叙事与刻画人情风俗、发掘人性幽微的私人化叙事各有其存在价值、各有其特定读者群体，也都可以引发域外读者兴趣、产生国际影响。日本学者看重茅盾，还因他的西欧式现实主义给正在探索东西方结合之路的日本文学界以启发和示范。1940 年武田泰淳翻译了《虹》，这是继《大过渡期》之后又一部茅盾中长篇小说的日译单行本。武田泰淳只翻译了《虹》的前 7 章，在译本的《解题》中对"虹"的象征意义、文体及人物性格作出了解说；他解析了茅盾在创作《虹》之时深受柏格森哲学体系中的"延绵性"思想影响的特质。《虹》日译本生成前后，井上红梅、藤井冠次等单纯从文学角度更加准确地将茅盾作品置于世界文学体系中予以阐释，其研究成果虽为数不多，却细致入微，观点独特，并具有一定前瞻性。《虹》对译者武田泰淳在战后短篇小说《圣女侠女》的创作产生了深刻影响，两部作品在叙事背景、人物描写、女性主义等方面存在明显互文性，这充分体现了

《虹》在异国文化体系中特殊的文学价值和意义。

《子夜》是日本学界译介与研究的重要中国现代文学作品之一。迄今为止，其日文译本共计 6 个版本。1936 年 4 月竹内好发表的《茅盾论》一文是最早系统评价《子夜》的文献。竹内好通过对《子夜》以反话的"恶文"评价方式抨击了因循守旧的支那学派和旧汉学派。在竹内好的意识里，茅盾是一位在东方文化体系中建立"新文学"范式的奠基者之一。他用反语的方式意图告诫那些因循守旧的中国文学研究者：在如何处理本民族传统文学与西方文学相结合问题上，茅盾为 20 世纪 30 年代日本文坛提供了范式和借鉴，其影响和价值不容忽视更不能贬低。1938 年增田涉以《上海的深夜》为题目欲将《子夜》完整翻译，译文中除译者"简介"外还附有刘岘版画作品《子夜之图》图片共 10 幅，比起作品本身，他更意欲通过翻译大规模描写中国社会的《子夜》，以文字图片的直观方式向日本读者介绍战争状态下的上海，但因战争及读者评价不高等原因，该译本实际只完成了前两章。"二战"后《子夜》迎来了翻译的高潮期，1951 年尾坂德司首次将其完整翻译发表，之后小野忍和高田昭二于 1962 年和 1970 年分上下册完成了合译，竹内好更是于 1963 年和 1970 年两次完整翻译了《子夜》，1974 年筑摩书房出版的《筑摩世界文学大系》第 78 卷中再度收录并发表了竹内好 1970 年版的译本。译者们从现实主义、创作主题等视角出发对该作品予以了积极性评介。战后《子夜》在日本的研究呈现出研究视野和方法多元化与文本逐步经典化的特点。《子夜》的译介评价成为茅盾小说在日本"经典化"历程最为典型的例证。

《蚀》《虹》《子夜》日译单行本的出现推动了茅盾战时长篇小说在日本的译介。1947 年小野忍在《随笔中国》杂志中发表的《茅盾文学——其一关于〈腐蚀〉》一文成为《腐蚀》在日传播的滥觞之作。1951年小野忍对菊池租《腐蚀》的译稿进行了修改补充，1954 年 6 月发表出版了首部《腐蚀》日译单行本，1961 年他再次修改并出版发行了单行本，1978 年市川宏再度将《腐蚀》完整翻译发表。从 20 世纪 60 年代至 90 年代日本学者从文体结构、意识流手法、叙事风格等方面对《腐蚀》的文本展开了阐释与研究，其观点在中日学界产生了对话与争鸣之关系，体现了在异国文化体系中茅盾努力发掘人性的复杂性、尊重艺术规律的现实主义作家之精神。《腐蚀》对堀田善卫在 1951 年创作的短篇小说《齿轮》产生了深刻影响。两部作品在故事背景、人物性格、心理描写等方面具有明显互文性，充分体现了《腐蚀》在战后初期日本学界及评论界所产生的巨大影响力。1949 年 9 月，竹内好首次为日本读者简介了《霜叶红似二月花》的故事梗概，之后相继出现了 4 个日译版本，即 1958 年版奥野信太郎译（筑摩书房版及河出书房新社版）、1962 年版竹内好译和 1980 年版立间祥介译。在 20 世纪五六十年代，日本研究者渴望通过阅读《霜叶红似二月花》中描写的挣扎于"五四"历史转型期的个体生命与民族思想文化纠葛审视反思日本战败后所面临的民族精神困境及在西方政治话语主导下所形成的文化断层。进入 1980 年代，《霜叶红似二月花》再次被翻译并被译者给予了高度评价，其原因在于新时期之后在以国内学界为主导的批评语境中对带有《红楼梦》式古典文学风格的《霜叶红似二月花》经典化的全面推进不无关系。其次，"全球化"的世界格局致使日本无论在创作还是理论研究方面均呈现出多元态势，日本文艺思潮再次陷入了东西方文化的激烈碰撞之中。对于西方文学文化的接受，日本批评界深刻认识到：接受并不等于近代式盲目的"拿来"与"互动"，"本土意识"也并非战时保守式的故步自封，而是要各取所长，形成平等对话关系。此背景之下，在日本人看来带有《儒林外史》风格的《子夜》与具有《红楼梦》文体风格和民族艺术色彩的《霜叶红似二月花》，这两部描写中国传统与现代的长篇史诗巨作自然在 1980 年代受到了日本学界及读者的强烈关注。

除长篇小说外，茅盾短篇小说在日本也被大量翻译与研究。短篇小说《水藻行》创作完成于 1936 年 2 月 26 日，1937 年 5 月 1 日发表在日本《改造》杂志第 19 卷第 5 期的首页，这是茅盾创作生涯中唯一一篇在国外发表的小说作品，在中日文学交流史中有着重要的意义。经梳考史料，笔者与导师发现，《水藻行》实为山上正义所译，而并非鲁迅译或鹿地亘及胡风合译。对于日本大型杂志社《改造》来说，能得到中国文坛巨匠茅盾的赐稿可谓求之不得。社长山本实彦在作品刊登之前便开始运作宣传，4 月底便出现了小田岳夫、本多显彰等评论家发表的数篇报刊评论。5 月 1 日登载之后又相继出现数篇评论。通过这些评论足以证明《水藻行》在战前中日文学文化交流史上体现出了不容忽视的非凡意义。《春蚕》《秋收》《林家铺子》《小巫》等作品战前战后在日本均被翻译发表，其中《春蚕》共 4 个译本，《林家铺子》共 3 个译本，是茅盾短篇小说中日译版本较多的两部作品。日本研究者及读者通过这些作品直接了解到了 20 世纪 30 年代中国农村经济情况和挣扎于帝国主义统治下的中国农民形象。战前，竹内好将《春蚕》置于中国农民文学整体框架中阐释其特有文学价值的评论彰显出 1930 年代日本学者对于中国现代文学理解把握的整体性与全面性。战后"农村三部曲"和《林家铺子》进一步被研究阐释。日本学者更加关注茅盾作为"作家"意识在文本中的体现，探究茅盾作为"作家"的个体生命体验和思想内质，关于故事情节是否符合历史事实自然不被纳入研究重点。由此，"农村三部曲"与《子夜》同样作为"纯文学"而并非作为了解中国经济社会的"一份高级社会文件"被接受与解读的。日本学者正是敏锐地认识到茅盾农村叙事小说中"独特的艺术价值"和"超越政治立场的文献价值"，才采取了与国内较为不同的研究方法和视角，进而得出了更为独特的观点和阅读感受。

总体来说，茅盾小说在日本的译介与研究，无论是研究视野、研究与翻译方法，还是结论观点都应引起我国茅盾研究界的关注与借鉴。随着中日文学文化交流的日益加深，对异质文化的深刻认识与理解，展开彼此间的交流，化解双方文化与思维上的隔阂已然成为两国不容回避的重要议题。研究茅盾文学在异质文化的译介与研究有助于从"他者"的视角反观审视自我文化与文学中被遮蔽与忽视的价值与意义，同时发现日本学者以"他者"的视野对中国现代文学研究中所存在的缺陷与不足，探究在异质文化语境中如何消解彼此在文学研究领域中产生的误解与偏差，这对于我们未来进一步研究茅盾不无裨益。

为出色完成此著作的撰写，笔者于 2019 年夏亲赴东京，在日本国立国会图书馆和二手书市场寻找相关日文资料，同时委托日本人好友及留学生复印购买了大量一手日文资料。经过近 3 年的不断搜集与整理，笔者共获取论文文献 149 篇、茅盾作品日译本（包括摘译）42 部、与茅盾研究相关的著作 18 部、[日] 日本茅盾研究会编《茅盾研究会会报》全集 1 部、茅盾相关研究博士论文 6 篇、[日] 中国文学研究会编《中国文学月报》影印版全集一部（共 10 卷，东京：汲古书院 1977 年版）。在反复细读、翻译和研究史料的基础上对茅盾小说在日本的译介与研究历史展开了考证、梳理和整合，形成了一部迄今为止最为完整的日本茅盾小说译介与研究史论稿。本著作中不仅附加了大量茅盾小说各日译版本及日本学者茅盾研究专著的封面插图、报刊书影，还在书后附录中详细罗列了迄今所发现的所有日本茅盾研究文献目录，为读者了解日本茅盾研究概况提供了目前最为全面的一手资料参考。

本著作并非简单地堆砌罗列史料，而是以"史料整理的全面性""考证辨析的准确性""解读评析的深入性""学术眼光的前瞻性"为撰写原则，参照国内茅盾研究，将其置于世界茅盾研究（以英语世界国家及俄罗斯研究为主）历史的宏大视阈背景中抽丝剥茧、归本溯源；力求探究中日学界在茅盾研究领域存在的对话与争鸣，述论日本学者新颖的研究方法和独特的研究视角，分析茅盾小说对日本作家作品创作产生的影响，求证文本间存在的互文性，借助日本之"他山之石"阐释了茅盾作品在域外文化体系中所体现出的文学价值和历史文化意义。在此基础上，本著作对文化巨匠茅盾给予了国际视野的文化推介，为我国茅盾研究、中国现当代文学的海外传播研究、红色文学研究等领域提供了一些新的理论启发和珍贵的文献史料。

连正

2022 年春

目　　录

第三章 "梅女士"于日本之再现
    ——《虹》日译单行本的生成与接受

第四章 茅盾1940年代长篇小说在日本的译介与研究
    ——以《腐蚀》《霜叶红似二月花》为例

绪　　论

一　选题缘起

1984 年李岫编《茅盾研究在国外》的发表，开启了国内关于茅盾作品在域外传播与接受这一宏大课题研究的先河。经过近 40 年国内相关领域学者的不断努力，迄今成果数量倍增，研究对象和视野聚焦于不同国别区域。其中对茅盾小说在英语世界及俄罗斯的接受已有较为系统全面的研究成果，这为本书分析把握日本对茅盾小说译介与研究的特点提供了参照。较之其他国家，日本对茅盾小说的译介和研究成果更丰硕，更值得注意。笔者通过对比研究发现，与英语世界国家和俄罗斯等国相比较，日本的茅盾研究有两个特点。

第一，论文文献及译本数量最多。从 1930 年代至今，日本的茅盾小说研究论文共计 153 篇，而英语世界与俄罗斯茅盾研究论文文献均为 47 篇；包括摘译在内的茅盾作品日译本共计 92 种，而英语世界共计 53 种，俄罗斯共计 19 种。① 日本对茅盾小说的翻译主要集中于中长篇小说。茅盾小说英译作品不多，且主要集中在早期创作的短篇小说，长篇只有《子夜》《虹》，每部译作也只有一种译本。② 在俄罗斯，茅盾中长篇小说的俄译，《子夜》《腐蚀》《动摇》各 2 个版本，《虹》只有 1 个版本，至

---

① 参见周娇燕《英语世界的茅盾研究》，中国社会科学出版社 2020 年版；王玉珠《茅盾在俄罗斯的接受研究》，博士学位论文，北京外国语大学，2015 年。另，这里的译著是指茅盾小说、散文及文论等在内的所有作品的译本数量。

② 参见周娇燕《英语世界的茅盾研究》，中国社会科学出版社 2020 年版。

于《幻灭》《追求》《霜叶红似二月花》等其他茅盾重要作品迄今未见俄译本出现。① 茅盾中长篇小说日译本数量远超英（英语圈）俄，体现了日本学者在茅盾小说翻译和研究方面力度之大、领域视野之广阔与研究之全面。②

第二，研究方法和视野具有独特性。如何在本土文学传统上接受消化西方文艺思潮，怎样探求东西方文化互融的中庸之道是各时期日本知识界面临的问题。近似的国情、社会需求和审美传统，使得茅盾小说在日本较之在西方国家更能引起共鸣，形成研究热潮。通过文本细读、史料掌故及比较文学范式的研究方法，日本学者在溯源作家思想、解析人物形象及文本结构、考论辨析作品中的历史文化经济等方面更深入透彻。总之，与其他国别相比较，日本的译介与研究更能全面深刻地反映出茅盾小说在异质文化体系中所释放出的文学价值和意义。

虽然国内的茅盾研究已取得丰硕成果，但关于茅盾小说在日本的译介与研究情况，迄今为止我国学界尚了解不多、不深、不细。新时期特别是21世纪以来在研究范围、研究视角和研究方法方面均有新突破，已形成自己的特色，但若想取得更大成就，还有必要参考国外的相关研究，以开放心态和国际化视野对日本茅盾小说译介与研究的历史、译者的翻译动机、研究者的独特视角和方法及茅盾小说对日本作家作品创作影响等问题，展开更为深入细致的研究；在不同文化背景、价值取向和意识形态背景下导致的不同解读，作为反观自身学术研究的参照物；通过对日本文化、社会、历史政治语境下茅盾小说译介研究成果的梳理、分析、对比和借鉴，听取来自于"他者"的学术声音，以此拓宽国内学者在茅盾研究领域的学术视野，促发新的学术生长点。因此，本书将"茅盾小说在日本的译介与研究"作为了研究对象。

日本对于茅盾小说的译介和研究有着特定的时代与文化背景，出自

① 参见王玉珠《茅盾作品在俄罗斯的译介与研究》，《国际汉学》2020年第4期。
② 关于茅盾作品日译目录详见［日］下村作次郎、［日］古谷久美子合编《日本茅盾研究参考资料目录》，顾忠国译，《嘉兴师专学报》1984年第1期。

其自身的需要。昭和时期之初，日本人开始意识到西方文化在日本并未得到彻底地消化，进而导致西方传入的现实主义不能完全融入东方文化体系中。日本文坛一直试图寻求立足本土文化传统以消化接受西方文艺思潮之路，力图需要找到一个可资借鉴的中庸之道，于是把目光聚焦在了具有西欧式作家风格的茅盾身上，意图通过译介研究茅盾小说作品，寻求东西方文化的契合点。此外，抗日战争爆发前夕，中国文学在日本的译介异常活跃，比起文学作品本身，日本读者更多是想通过大规模描写中国社会的现实主义文学作品来了解真实的中国社会现状。在此背景下，抗日战争前夕及战时茅盾小说的译介与发表引起了日本评论界的关注与热议，研究者们因不受中国国内政治因素与流派论争的影响或限囿，其研究方法别具一格，能提出在我们看来较为新颖的观点。这不仅为我们纵览和把握战前中国文学研究在日本的整体状况脉络提供了客观性参考，也充分证明了茅盾小说文学及历史价值的重要性。日本的茅盾小说译介还体现了译者的强烈反战思想及对中国现代文学作品价值的认同感。"二战"结束后，被美国占领的日本并未真正在政治和军事上完全走向独立，知识分子在国家战败与战后心灵的创伤面前，需要从在革命战争苦难中通过民族浴血奋战艰难走向独立的中国那里求得慰藉和共鸣，意图唤醒在民族文化断裂中挣扎于迷惘、苦闷和战后创伤的日本国民。因而关于民族革命叙事的文学作品成为此时期日本的中国文学研究者的首要研究对象之一。在此背景下，茅盾小说作品的译介研究在 1950 年代至 1970 年代进入了高潮期。当中国大陆正陷于轰轰烈烈的政治运动和文化批判的历史浪潮中时，日本的茅盾研究却十分活跃，成绩斐然。从世界各国茅盾研究成果数量来看，据不完全统计，日本最多①。进入 1980 年代之后，"全球化"的世界格局促使日本文学界无论在创作还是理论研究

---

① 据笔者不完全统计，1950 年至 1979 年，日本茅盾研究相关文献共计 81 篇，研究专著 1 部，具体参见本书附录一。而据查阅周娇燕《英语世界的茅盾研究》（2020 年，中国社会科学出版社）的英文参考文献可知英语圈国家仅为 22 篇；王玉珠博士论文《茅盾在俄罗斯的接受研究》（2015 年，北京外国语大学）俄文参考文献仅为 30 篇。由此可见，此时期日本研究成果数量最多。

方面均呈现出多元态势。为避免日本文艺思潮重蹈大正及昭和前期东西方文化激烈碰撞困境的覆辙，日本批评界深刻认识到：接受并不等于近代式的盲目"拿来"与"互动"，"本土意识"也并非战时回归"传统古典"一元化保守式的故步自封，在"全球一体化"背景之下要各取所长，形成东西方文学与文化的平等对话关系。因而，当国内学界及评论界还在对茅盾大家地位提出质疑之时，日本的文学研究者们却对带有西欧风格并融入中国古典文学创作手法的茅盾小说作品给予了极高的评价。他们不仅将《子夜》纳入"20 世纪十大巨作"之中，① 还从文本细读的角度，通过比较文学理论和史料考证的方法，对茅盾小说展开了更为深入细致的研究，提出了较为独特的观点。进入 21 世纪后，随着中国文学文化影响力的日益剧增，日本茅盾研究界涌现出了一批后起之秀，他们除发表了大量高水平论文外，还撰写出版了数部茅盾研究学术专著，在国内外茅盾研究中具有重要的意义和较高的学术价值。据笔者不完全统计，从 1934 年至今日本茅盾研究可参考文献共计 153 篇，小说翻译作品（包括摘译）共 48 部，茅盾相关研究著作共 18 部，《茅盾研究会会报》论文集 1 部，茅盾相关研究博士论文 6 篇。研究成果可谓历史跨度之广、数量之多、影响力之大，对于我国学界特别是茅盾研究界来说具有参照、对比和互补之重要意义。

　　对茅盾小说作品在日本译介与研究状况的研究，最早于 1980 年代被纳入国内学界视野。1982 年［日］松井博光撰写的日本首部茅盾研究专著《黎明的文学——中国现实主义作家·茅盾》② 被译成中文，之后李岫编《茅盾研究在国外》③、刘柏青等主编《日本学者中国文学研究译丛第 2 辑》④ 等著作翻译介绍了十余篇日本茅盾研究论文；被译成中文的

---

① 参见阎浩岗《茅盾丁玲小说研究》，人民出版社 2018 年版。
② ［日］松井博光：《黎明的文学——中国现实主义作家·茅盾》，高鹏译，浙江人民出版社 1982 年版。
③ 参见李岫编《茅盾研究在国外》，湖南人民出版社 1984 年版。
④ 参见刘柏青等编《日本学者中国文学研究译丛》，吉林教育出版社 1987 年版。

［日］下村作次郎、［日］古谷久美子合编《日本茅盾研究参考资料目录》①、［日］相浦杲《日本研究茅盾文学的概况》②、［日］是永骏《日本茅盾研究会简介》③ 等论文对日本茅盾研究文献目录、日本茅盾研究概况及日本茅盾研究会概况进行了梳理，这些研究成果为我们宏观性地呈现了茅盾小说在日本研究的基本轮廓。进入 20 世纪 90 年代后，研究视野从宏观的概述逐步转向微观单部作品的译介与研究的研究。尤其是进入 21 世纪之后，随着史料的不断发掘与整理，《子夜》和《蚀》在日本的译介与研究的研究迎来了进一步拓展与推进。纵观先行研究成果笔者发现：目前中日学界对于日本茅盾小说译介与研究缺乏系统全面的梳理与研究，因研究成果迄今尚处于零散化状态，虽可视其茅盾小说在日本译介研究的基本框架，但史料文献方面基本趋于表面化的罗列与堆砌状态，缺乏细致的研读与深入梳考。关于茅盾代表作小说日译本的生成、评价、同部作品不同译本的流变以及作品在日传播背后所反映出的异质文化背景；各历史语境中读者持有了怎样特殊的期待视野；译本对日本作家的小说创作产生的影响；以中国茅盾研究为参照，日本茅盾研究呈现出哪些特点等问题长期以来或被忽视或尚有存疑。

综上，在本书中作者通过研读所掌握大量一手日文资料的基础上对茅盾小说在日本的译介与研究历史展开考证、梳理和整合，以此呈现出一部完整的日本茅盾小说译介与研究史；以国内茅盾研究为参照，对中日茅盾研究中存在的异同及其背后所隐含的历史文化背景展开学理性的分析与论述；在以比较文学研究为范式及大量中日文本细读为基础之上分析茅盾小说对日本作家小说创作所产生的影响，探究文本之间的互文性；考辨迄今尚有争议的译者身份及翻译动机；阐释茅盾小说在异国文化体系中所体现出特有的文学价值和历史意义。

---

① ［日］下村作次郎、［日］古谷久美子合编：《日本茅盾研究参考资料目录》，顾忠国译，《嘉兴师专学报》1984 年第 1 期。

② ［日］相浦杲：《日本研究茅盾文学的概况》，李岫编《茅盾研究在国外》，湖南人民出版社 1984 年版。

③ ［日］是永骏：《日本茅盾研究会简介》，《湖州师专学报》1986 年第 3 期。

二　研究创新点与意义

本书将梳理研读各时期日本茅盾研究的文献，以国内茅盾研究为参照，分析茅盾在日本传播接受背后所反映出的文学文化背景，借助"他山之石"阐释发掘茅盾文学作品的新价值。探究日本研究者新颖的研究方法和独特的研究视角，寻找日本茅盾研究领域迄今尚未被发现的新史料，为目前我国茅盾研究提供具有参考价值的文献与借鉴。探寻中日在茅盾小说研究方面所存在的对话与争鸣，以此论述被置于东方文化视域中"茅盾现象"的理论特质及价值。此外，因缺乏完整的日本文献史料支撑，对于茅盾主要小说作品在日本传播情况至今尚未有系统性研究成果。除《子夜》《蚀》外，茅盾其他小说作品在日本译介与研究情况的研究迄今未见突破性成果。仅从现有的研究成果中不能完整地再现茅盾小说在日本价值的全部，导致中日学界关于"茅盾小说在日本的译介与研究"的研究存在很大的片面性与肤浅空白之处。因此，本书将通过大量一手日本茅盾研究资料，考证、梳理、述论、整合茅盾小说在日本各时期译介研究情况。解析茅盾小说对日本作家创作产生的影响，论述各部作品之间的互文性关系。本书将最终构建一部较为完整的"茅盾小说在日本的译介与研究史论稿"，以此为"茅盾研究在国外"这一宏大课题提供有价值的理论基础和文献参考。

茅盾是一位经历了旧民主主义革命、新民主主义革命和社会主义革命时代的伟大作家。茅盾的小说以史诗般的宏伟构思反映了辛亥革命后近代历史发展的全部过程，是展现中国共产党革命斗争伟大胜利的时代艺术画卷，是一部共产党领导下的无产阶级革命精神史和现代中国形象史。在日本，茅盾研究包含着学者们对近现代中国理解的思想资源和理论承载之意义。本书选题不仅符合我国 21 世纪"中国文化走出去"的国家战略精神，同时也有助于我国茅盾研究者们借助日本这座"他山之石"进一步对文化巨匠茅盾给予国际视野的文化推介，为我国的茅盾研究、红色文学与文化研究、海外汉学研究提供一些新的启发和线索。

三　国内外研究现状综述

迄今为止，国内关于"茅盾小说作品在日本的译介与研究"这一课题有价值的研究成果数量非常有限，其成果主要集中在 1980 年代中期和近十年。虽然其数量不多，但为本书的撰写提供了最基本的文献史料查找线索和理论性参考。迄今为止，中日学界的前期研究成果主要集中在以下两个方面：

（一）关于"简介概述日本茅盾研究概况"方向的研究

［日］下村作次郎、［日］古谷久美子合编的《日本茅盾研究参考资料目录》① 中详细罗列了从 1932 年至 1984 年日本茅盾研究的文献目录，目录分为"论文及一般资料文章"及"翻译及译注"两部分。1984 年古谷久美子在此目录基础上进行了补充，1986 年顾忠国以《日本茅盾研究参考资料目录补正》② 为题翻译并发表。这两篇文献为我们提供了 1930 年代至 1980 年代最全面的日本茅盾研究目录，成为今后具体查阅日本茅盾研究文献的最直观、最基础的文献之一。1984 年李岫编《茅盾研究在国外》③ 一书中共收录日本茅盾研究文献的中译文 16 篇，其中"译后记"和"序"共计 8 篇，作品研究论文 4 篇，茅盾文艺思想研究论文 4 篇，此著作为了解 1949 年以后日本茅盾研究成果的具体内容提供了一些有价值的参考。同时，李岫的《半个世纪以来各国茅盾研究概述》④ 一文宏观概述了外国茅盾研究状况，李岫认为茅盾的作品大量地被译成各国的文字，主要是 50 年代开始以后的事，在这方面日本是翻译出版较多的国家。［日］松井博光在 1979 年发表的日本首部茅盾研究专著《黎明的文

---

① ［日］下村作次郎、［日］古谷久美子合编：《日本茅盾研究参考资料目录》，顾忠国译，《嘉兴师专学报》1984 年第 1 期。

② ［日］古谷久美子编：《日本茅盾研究参考资料目录补正》，顾忠国译，《湖州师范学院学报》1986 年第 3 期。

③ 参见李岫《茅盾研究在国外》，湖南人民出版社 1984 年版。

④ 参见李岫《茅盾研究在国外》，湖南人民出版社 1984 年版。

学——中国现实主义作家·茅盾》① 中简要解读了茅盾在日本期间创作的散文作品，介绍了茅盾代表作小说在日本翻译与研究的基本情况，1982年该作被翻译成中文后，在当时成为我国学界了解日本茅盾研究概况的一手参考资料。[日] 相浦杲在《日本研究茅盾文学的概况》② 一文中除介绍了小田岳夫、尾坂德司、堀田善卫对茅盾及作品评价情况外，还分析了"二战"前后茅盾在日本传播与接受的特点。

1984 年 3 月，日本茅盾研究会的成立大力推进了茅盾作品在日本的传播与研究。关于日本茅盾研究会概况及会报介绍的相关文献在 1980 年代初期出现了数篇。[日] 是永骏《日本茅盾研究会简介》③ 介绍了日本茅盾研究会成立的时间、人员组成和《茅盾研究会会报》的简要概况；黎明《日本茅盾研究会的会报和学术例会》④ 罗列了会报 1984 年 7 月第一期至 1985 年 11 月第四期共刊载的 17 篇论文题目及作者，介绍了研究会学术例会举行的具体时间、地点及讨论会的议题题目。

（二）关于"茅盾作品在日本的译介与研究"方向的研究

20 世纪 80 年代后期，对《水藻行》在日本翻译发表历史的考辨被纳入了中日学者的研究视野。[日] 是永骏《论〈水藻行〉》⑤ 中辨析了《水藻行》在《改造》杂志上的发表经过及译者身份。是永骏依据 [日] 丸山升《一个中国特派员——山上正义和鲁迅》中所引用的山上正义日记内容推断《水藻行》的译者应为山上正义，而并非鲁迅所译。欧家斤《关于〈水藻行〉的日文译者》⑥、肖舟《〈水藻行〉并非由鲁迅译成日

① 参见松井博光「薄明の文学——中国のリアリズム作家·茅盾」、東京：東方書店 1979 年版（松井博光：《黎明的文学——中国现实主义作家·茅盾》，东京：东方书店 1979 年版）。
② 参见相浦杲《日本研究茅盾文学的概况》，文化艺术出版社 1983 年版。
③ 参见是永骏《日本茅盾研究会简介》，《湖州师专学报》1986 年第 3 期。
④ 参见黎明《日本茅盾研究会的会报和学术例会》，《湖州师专学报》1986 年第 3 期。
⑤ [日] 是永骏《论〈水藻行〉》，顾忠国译，《湖州师专学报》1986 年第 3 期。
⑥ 参见欧家斤《关于〈水藻行〉的日文译者》，《赣南师范学院学报》1986 年第 3 期。

文》① 中均通过茅盾回忆录及鲁迅日记判断《水藻行》译者实为山上正义所译，推翻了查国华、孙中田所编《茅盾研究资料》中的"鲁迅译"一说。

进入 21 世纪之后，随着文献史料的发掘与整理，学界关于"《子夜》在日本的译介与研究"方面的研究发表了数篇论文。裴亮在《轨迹与方法：竹内好的茅盾论》② 中分析了竹内好在"二战"前后对茅盾接受评价产生巨大反差的成因，他认为其成因主要在于，战后竹内好借助对鲁迅文学的研究而反思日本近代化的历程并通过重审"政治与文学"的关系而获得了对茅盾文学本身所蕴含的政治文化内涵进行重估的视角和契机。这种"以否定自我的方式重构自我"正是竹内好言说和思考历史的重要方法。曾嵘在《茅盾文学在日本——以〈子夜〉对堀田善卫〈历史〉的影响为例》③ 中具体考察了茅盾文学在日本的影响，简要梳理了《子夜》在日本的翻译情况，通过对《子夜》与堀田善卫《历史》的文本对比认为，战后派作家堀田善卫阅读了大量茅盾文学作品，并模仿《子夜》"截面图"式的开关技巧和"一树千枝"的结构模式，创作了处女座《历史》。这体现出茅盾文学在世界现代文学构建过程中的作用。裴亮在《中国现当代文学日译本过眼录——之武田泰淳译茅盾小说〈虹〉》④ 中关于茅盾在日本创作《虹》的过程、武田泰淳对《虹》的翻译及评价、中国文学研究会及茅盾作品在日本评介的概况做出了宏观性罗列与解说。连正、阎浩岗《昭和前期（1926—1945）日本对〈蚀〉的译介与研究》⑤ 通过一手日文资料考证梳理了小田岳夫在 1935 年摘译发

---

① 参见肖舟《〈水藻行〉并非由鲁迅译成日文》，《鲁迅研究动态》1986 年第 8 期。

② 参见裴亮《轨迹与方法：竹内好的茅盾论》，《中国现代文学研究丛刊》2016 年第 11 期。

③ 参见曾嵘《茅盾文学在日本——以〈子夜〉对堀田善卫〈历史〉的影响为例》，《中国现代文学研究丛刊》2017 年第 4 期。

④ 参见裴亮《中国现当代文学日译本过眼录——之武田泰淳译茅盾小说〈虹〉》，《长江丛刊》2018 年第 34 期。

⑤ 参见连正、阎浩岗《昭和前期（1926—1945）日本对〈蚀〉的译介与研究》，《中国现代文学研究丛刊》2020 年第 8 期。

表的《幻灭》；对 1936 年首部日本茅盾中长篇小说日译本《忧愁的中国：大过渡期》（《动摇》与《追求》日译合集）的问世与译介评价进行了考证与梳理；对单行本出版前后日本学界评论研究进行了述评。除论文外，阎浩岗在《茅盾丁玲小说研究》① 中提到了 1980 年代国内"重写文学史"的浪潮背景下茅盾小说文学价值和茅盾小说大家的地位遭到质疑，但日本学者筱田一士在 1986 年却将茅盾的《子夜》选进了 20 世纪十大小说这一历史细节。钟桂松著《二十世纪茅盾研究史》② 简介了尾坂德司译《子夜》的"后记"内容及茅盾短篇小说日译合集《茅盾作品集》"解说"中对《春蚕》和《林家铺子》的评价情况。

综合上述中日学界的前期研究成果，笔者认为主要存在以下几个问题：

1. 研究方法单一，研究深度和力度不够，问题意识不突出

关于"茅盾小说在日本译介与研究"的研究起源于 1980 年代中期。改革开放初期，在国内外学术交流日益频繁之背景下，我国学者翻译介绍了一定数量的国外茅盾相关研究论文，此时期成为开启"茅盾研究在国外"这一课题研究的起点。但 1980 年代我国学界还主要停留在文献目录梳理罗列、简介作品翻译状况和文献翻译的层面上，研究方法比较单一化，研究深度不够，研究视野较为狭窄。虽然文献中在关于《子夜》《蚀》《虹》等小说作品在日本传播与接受方面有所系统化表述，但论述较为浅薄空泛，缺乏通过详细的史料再现茅盾小说作品在日本翻译发表的完整历史过程；对日本各时期的茅盾小说译介与研究背后所反映出的文化历史背景的分析论证缺乏力度；关于中日在茅盾研究领域存在的异同、日本学界的研究特点等深层问题迄今尚未展开详细解析与阐释。

2. 研究对象较为单薄，存在以偏概全之疑

进入 21 世纪后，关于"茅盾小说在日本的译介与研究"的研究逐步被深入与细化。研究对象从宏观文献目录罗列逐步转移到了对单部作品

---

① 参见阎浩岗《茅盾丁玲小说研究》，人民出版社 2018 年版。
② 参见钟桂松《二十世纪茅盾研究史》，浙江人民出版社 2001 年版。

的译介研究层面上。同时，围绕茅盾小说对日本作家的创作影响方面的研究也有所突破。然而，国内学者普遍根据《子夜》的译介判断茅盾小说作品在日本的传播与接受特点却存在以偏概全之疑。《蚀》《虹》《腐蚀》《霜叶红似二月花》《春蚕》《水藻行》等作品的日译、译本的版本流变及作品研究述论等方面的研究迄今未出现有价值的成果。

3. 史料发掘整理方面尚存断裂与疏漏

由于 20 世纪 80 年代初期信息通讯不发达之原因，获取并翻译完整的文献资料较为困难，导致对茅盾小说日译者的考辨、对译本的评价及译者翻译动机尚存不明或模糊之处。茅盾小说的译本及大量有研究参考价值的论文尚未被整理综述。同时，中国茅盾研究学者们对"茅盾在日本的研究"这一课题迄今尚未予以足够的关注。当人们在论及"中国现代作家在日本"这一话题时，往往头脑中首先想到的是鲁迅、周作人、郁达夫、郭沫若等留日派作家，茅盾虽然有流亡日本的经历，但他既不懂日语也并非是以留学生身份前往的，和日本之间的交集甚少。因此，茅盾自身的经历对后人深入研究他及作品和日本之间的关系造成一定的障碍和遮蔽。对关于"茅盾小说在日本译介研究"方面史料的详细查找、翻译介绍工作很明显还一直停留在 1980 年代时期阶段。

四　研究方法

1. "研究史"的研究方法

以"研究史述论"的研究方法对茅盾小说在日本的译介与研究做出全面地宏观性概述，以我国茅盾研究史为参照，解析各时期日本学者的研究特色；分析茅盾小说在日本传播背后所反映出的文学与文化背景；评析日本茅盾研究存在的不足。以表格形式整理罗列各时期日本茅盾研究界发表的学术论文、译本、评论等；考证梳理日本茅盾研究会成立的始末，简介日本茅盾研究会刊发的各期《茅盾研究会会报》内容，最终达到能够为读者提供最全面、最完整的日本茅盾研究目录之目的。

2. 史料掌故的方法

以单部作品为单位，对茅盾的重要小说作品译介时间、出版发行量、译者翻译动机及译者的评论展开整理与述评；发掘整理茅盾与日本文化人士交流史，日本茅盾研究会等相关史料，论述茅盾小说在各个历史时期所表现出的不同接受特点及其背后所隐含的历史文化背景。本书并非对所掌握史料进行简单的罗列与堆砌，而是以同时期国内茅盾研究为背景，通过史料论述中日茅盾研究中存在的对话与争鸣，真正达到"论从史出"之研究目的。同时以英语世界国家及俄罗斯等"外国茅盾研究"为视野阐述论证日本研究者在茅盾小说研究领域中所体现出的特点与价值，进而更加深入地论证茅盾小说在日本文学文化体系中所释放出的文学价值、历史价值和文化价值。

3. 比较文学范式的研究方法

通过比较文学中的"文学接受""译介学""平行研究"等理论和研究方法为指导，在掌握大量一手资料的基础上，对茅盾小说在日本的译介与研究历史做出全面的梳理与整合，围绕日本学者的研究视角、研究方法和研究特点展开全面和细致的研究。使用"影响研究"的方法解析译者对小说文本的接受和翻译特点。通过大量文本细读解读分析译者小说作品与茅盾小说之间的互文性关系，发现并论证不同时期茅盾小说与日本文学之间所存在的"异中之同"。

五 研究思路

本书以茅盾小说在日本被译介研究的历史过程为脉络，以重要作品为聚焦点，以国内茅盾研究成果为参照，梳理和讨论茅盾小说作品在日本各历史时期译介与研究的特点，解析茅盾小说作品在日本传播背后的历史文化背景，借助日本的"他山之石"促发新的学术增长点，为推进我国茅盾研究提供有价值的史料文献参考。本书将以微观和宏观的双向方式展开：

（1）微观：对茅盾代表性小说作品日译本的生成、译者评价、翻译动机及译本版本流变等问题展开考证梳理；以国内茅盾研究为参照，对各个时期日本学者的研究展开述论评析；解析茅盾小说对日本作家创作的影响；阐释茅盾小说在异国文化体系中所绽放的特殊文学文化价值和历史意义。

（2）宏观：以日本历史年号划分方法，即昭和前期、昭和中期、昭和后期和平成时期为分界点，对日本茅盾小说研究的历史脉络与各时期特点作一宏观梳理和简要回顾与总结。按发表时间顺序翻译整理目前掌握的所有日本茅盾研究文献，整合为一部完整的日本茅盾小说译介与研究史，论从史出。

第 一 章

茅盾小说日译单行本的滥觞之作

——《蚀》在日本的翻译与研究

关于茅盾作品在日本的接受与研究情况，虽然目前中国国内已有一些论著涉及，但介绍与研究尚不充分，有进一步拓展之必要。关于茅盾作品的日译，学界主要把目光集中在《子夜》上，其研究成果数量也非常有限，而对于茅盾另一重要作品《蚀》在日本接受与研究的详细情况，国内相关研究则寥寥无几。国内所见最早提到《蚀》在日本翻译的文献是 1983 年日本学者相浦杲在《茅盾研究》创刊号上发表的《日本研究茅盾文学的概况》一文。在该文中，相浦杲对 1930 至 1980 年代茅盾在日本的研究情况作了宏观概说，其中，对小田岳夫翻译《蚀》的情况一笔带过："一九三九年，作家小田岳夫已经对《蚀》三部曲发生了很大的兴趣，他把三部之中的《动摇》《追求》两部译成日文，题做《大过渡期》而出版了。"[1] 1984 年顾忠国翻译了下村作次郎与古谷久美子合编的《日本茅盾研究参考资料目录》[2]。目录分"论文及一般资料文章"和"翻译及译注"两部分，罗列了关于《蚀》的译介及相关研究文献的发表时间、

---

[1] ［日］相浦杲：《日本研究茅盾文学的概况》，载李岫编《茅盾研究在国外》，湖南人民出版社 1984 年版，第 425 页。此处作者有笔误，《大过渡期》出版于 1936 年。

[2] ［日］下村作次郎、古谷久美子合编：《日本茅盾研究参考资料目录》，顾忠国译，《嘉兴师专学报》1984 年第 1 期。

作者和刊载期刊名称。李岫《半个世纪以来国外茅盾研究概述》①、顾忠国《茅盾研究在日本》②、钟桂松《二十世纪茅盾研究史》③、钱振纲《茅盾评说八十年》④ 等茅盾研究史著作中均未提及《蚀》在日本的接受研究情况。

　　茅盾《蚀》发表之后较早在日本学界引起关注。1935 年 10 月小田岳夫摘译了《幻灭》，1936 年 8 月翻译完成《动摇》《追求》后，以《大过渡期》为书名发行了单行本，随之日本学界对之进行了解读和评论。战后《蚀》在日本的研究被逐步推进，1975 年古谷久美子完成了《幻灭》的翻译又更进一步推动了其研究进程。日本学者通过"文本论说"和"史料掌故"的研究方法对《蚀》三部曲中所体现出的特殊文学艺术价值和历史意义展开了解读评析，与同时期国内研究相比，日本学者的研究成果则表现出了特殊与不同之处。笔者在本章中将通过所掌握一手日文资料的基础上对《蚀》在日本的翻译与研究史展开详细地梳理与评述，阐释《蚀》在日本特殊历史文化语境中体现出的特殊文学艺术价值。

第一节　昭和前期（1926—1945）日本对
《蚀》的翻译和研究

　　小田岳夫 1935 年摘译发表《幻灭》是日本译介茅盾中长篇小说的开始，1936 年他再将《动摇》和《追求》合译，以《忧愁的中国：大过渡期》为书名由第一书房出版发行。《蚀》在日本被翻译的详细历史过程如何、《大过渡期》出版之后具体引发了日本学界怎样的评价、这些评价背后又如何体现了昭和前期日本社会文化背景等一系列问题需要深入探讨

---

　　①　参见李岫《半个世纪以来国外茅盾研究概述》，《茅盾研究》第二辑，中国茅盾研究会编 1984 年 12 月。

　　②　参见顾忠国《茅盾研究在日本》，《湖州师专学报》1987 年第 3 期。

　　③　参见钟桂松《二十世纪茅盾研究史》，浙江人民出版社 2001 年版。

　　④　参见钱振纲编著《茅盾评说八十年》，文化艺术出版社 2011 年版。

与解析。因此，笔者将在本节中有必要对《蚀》在日本昭和前期的译介历史与评价展开详细的考证与述评。

一　《幻灭》的译介：茅盾中长篇小说在日本接受的滥觞

1934 年竹内好、武田泰淳、冈崎俊夫等人在东京成立中国文学研究会，标志着日本中国现代文学研究的开始。1934 年 3 月，汉学家井上红梅以"中国新作家茅盾及其评论家"为题专门介绍了茅盾，此文发表于《文艺》3 月号。这是日本首篇详细介绍茅盾小说作品的文章，自此开启了日本学界对茅盾的关注和研究。[①] 文中开头井上红梅高度评价了茅盾：

> 继鲁迅之后，茅盾成为了中国青年大众中集人气于一身的作家。他在一年中创作三四部长篇小说，每部作品的初版都以二万部的发行量，以插翅飞天之势迅速销售一空，在落后的中国读书界这是一件前所未有的大事，让人刮目相看。[②]

简介茅盾后，井上红梅翻译了贺玉波关于茅盾的评论。评价贺玉波"是一位利用科学性分析的评论家"，因此认为他的茅盾评价是值得参考和推荐的。井上红梅特别指出贺玉波对《蚀》三部曲在技巧分析过程中使用点线和图表等方法让人耳目一新。从贺玉波对茅盾的评价中，井上红梅总结出中国文学无产阶级意识浓厚、创作单一化的特点。虽然井上红梅的这篇文章多一半内容是对《虹》的梗概介绍，也未做出对《蚀》

---

① 需要说明的是，下村作次郎、古谷久美子合编，顾忠国译《日本茅盾研究参考资料目录》（《嘉兴师专学报》1984 年第 1 期，第 66 页）中把林守仁（原名：山上正义）1932 年发表的《今日中国剧坛》（《剧场文化》第 1 卷第 1 期）一文列为日本茅盾研究史中的首篇文献。然而笔者在日本国立国会图书馆中并未找到此文，后查阅饭田吉郎编《现代中国文学研究文献目录 增订版》（东京，汲古书院 1991 年版，第 21 页）发现该文并非发表于 1932 年，而是 1930 年 2 月，但文中未见对茅盾小说的相关解读评论文字。因此，可认为井上红梅《中国新作家茅盾及其评论家》一文是目前所发现的日本评价茅盾小说作品的首篇文献。

② 井上紅梅「支那の新作家茅盾と其評家」，「文芸」3 月号，改造社 1934 年 3 月，第 56 页（井上红梅：《中国新作家茅盾及其评论家》，《文艺》3 月号，改造社 1934 年 3 月，第 56 页）。※本书中所有引用的日文文献均为著者汉译。

的具体解读评论，但这应该是《蚀》的篇名首次出现在日本杂志上。

笔者所藏井上红梅《中国新作家茅盾及其评论家》原文

　　正式全面把《蚀》介绍给日本读者的是小田岳夫。小田岳夫（1900—1979），日本小说家，出生于新潟县，本名小田武夫。大正十一年（1922）毕业于东京外国语学校中国语学科，毕业后入外务省工作。大正十三年（1924）至昭和三年（1928）任职于日本驻中国杭州领事馆。他1935年10月在《塞露潘》第56期发文，概述了《幻灭》故事情节，并摘译了部分相关人物的会话，配有插图。① 该期除介绍《幻灭》外，还以《春·暴动》为名翻译了赛珍珠《大地》节选。笔者翻阅《塞露潘》其他期号，赛珍珠的作品只在这一期出现过。这说明日本人或许有意将

　　① 《塞露潘》（日文「セルパン」）为法语"LE SERPENT"的音译，译成汉语为"蛇"之意。该刊所刊译作主要以欧洲作品为主。

这两位现实主义作家放到一起进行比较。

笔者所藏《塞露潘》10 月号第 56 期《幻灭》摘译原文

小田岳夫没有完整翻译《幻灭》，在文章最后也未加以任何评论，但足以说明小田岳夫对于《蚀》的关注，也足以说明：《蚀》在日本的最早译介是 1935 年，而非相浦杲文中提到的 1939 年或 1936 年；是 1935 年《幻灭》的摘译发表，而非 1936 年《大过渡期》的出版，开启了《蚀》三部曲在日本的传播之路。

日本读者及研究者最早对《蚀》的评价并不都是正面的。1936 年 6 月，增田涉在上海通过鲁迅介绍会见了茅盾之后，撰《茅盾印象记》，发表于 9 月出版的《中国文学月报》第 18 期上。这篇印象记提到了《蚀》三部曲：

> 我第一次听说"茅盾"这个名字是在十年前。当时他在《小说月报》上发表了《幻灭》。我对《幻灭》并无好感，对茅盾这个作家也是轻视的（今年年初我在《文学》中读了《多角关系》，接着又读了《子夜》）。但对作为文学评论家的茅盾，自从《文学导报》上读到了他以"丙申"为笔名写的《"五四"运动的检讨》之后，

我对他便不能忘怀。①

　　增田涉与茅盾一见面就开门见山地说，自己认为在三部曲中《动摇》写得最出色。茅盾表示认同这一判断，并谦逊地加以说明：这是他参加实际革命工作之后的亲身经历，所以写起来比较得心应手。在谈话中，增田涉并未过多谈及《蚀》三部曲，他和茅盾谈论的重点放在了关于《子夜》的评价上。当茅盾问到关于《子夜》的读后感时，增田涉给予高度评价，并向茅盾提出要把它翻译并介绍给日本读者。增田涉对于《子夜》的兴趣远大于《蚀》，他认为茅盾是长篇小说作家，不适合创作短篇。也有学者对《蚀》予以忽视，例如在增田涉之前，竹内好发表在同年4月的《中国文学月报》第14期上的《茅盾论》一文中，未见关于《蚀》的任何评论。

二 《大过渡期》：茅盾作品日译单行本的先河

　　1936年8月，小田岳夫翻译完成了《动摇》和《追求》，将其命名为《忧愁的中国：大过渡期》②（以下简称《大过渡期》），由东京第一书房出版发行。《大过渡期》是首部茅盾作品的日译单行本。笔者有幸得到了这部译作的原文本。该书版权页标示：1936年8月20日首次印刷，出版发行2500册；1939年5月20日第二次印刷，发行1000册。作为外国翻译作品，在当时总共发行3500册，这个发行量是比较大的，可见《蚀》三部曲当时在日本非常有市场。与之形成对照，被专家认为水平超过《蚀》的《子夜》，在普通读者中的接受却不及《蚀》：增田涉得到茅盾授权翻译的《子夜》在《大陆》1938年创刊号、7月、8月号连载，但登到第三次就停止连载；抗战前《子夜》也不曾出版日译单行本。这

---

　　① 增田涉「茅盾印象記」、中国文学研究会編「中国文学月報」第18号，1936年9月，第89頁（增田涉：《茅盾印象记》，中国文学研究会编《中国文学月报》第18期，1936年9月，第89页）。

　　② 此前国内所见相关介绍中未见正标题《忧愁的中国》。

虽然未必说明《子夜》不及《蚀》受普通读者欢迎（停止连载也有可能是因战争或中日关系），起码说明客观上《蚀》的接受面超过了《子夜》；抗战前日本出版的日译单行本《虹》版权页未标注印数，很可能也不及《蚀》。说《蚀》是战前最为日本读者所熟悉的茅盾小说，当非妄言。

笔者所藏《忧愁的中国：大过渡期》
单行本封面

书末尾加注了发行数量以及
译者本人的印章

小田岳夫在译本序言开头讲到了他翻译此书的目的；

> 1926 年至 1927 年席卷于中国武汉地区的革命浪潮我想给各位读者留下了深刻印象吧。
>
> 恰好当时我正在中国的某地，似如决堤洪流一般的国民革命浪潮以破竹之势北伐，此情形让我愕然并瞠目而视。我所在的地方在面对此浪潮袭来时，有的阶层战战兢兢，有的阶层望眼欲穿、蠢蠢欲动、极其不安与动摇。
>
> 共产主义政治组织终于呈现出扎根于东方之势头。

《大过渡期》将要把处在革命漩涡中心的中国之现状展现于读者眼前。①

小田岳夫在序言中所说的"中国某地"就是杭州，因为1924年至1928年他就职于日本驻杭州领事馆，目睹了处于大革命高潮中中国各阶层的生存状态。《蚀》对知识分子和小资产阶级形象的刻画及社会现实的描写引发小田岳夫的共鸣，他通过译介《蚀》把中国大革命的状况介绍到日本。在序言中小田岳夫这样评价茅盾：

如果说鲁迅先生是东亚风格的作家，那茅盾无疑是一位西欧风格的作家。另外，如果把鲁迅视作主观性的、抒情式的作家，那么茅盾就是一位客观性的、叙事型的作家。

鲁迅作为"文学研究会"成员之一②在停止创作之后不久，曾是文学评论家的茅盾以作家身份却开始陆续创作发表长篇巨作。我深切地感到，这种因果是时代与作家性格之关系而造成的。

始终保持冷峻并带有纯粹品格的鲁迅不会用缓和的表现手法去描写充满愤懑的现实。随着现实社会越发混乱复杂，对于持有冷眼、强大的内心和充满丰富表现力的茅盾来说，这恰好给他提供了文学创作环境。

因此，从1927年起茅盾以《蚀》为开端，之后《虹》《路》《三人行》《子夜》等数篇长篇和多篇短篇如天马行空般陆续问世，一跃成为了中国文坛的首要作家。

茅盾被称为最擅长描写现实的作家。在此意义上，《大过渡期》更是最具有时代性的作品之一。

《大过渡期》（原题《蚀》）原本由《幻灭》《动摇》《追求》三

---

① 小田嶽夫「悩める支那：大過渡期」，東京：第一書房1936年版，第1頁（小田岳夫：《忧愁的中国：大过渡期》，东京：第一书房1936年版，第1页）。

② 鲁迅并非文学研究会成员，此处小田岳夫有误。

部分组成，每个都是一部独立的作品。我把其中比较优秀的两部
《动摇》和《追求》介绍给读者，把《动摇》作为本书的第一部，
《追求》为第二部。①

关于为何没有翻译《幻灭》，可能因为此前已经介绍过，而且小田岳
夫认为其艺术水准不及后两部。将《动摇》与《追求》放在一起翻译，
或许还有让日本读者领略茅盾创作手法多样性的意图。他指出"《动摇》
与《追求》之间存在着作者创作态度的极大反差"，并引用了茅盾本人的
说法："《幻灭》和《动摇》中完全没有我个人的思想，只是单纯的客观
描写。但《追求》中夹杂了自己的思想感情。《追求》的基调是极度悲观
的"，"因此，读完《动摇》的读者单纯地认为茅盾是一位风俗作家②的
话，那么读完《追求》后你就会改变这种想法"③。在序言中小田岳夫谈
到了《蚀》的创作方法和人物特点：

　　无论《动摇》还是《追求》都没有设定单一的主人公，同时配置
数位重要人物，总之可以说就没有主人公。作品并不以讲述个人故事
为目的，而是反映整个时代与社会的现实，对于茅盾来讲这是极为自
然的，同时也是最为有效的唯一创作方法。茅盾能够在宏大的现实社
会中把握众多人物，其创作技巧非常之娴熟。但同时存在人物变为木
偶而导致类型化的缺陷。茅盾人物刻画单一，在人物性格把握方面与
其说是巴尔扎克之流倒不如说更近似屠格涅夫的创作风格。

　　《动摇》中的孙舞阳，特别是《追求》中的章秋柳既美丽聪明、
自我意识强烈，又放荡不羁、颓废堕落。这样的人物能否生存先不

　　① 小田嶽夫「悩める支那：大過渡期」，東京：第一書房 1936 年版，第 1—2 頁（小田岳
夫：《忧愁的中国：大过渡期》，东京：第一书房 1936 年版，第 1—2 页）。
　　② 日语当中的风俗作家（風俗作家（ふうぞくさっか））是指专门描写世态、风俗、人情
的小说的作家。作品多以客观描写为主，作者主观意识和思想性淡薄。
　　③ 小田嶽夫「悩める支那：大過渡期」，東京：第一書房 1936 年版，第 3 頁（小田岳夫：
《忧愁的中国：大过渡期》，东京：第一书房 1936 年版，第 3 页）。

说，但在中国的近代历史中可能存在过吧。

我可以想象出这些人物就是茅盾本人的化身。

胆大而乖戾的章秋柳内心充满了异常的焦躁。茅盾在冷静而客观的观察现实中挥笔疾书，他的内心深处充满了摆脱不掉客观主义态度的苦闷，通过描写章秋柳的躁动来达到自我情绪的发泄。总之，章秋柳等人物的创作描写中融入了作者的血肉。①

小田岳夫翻译完成《动摇》与《追求》后，1937 年在专著《中国人·文化·风景》的"茅盾"章节中收录了这篇序言，并再一次评价了《大过渡期》：

茅盾是现代中国最为活跃的作家，也是最为专业的作家。无论是长篇、短篇、文论还是杂文，其撰写内容丰富，让人叹为观止。

长篇小说《子夜》得到了高度评价，我虽然没有读过，但通过之前的长篇三部曲《大过渡期》（原题《蚀》）可以感到他的才华横溢、坚定不移和广阔视野。为我们展示了中国的革命场面。出场人物众多，有战争，有恋爱，有对革命的热情和革命中的丑恶。然而，即使这样，作品不知为何给人一种平面化的印象。

我对茅盾的经历几乎不了解，把他看作一位伟大的知识分子不知是否有所偏颇。他的笔触稳健而细腻，对人物的观察丰富而准确，对现象综合性的把握和判断恐怕是现代中国作家中屈指可数的存在。但，和鲁迅、郁达夫等比起来个性的发挥还稍有欠缺。②

总体来看，小田岳夫在序言中对于《蚀》特别是其中的《动摇》和

---

① 小田嶽夫「悩める支那：大過渡期」，東京：第一書房 1936 年版，第 3—4 頁（小田岳夫：《忧愁的中国：大过渡期》，东京：第一书房 1936 年版，第 3—4 页）。

② 小田嶽夫「支那人 文化 風景」，東京：竹村書房 1937 年版，第 169—170 頁（小田岳夫：《中国人 文化 风景》，东京：竹村书房 1937 年版，第 169—170 页）。

《追求》态度是肯定的。《蚀》三部曲陆续发表之后，中国国内曾出现褒贬不一的评价。无论是文学研究会同仁的赞誉，还是创造社的批评，都是从政治立场出发，站在"革命文学"的角度予以评论。小田岳夫则不受政治观点囿限，而从文学艺术价值视角评价，在当时来说令人耳目一新。比起客观描写，他更看重茅盾本人的文学思想，试图通过小说中的人物窥视作者的内心世界。小田岳夫翻译《蚀》的动机，不仅要介绍中国大革命前后的社会现实和作品本身，还要让读者看到作家的内心实质，让人们真正地了解茅盾。小田岳夫以俄国作家为参照，用比较文学的方法评论《蚀》的创作方法，在茅盾研究史上显得比较新颖，在日本的茅盾接受史上则具有开创意义。

三　《大过渡期》发表后日本学界的多种评价

1936 年茅盾专为日本《改造》杂志创作了短篇小说《水藻行》，该刊将其作为 1937 年 5 月号头条发表。《水藻行》的发表进一步促进了《蚀》在日本的传播。《水藻行》发表前后，日本学者在《读卖新闻》《报知新闻》等媒体上对这部作品给予了关注和评价。其中将《蚀》与《水藻行》进行比较的评论值得关注。4 月 29 日，神西清在《报知新闻》上发表题为《茅盾描绘的南画：本月作品的最高峰》一文，其中有这样一段：

> 中国现实主义作家的代表茅盾创作的《水藻行》让人耳目一新。此前我读到《大过渡期》时认为茅盾是一位善于描写资产阶级和知识分子、着重刻画女性的作家，读过《水藻行》之后发现，他对于中国农民的观察也是细致入微的。若把《大过渡期》比作是西洋式的油画，那么即将要发表的《水藻行》就是带有东洋画风的南画。①

---

① 神西清「茅盾の描いた南書　今月作品中の最高峰」,「報知新聞」1937 年 4 月 29 日（神西清：《茅盾描绘的南画——本月作品的最高峰》,《报知新闻》1937 年 4 月 29 日）。神西清（1903—1957），日本俄国文学研究学者、翻译家、小说作家、文艺评论家。日语中的"南画（なんが）"是指江户中期、深受中国明清绘画影响的画派画的统称，代表着中日文化和艺术审美的融合。

从这段话可以推断，作者当时尚未读到茅盾的"农村三部曲"，所以他对于茅盾除了善于描写资产阶级和知识分子、塑造女性形象，也能细致生动地描写农民和农村生活感到新鲜。他关于《大过渡期》是"西洋式油画"的比喻，与小田岳夫的看法接近。

《水藻行》在《改造》刊登后的第五日，即 1937 年 5 月 6 日，新宿兵卫在《读卖新闻》"论评壁"栏中发表题为《日中的文学式握手》一文。该文也对《水藻行》和《大过渡期》进行了比较：

> 在茅盾的《水藻行》（《改造》5 月号）之前，我已经愉快地阅读了《大过渡期》，对于中国现代社会小说给与了重新评价，因此满怀希望地读了这部作品。然而它并不像我期待的那样有趣。可能因为茅盾是长篇小说作家的原因吧，《水藻行》并没有《大过渡期》那种气势磅礴、扣人心弦之感。①

这位评论者对《大过渡期》有偏爱，因为他喜欢宏大叙事，喜欢"气势磅礴、扣人心弦"的作品，所以依此期待视野读《水藻行》便感有些失望。其实这并不能说明《水藻行》艺术价值不高，而说明茅盾写作手法与创作风格的多样性。在今日中国的接受环境中，可能《水藻行》一类人性发掘更能引起普通读者和某些评论家的兴趣。但在当年社会动荡的语境中，《大过渡期》即《动摇》《追求》的社会性和历史感能被多数读者欣赏，包括国外读者欣赏，这是值得我们今天的研究者注意的。

1940 年 2 月，武田泰淳翻译了《虹》，东京东成社于该月 20 日出版发行单行本。《虹》的译介进一步推进了日本对《蚀》三部曲的研究。同年 5 月，藤井冠次在《中国文学》（即原《中国文学月报》）第 69 期发表长文《围绕〈大过渡期〉》。文章分 5 部分，共 12 个页码，近两万字。这

① 新宿兵衛「日支の文学的の握手」，「読売新聞」1937 年 5 月 6 日（新宿兵卫：《日中的文学式握手》，《读卖新闻》1937 年 5 月 6 日）。

成为昭和前期茅盾研究史上最长的一篇文献。关于本文作者，笔者迄今未查到相关详细介绍。藤井侧重探究茅盾的思想，他在文章开头先是谈到他阅读了茅盾的《蚀》和《虹》，肯定茅盾是现代中国的代表性作家，"茅盾作品在我们当中引起了强烈共鸣"；但他又认为，"空口无凭的评论和称赞会产生不好的影响"，"所谓评论就是要探究作家在创作上的缺陷，唤醒批判精神是其职责所在"，"要探寻作品当中隐含了多少作者精神思想的内质"，因此他"将从一个纯粹读者的立场出发，把《大过渡期》和《虹》联系在一起来阐述一些感想"。①

《大过渡期》以中国历史变革期为舞台描写了知识分子的生存困境、思想矛盾与精神苦闷。藤井冠次阐述了阅读《大过渡期》之后的整体感受：

> 大革命之后中国尚有传统的余孽，作品中不仅人物思想，作品整体都不免存在因传统余孽而产生的一种不成熟的轻浮与伤感。然而在作者的意识中存在着灰暗与强烈否定式的宿命观，这种意识与新时代纠葛在了一起。②

在第一节最后，藤井冠次对于茅盾评价道：

> 虽然茅盾可能是一位代表时代的作家，但他缺乏一双探究人间本质的慧眼。然而，这是一部呈现人间与历史摩擦为悲剧主题的作品，人面对历史逃不过失败的命运。《大过渡期》只不过是一部中国

---

① 藤井冠次「『大過度期』を廻って」，中国文学研究会编《中国文学》第 61 号，1940 年 5 月，第 77 頁（藤井冠次：《围绕〈大过渡期〉》，中国文学研究会编《中国文学》第 61 期，1940 年 5 月，第 77 页）。

② 藤井冠次「『大過度期』を廻って」，中国文学研究会编《中国文学》第 61 号，1940 年 5 月，第 77 頁（藤井冠次：《围绕〈大过渡期〉》，中国文学研究会编《中国文学》第 61 期，1940 年 5 月，第 77 页）。

变革时期的一篇哀歌而已。①

"人间"是本文的关键词。日语中的"人间（にんげん）"是指具有社会性、思想性人格的"人"。藤井冠次在文中围绕"人间"这一概念解读了《动摇》与《追求》，分析了两部作品之间的关联。在对《动摇》的解读中，他认为世纪末的颓废感是《动摇》最显著的特点。茅盾在《动摇》中对"人间"个体的思想进行了刻画描写。因为人物个性已经被中国世纪末的"颓废感"所遮蔽，《动摇》中人物所持有的思想并不是"人间"个体的思想而是政治形态的表露，知识分子只是政治变局中的旁观者或追随者。藤井冠次在文中如是说：

> 随着时代的变化，焦躁不安的他们大多失去了自我独立的思想。能够看到的只不过是这个时代的一般共识，或政治性的意识形态。如果把这些称之为"思想"，恐怕过于肤浅，过于平庸。代表时代知识阶层的他们，失去了超越普通人的生存技能。这无一不在作品中表现出来。②

藤井冠次认为，茅盾抓住了处于过渡期的时代，客观地把握并描写了活跃在这个时代的人物的种种状态。然而在超越时代、跨越历史性局限、还原人间生命个体性方面，依然有所欠缺，即缺乏对于人的本质的深层把握，缺少活跃的思考能力和缜密的判断能力，或者缺乏自我的锻造。虽然作者读取了时代的颓废，但在人性描写上尚有不足之处。藤井冠次与上述新宿兵卫的观点形成对照：如果说后者欣赏的是其宏大叙事，

---

① 藤井冠次「『大過度期』を廻って」，中国文学研究会编《中国文学》第61号，1940年5月，第78页（藤井冠次：《围绕〈大过渡期〉》，中国文学研究会编《中国文学》第61期，1940年5月，第78页）。

② 藤井冠次「『大過度期』を廻って」，中国文学研究会编《中国文学》第61号，1940年5月，第81页（藤井冠次：《围绕〈大过渡期〉》，中国文学研究会编《中国文学》第61期，1940年5月，第81页）。

那么前者更看重人性发掘与个性表现，因而更多指出其缺憾。在藤井冠次看来，失去作为"人间"个体思想的人物就成为了历史现场的记录者或倾诉者，这就导致了《动摇》中人物描写的片面化和教条化。藤井冠次还认为作品中夹杂有"浓厚的传统气息"，《动摇》"与其说是欧式现实主义小说，不如说更具有中国古典小说的特点"。① 这又与小田岳夫及新宿兵卫观点相反。

关于《动摇》的艺术表现力，藤井冠次评价认为：

> 在《动摇》这部根据客观性观察描写、思想内涵浅薄的作品中，人物暧昧，缺乏亮点。诚然，作品描写的是地方城市中的人心动摇，但称为地方风俗更为贴切，以政治为背景来粉饰人物心理活动。这些人物就像演技拙劣的演员一样聚集在剧目中。②

因此，他的结论是：《动摇》中描写的"过渡期"并非作为"人间"个体思想的"过渡期"，它只不过记录了社会历史变革中的一次"过渡期"而已。藤井冠次对《蚀》三部曲的最后一部《追求》却评价较高，他认为《追求》弥补了《动摇》缺乏思想性的不足。藤井冠次引用小田岳夫为《大过渡期》所写序言中提到的茅盾自我解释："《幻灭》和《动摇》中完全没有我个人的思想，只是单纯的客观描写。但《追求》中夹杂了自己的思想感情。《追求》的基调是极度悲观的。"据此，藤井冠次指出："章秋柳是从孙舞阳的基础上塑造出来的一位典型时代女性，她带

---

① 藤井冠次「『大過度期』を廻って」，中国文学研究会编《中国文学》第 61 号，1940 年 5 月，第 78 頁（藤井冠次：《围绕〈大过渡期〉》，中国文学研究会编《中国文学》第 61 期，1940 年 5 月，第 78 页）。

② 藤井冠次「『大過度期』を廻って」，中国文学研究会编《中国文学》第 61 号，1940 年 5 月，第 81 頁（藤井冠次：《围绕〈大过渡期〉》，中国文学研究会编《中国文学》第 61 期，1940 年 5 月，第 81 页）。

有浓烈的作者本人的气息。"① 通过文本细读，他认为比起《动摇》来，《追求》中的人物更加具有"人间"的个体性和思想性，人物的心理刻画更丰富和有层次感。藤井冠次通过将章秋柳与《动摇》中的孙舞阳及《虹》中的梅行素进行对比，认为《追求》写出了章秋柳个人心理历程的变化：

> 她被新时代之风所感染，初生牛犊，轻薄放荡，但终究被现实所背叛。她强化自我的生存方法，不再忍受自己作为一名女性而生存于世。她成为作者自我思想的载体，最终发展成《虹》的女主人公——梅行素。……比起孙舞阳，《追求》中的章秋柳从一开始就带有革命的先知先觉性，在大变动的时代背景中虽然她感到了幻灭和悲哀，并通过官能刺激来寻找生存的意义，但她并非懦弱的小资产阶级，在理性和感性的二者抉择之后，她最终走向了理性的革命道路。②

藤井冠次的论文显示出日本学者在茅盾研究特别是《蚀》的评价中的不同观点与对话意识。关于小说如何处理社会历史表现与人性发掘之间的关系，这是一个迄今仍有争议的问题，在中国国内也是见仁见智。日本学者的观点我们未必赞同，却可以开阔我们的研究思路。20 世纪 30 年代至 40 年代初，中国国内茅盾研究大多感情色彩浓厚，许多评论比较平面化，停留在就作品论作品的层面上，对作家的创作思想论述较少。茅盾在日本的研究却呈现出不同特色：小田岳夫、新宿兵卫、藤井冠次等日本学者不受中国国内政治束缚，以局外人的视角把研究重点放在了

---

① 藤井冠次「『大過度期』を廻って」，中国文学研究会编《中国文学》第 61 号，1940 年 5 月，第 86 页（藤井冠次：《围绕〈大过渡期〉》，中国文学研究会编《中国文学》第 61 期，1940 年 5 月，第 86 页）。

② 藤井冠次「『大過度期』を廻って」，中国文学研究会编《中国文学》第 61 号，1940 年 5 月，第 86—87 页（藤井冠次：《围绕〈大过渡期〉》，中国文学研究会编《中国文学》第 61 期，1940 年 5 月，第 86—87 页）。

作品的艺术个性、创作方法、人物心理刻画和作者思想上，从文学本身角度解读评价《蚀》三部曲，并以其他作品为参照，显得较为立体化和系统化。

四　昭和前期日本接受和研究《蚀》的社会文化背景

日本在明治和大正时期大量接受了西方文学与社会思潮，现实主义、现代主义、马克思主义、无政府主义等纷至沓来。进入昭和时期，日本人发现西方传入的现实主义不能完全融入东方文化体系中，这是西方文化未得到彻底消化的结果。日本文坛一直在寻求立足本土文化传统以消化接受西方文艺思潮之路。他们需要找到一个可资借鉴的中庸之道，于是把目光聚焦在同是东方国家的中国上。继鲁迅之后日本中国现代文学研究者对茅盾作品的译介，说明他们有意在鲁、茅作品中寻找出东西方文化的契合点。在此背景下，乃有昭和初期日本特有的"茅盾论"。小田岳夫在《大过渡期》序言中认为鲁迅先生是东亚风格的作家，而茅盾是一位西欧风格的作家，山本实彦在著作《人与自然》的"茅盾·海婴及其他"一章中也有类似的评论："茅盾是一位擅长长篇小说并带有强烈欧美气息的作家，而鲁迅却是一位具有中国独特风格的作家。"[1] 藤井冠次在《围绕〈大过渡期〉》中则说："茅盾是欧式作家，《大过渡期》对于新时代中国来说是一部西式而崭新的文学表现形式，然而却夹杂着古老的民族气息，新旧思想之融合是茅盾对于当代中国产生苦闷之原因所在。"[2]《大过渡期》虽为中国作品，却由第一书房作为"欧洲新小说丛书"出版发行。堀田善卫在阅读后，对茅盾的宏大叙事和现实主义的表现手法尤为惊叹：他不曾想到在中国居然创作出了与欧洲小说媲美的文学作品！"纯粹的现代文学已存在于中国，即使将其置于欧洲新文学丛书

---

① 山本実彦「人と自然」，東京：改造社 1937 年版，第 322 頁（山本实彦：《人与自然》，东京：改造社 1937 年版，第 322 页）。

② 藤井冠次「『大過度期』を廻って」，中国文学研究会编《中国文学》第 61 号，1940 年 5 月，第 81 頁（藤井冠次：《围绕〈大过渡期〉》，中国文学研究会编《中国文学》第 61 期，1940 年 5 月，第 81 页）。

中，也非常自然，无论从何种意义上来说都毫不逊色。《大过渡期》的确让我感到惊讶。"① 竹内好在《茅盾论》中之所以用"恶文家"的反话评价茅盾，是因为"对受到欧洲尤其是法国文学影响的日本文学家，按当时一般的标准来说，当然还有一时未能接受的了解不到的地方，或者也还有未习惯茅盾文学个性的一面"②。

　　由于日本自身文化与历史的特点，过于追随模仿西方现代主义思潮的创作效果往往不理想，在错综复杂的文学史中常是昙花一现。只有川端康成这类在坚持本民族文学传统前提下接受西方文学因素的代表性作家最终解决了东西方因素的不调和。《雪国》对东西方文化的结合达到自然天成、炉火纯青的高度。巧合的是，在卷首刊登《水藻行》的《改造》1937 年 5 月号，同期卷尾刊载的是《雪国》中的一节，名为《手毬歌》。1937 年 4 月 28 日本多显彰在《读卖新闻》的"文艺时评"栏中发表《日本式的感觉——理性的立场》（「日本的感覚—知性の立場—」），认为《水藻行》"是一部具有日本式敏锐感觉的作品"，"主人公财喜开朗豪爽的性格与广漠无边的周围环境完全合为一体，二者水乳交融，让我们感到一种空旷而悠久之美。试想，同样的题材如果是日本作家，特别是典型的日本作家来描写的话效果会怎么样？"③ 本多显彰的评论证明了茅盾与川端康成的共同之处，也印证了当时日本接受和研究茅盾的内在

---

　　① 武田泰淳　堀田善衛「私はもう中国を語らない：対話」，朝日新聞社 1973 年出版，第34—35 頁（武田泰淳 堀田善卫《我将不再讲述中国：对话》，朝日新闻社 1973 年版，第34—35页）。

　　② 相浦杲：《日本研究茅盾文学的概况》，李岫编《茅盾研究在国外》，湖南人民出版社1984 年版，第 422 页。相浦杲的中文带有日文痕迹，他这段话的意思应该是：就接受欧洲尤其是法国文学的日本文学家而言，按当时一般的标准来说，当然还有一时未能充分理解之处，因而他们也还有未习惯茅盾文学个性的一面。

　　③ 本多顕彰「日本的感覚—知性の立場—」、読売新聞、1937 年 4 月 28 日（本多显彰：《日本式的感觉——理性的立场》，《读卖新闻》，1937 年 4 月 28 日）。本多显彰（1898—1978），1923 年毕业于东京帝国大学文学部英语专业。东京女子高等师范学校教授。主要从事劳伦斯、莎士比亚等英国文学作家的翻译与研究，在近代日本文学界有着广泛的评论活动。日本学者是永骏在《论〈水藻行〉》（《湖州师专学报》1986 年第 12 期）中通过丸山升的论文间接引用了《日本式的感觉——理性的立场》（「日本的感覚—知性の立場—」），笔者通过日本国立国会图书馆得到的一手资料重新加以翻译和改动。

成因。

日本学者对《蚀》的研究，使我们认识到：总览社会全局、记录时代风云的宏大叙事与刻画人情风俗、发掘人性幽微的私人化叙事各有其存在价值、各有其特定读者群体，也都可以引发域外读者兴趣、产生国际影响。新时期以来，中国国内质疑宏大叙事而推崇私人化日常生活叙事一时成为主流，以致对茅盾的评价一度走低，这其实只是社会转型时的暂时现象。另外，我们发现，固然日本读者也有不太喜欢茅盾的，但茅盾在日本却有真正的知音；日本学者看重茅盾，还因他的西欧式现实主义给正在探索东西方结合之路的日本文学界以启发、以示范：他们曾经将茅盾看作与川端康成、赛珍珠等诺贝尔文学奖得主可以并论的作家，在刊登他们的作品时，甚至屡次将茅盾置于川端康成与赛珍珠的前面。我们更应珍惜和认真研究茅盾的文学遗产。

第二节　昭和中期（1945—1966）《蚀》在日本的研究与评介

昭和中期（1945—1966）《蚀》在日本的研究进一步被推进与深化。佐藤一郎、高田昭二是此时期茅盾研究的代表学者。他们从"女性描写""自然主义的影响""接受美学"等角度对《蚀》展开了解读与阐释。进入 1960 年代，由于日本特殊历史政治语境之原因，《蚀》的研究陷入了低落期，研究成果大幅减少，文本价值也被低估。本节将综述昭和中期《蚀》在日本的研究评价概况，其中对佐藤一郎与高田昭二的研究成果展开述评；从 1960 年代中日在《蚀》研究领域所表现的异同的角度出发，阐述《蚀》在特殊的历史文化语境中被予以的特殊文学与文化意义。

一　对茅盾小说的审美突破：佐藤一郎与高田昭二对《蚀》的研究

1949 年竹内好在专著《鲁迅杂记》中以《茅盾传》为题专门介绍了

茅盾及其作品，其中对《蚀》进行了简要评价："这部三部曲小说中，每一部所表现的主题和人物各不同，但中心思想是根据作者的经验而设定，具体来说是描写 1927 年前后的大革命时期中国社会的动态和其各类知识分子的一部作品。"① 1951 年竹内好又在《茅盾》一文中评价认为："《蚀》三部曲中明显存在尚未成熟之处，作为作品并不成功"、"《蚀》只不过一部描写小资产阶级男女生活状态的作品而已"。② 此外，相浦杲也在 1950 年发表的《茅盾：其人与文学》③ 中详细介绍了《幻灭》的梗概。总体来看，20 世纪 40 年代初至 50 年代初始《蚀》在日本的研究基本处于冷门境地，对其解读评价也基本是粗略地一笔带过。

1954 年佐藤一郎在日本中国文学会主办的杂志《北斗》中发文《中国现代长篇小说的出发点——关于茅盾的〈蚀〉》④。佐藤一郎对《蚀》三部曲在中国现代文学史中的价值给予了充分肯定。他认为《蚀》奠定了中国长篇小说的第一基石，虽然在人物描写和结构上存在缺陷，迄今看来真正代表茅盾长篇小说成熟的是《霜叶红似二月花》，但这部尚不成熟的作品在当时的文学界起的作用非常之大，这是不可否认的。战前小田岳夫、藤井冠次等学者的研究对象基本聚焦在《动摇》和《追求》这两部作品上，《幻灭》的研究一直以来被轻视与搁置。佐藤一郎在此文中则把《幻灭》作为了主要解读对象，他认为《幻灭》中人物性格特点以及在作品中所反映的大革命时期客观的描写证明茅盾并非生硬地照搬国外现代小说形式，而是结合中国读者的趣味和中国文学与语言自身的特征而创作的；《幻灭》尤为展示了茅盾在恋爱这一题材中所体现的新意，

---

① 竹内好「魯迅雑記」，世界評論社 1949 年版，第 189 頁（竹内好：《鲁迅杂记》，世界评论社 1949 年版，第 189 页）。

② 竹内好「茅盾」，「近代文学」第 51 号，東京：近代文学社 1951 年版，第 55 頁（竹内好：《茅盾》，《近代文学》第 51 期，东京：近代文学社 1951 年版，第 55 页）。

③ 相浦杲「茅盾：その人と文学」，立命館文学会編「説林」第 2 巻第 11 号，1950 年 11 月版，第 22 頁（相浦杲：《茅盾：其人和文学》，立命馆文学会编《说林》第 2 卷第 11 期，1950 年 11 月出版，第 22 页）。

④ 佐藤一郎「中国における近代ロマンの出発点——茅盾の『蝕』をめぐって」，「北斗」1（2），1954 年 12 月。（佐藤一郎：《中国现代长篇小说的出发点——关于茅盾的〈蚀〉》，《北斗》第 1 卷第 2 期，1954 年 12 月）。

比起国外及同时代的中国其他作家，茅盾更加意识到恋爱描写中尽量要追求现实感；恋爱中的静女士具有林黛玉之美感，她与强猛连长的恋爱最终形成了"幻灭的悲哀"的结局正是作者本人在创作《幻灭》之时的心境表述。与《动摇》和《追求》不同，《幻灭》并非单纯地客观描写，它更是一部融入作者的思想与情绪之作。茅盾曾表明："我诚实地自白：《幻灭》和《动摇》中间并没有我自己的思想，那是客观的描写；《追求》中间却有我最近的——便是作这篇小说的那一段时间——思想和情绪。"① 然而上述佐藤一郎的解读观点与茅盾的这段表述形成了相反的态势，这种见解在当时是较为独特的。

高田昭二是 1950 年代日本茅盾研究界的代表学者之一。1955 年他在《茅盾的小说：关于〈蚀〉三部曲》一文中分析了左拉自然主义对茅盾在《蚀》创作中所产生的影响。1957 年当中国还正处于轰轰烈烈的政治运动中时，高田昭二便发表了《茅盾与自然主义——以左拉为中心》② 一文，开启了日本学者对"茅盾与以左拉为中心的自然主义"这一课题的研究，尽管此课题在 25 年前被瞿秋白所提及，但真正做出研究成果的却是日本学者，这对于我国茅盾研究不得不说是一种历史遗憾。关于左拉自然主义对《蚀》的影响，高田昭二认为：

> 当时（指文学研究会期间），茅盾谈论最多的便是伊波利特·泰纳和爱弥儿·左拉。二人对茅盾产生的影响是理解作品时不可忽视的一个问题。在中国，茅盾是最早提出文艺批评重要性的人物之一，泰纳的实证主义艺术批评成为了茅盾最根本的原动力。在他的作品中比起个体更倾向于社会整体的描写。很明显，茅盾并非全部以左拉《卢贡——马卡尔家族》为参考，作品中也显示出以《红楼梦》

---

① 茅盾著，钟桂松编：《茅盾全集》第十九卷，黄山书社 2014 年版，第 205 页。
② 高田昭二「茅盾と自然主義——ゾラを中心に」，東京大学出版会编「東洋文化」第 23 号，1957 年 7 月（高田昭二：《茅盾与自然主义——以左拉为中心》，东京大学出版会编《东洋文化》第 23 期，1957 年 7 月）。

为代表的中国旧体小说之痕迹。然而，充满活力的情景描写及以不同寻常的热情和执着的冷静态度不断探究人的一面却与左拉有相似之处。另外，当我们思考处女作《蚀》三部曲中描写的五卅运动之后的中国社会和左拉倾注几乎毕生精力描写的二月革命失败后，路易·拿破仑三世执政下的法国社会之间微妙的相似处和不同处时，左拉文学对茅盾产生的影响是不可忽视的。①

茅盾在《自然主义与中国现代小说》及《什么是文学》中对旧体小说进行了激烈的针砭时弊，而日本研究者则认为人物刻画方面依然留有传统的印记。比如，佐藤一郎评价"章静"人物形象时认为："如果说她是美丽、聪明、多愁多病的姑娘，那么在人们脑海中很容易浮现出黛玉的形象。她在勇敢活泼的时候，又有些像《儿女英雄传》的何玉凤，章静女士的确是新女性的形象，这是不容置疑的。"② 茅盾推崇左拉，但绝不是左拉的忠实信徒。在早期小说创作中比起左拉，茅盾更偏重于托尔斯泰的手法，在《从牯岭到东京》中他说道："左拉对于人生的态度至少可说是'冷观的'，和托尔斯泰那样的热爱人生，显然又正相反；然而他们的作品却又同样是现实人生的批判和反映。我爱左拉，我亦爱托尔斯泰。"③ 作为俄国 19 世纪批判现实主义作家托尔斯泰，其作品《安娜·卡列尼娜》与《红楼梦》在反映社会现实和历史风貌以及艺术风格上都有着相似之处。④ 如果说《幻灭》是以偏重于托尔斯泰手法描写了小资产阶级在大革命中个人命运的多舛，那么《动摇》则更偏重于左拉式的社会

---

① 高田昭二「茅盾の小説——蝕三部作について」，「岡山大学法文学部学術紀要」1955 年 3 月，第 71 頁（高田昭二：《茅盾的小说——关于蚀三部曲》，《冈山大学法文学部学术学报》1955 年 3 月，第 71 页）。

② 佐藤一郎「中国における近代ロマンの出発点——茅盾の『蝕』をめぐって」，「北斗」1（2），1954 年 12 月（佐藤一郎：《中国现代长篇小说的出发点——关于茅盾的〈蚀〉》，《北斗》第 1 卷第 2 期，1954 年 12 月）。

③ 茅盾著，钟桂松编：《茅盾全集》第十九卷，黄山书社 2014 年版，第 200 页。

④ 李书鲤在《林黛玉与安娜：兼谈曹雪芹和托尔斯泰的妇女观》一文中围绕林黛玉和安娜两个艺术形象和她们的悲剧历史意义，以及所反映在作家创作中的妇女观等问题进行了探讨。详细参见《红楼梦学刊》1984 年第 3 辑，第 224 页。

剖析手法以冷静观察和客观的方式描写了中国革命史上最严重时期的社会万象。总之，高田昭二对《蚀》艺术特色的分析解读在 1950 年代是具有一定新意和突破性的。

高田昭二对《蚀》艺术上存在的"主题先行""人物塑造偏于僵化和类型化"等的批评与我国学界主流观点基本是一致的。但高田昭二同时还认为茅盾在创作《蚀》时不可能不意识到其存在的艺术缺陷，而坚定的创作态度正反映了茅盾自身内部的政治意识形态和对于传统中国长篇小说批判改造之决心，对于《蚀》执着的创作态度源于他接受世间批判的一种宽容，这种宽容是源自于茅盾对于"人"的认识。高田昭二有这样一段评价：

> 作者用写实性的笔触毫无宽恕地、执着地描写了一系列的人物和事物。这种创作态度绝不是为回避世人冷嘲，而是像大海一样持以的宽容之心。那么，这种宽容之心是来自何处呢？如此文中所论述的那样，"对现实关注的偏移"，即此作品表达了茅盾从脱离政治到潜伏于众数个体之决心。人本性为善，或所谓人道主义是美好的事物。这并非由来于理性的批判或预知，而是无限的宽容，换句话说，是对于人无限的信赖感。总之，在人们生活中最深奥之处相互碰撞与共鸣。
>
> 正因被对于人无限的信赖感所支撑，在《蚀》三部曲中实现了对人执着冷静的探究。没有对于人无限的信赖感和绝对的肯定就不会创作出《蚀》三部曲。
>
> 作品中描写的人物多为卑劣轻佻，这也是创造社等批评的对象。茅盾切实地表现人间之恶，是因为要让人们对于高贵和伟大赋予憧憬之心。若意识不到人的卑劣轻佻便不能理解其高贵与伟大。于是，只通过其憧憬与众人建立了心灵之交流。所谓的同情正是此

意吧。①

高田昭二的评价与藤井冠次批判《动摇》中缺乏"人道主义"（日文：「人間性」）时曾认为的"人物个性已经被中国世纪末的'颓废感'所遮蔽"、"人物所持有的思想并不是'人'个体的思想而是政治形态的表露，知识分子只是政治变局中的旁观者或追随者"的观点形成了相反态势。高田昭二认为《动摇》最为出色，是三部曲中最充实的一部，从多重意义角度来看，这是最具有茅盾特点的作品。《动摇》更容易引起读者对于现实生活中真实的"恶"而产生共鸣，使得人们意识到人间的"卑劣与轻佻"。的确，在《动摇》中以"胡国光""孙舞阳"等为代表展现了人间之卑劣与轻浮，邪恶与放荡。之后，日本学者是永骏也提出了与高田昭二相似的观点："《动摇》的世界里充满着革命与恋爱的炙热，反革命的冒渎，疯狂的屠杀。人间被恶所迷惑吞噬，《动摇》这是一个混沌不堪的世界。混沌中充满了政治和性的人世间的基因，在混沌的'动摇'世界中描写了这种人世间混沌的本源。"② 茅盾对于"恶"的表现正体现了《蚀》这部作品中所蕴含的"美"，"美就是让读者领悟到生活中的真实，从这个意义上来看，胡国光的'罪恶'世界就能成为美"③。"共鸣"是文学接受进入高潮阶段的一个标志，通常有两种含义：一是指在阅读文学作品时，接受者为作品中的思想感情、理想愿望及人物的命运遭遇所打动，从而形成的一种强烈的心灵感应状态。另一种意义上的共鸣是指不同的接受者，包括不同的时代、阶级和民族的接受者，在阅读同一文学作品时可能产生的大致相同或相近的情绪激动和审美趣味趋

---

① 高田昭二「茅盾の小説——蝕三部作について」，「岡山大学法文学部学術紀要」1955年3月，第79頁（高田昭二：《茅盾的小说——关于蚀三部曲》，《冈山大学法文学部学术学报》1955年3月，第79页）。

② 是永骏「茅盾小説論—幻想と現実—」，東京：汲古書院2012年版，第36頁（是永骏：《论茅盾小说：幻想与现实》，东京：汲古书院2012年版，第36页）。

③ 是永骏「茅盾小説論—幻想と現実—」、東京：汲古書院2012年版，第38頁（是永骏：《论茅盾小说——幻想与现实》，东京：汲古书院2012年版，第38页）。

同现象。① 《蚀》在日本产生的共鸣恰恰诠释了此作品蕴含的特殊美学、文学及历史的价值。

1966 年平松辰雄在《茅盾作为作家的出发点》一文中通过《幻灭》和陈立德（1935— ）创作的长篇小说《前驱》的比较进一步对《幻灭》中表现出的"消极""悲观"的艺术色彩展开了批评性评价。作为"大革命三部曲之一"的长篇小说《前驱》发表于 1964 年，与《幻灭》故事背景相似，文中描写了 1926 年到 1927 年由中国共产党领导的一支武装部队在北伐战争中的一段生活。小说通过几次战役的描写刻画了共产党员士兵，特别是贫苦农民出身的青年连长万先廷的成长过程，和《幻灭》相比《前驱》的色彩是乐观与积极的。关于这两部作品，平松辰雄有这样一段评价：

> 在解放后的作品中，以北伐为题材的长篇小说《前驱》（陈立德著—1964 年作家出版社）从一个新的角度描写了《幻灭》中的那段历史。若出身贫农的主人公万先廷与《幻灭》中静女士二人所目睹的北伐相比的话，就会显露出目前对于《幻灭》评价中的缺陷。对于《前驱》中出身于贫苦家庭的万先廷来说北伐军是一个大家庭，受到革命先辈的培养。茅盾未能描写底层农民是因为他受到了时代的制约，茅盾把自己幻灭、悲观、消沉的情绪融入到了作品中。②

平松辰雄的评价与 1960 年代日本特有的历史文化背景是分不开的。日本知识界在"二战"后对战争进行了深刻反思，知识界普遍认为，战败后被美国占领的日本在政治和军事上并未得到真正意义上的独立，战争对于日本就意味着历史的倒退。1959 年至 1960 年日本人民坚决反对修

---

① 王金山、王青山：《文学接受研究》，内蒙古大学出版社 2005 年版，第 117 页。
② 平松辰雄「茅盾の作家としての出発点」，東京教育大学漢文学会編「漢文学会会報」第 25 号，1966 年 6 月，第 48 頁（平松辰雄：《茅盾作为作家的出发点》，东京教育大学汉文学会编《汉文学会会报》第 25 期，1966 年 6 月，第 48 页）。

订《日美安全保障条约》，全国上下举行了 23 次抗议游行活动，其规模之大、范围之广在日本历史上实属罕见。在此背景之下，日本文坛对于中国革命历史叙事题材小说持有一种前所未有的亲近感，这一时期日本出现了"十七年红色经典"的译介热潮，① 同时日本作家也创作了一批理解中国革命的文学作品。② 因此，作为反映大革命失败的《蚀》，其带有的"幻灭""颓败""悲哀"的艺术色彩被日本学界批评与贬低成为必然趋势。

二 "十七年"特殊历史语境下中日对《蚀》文学价值的不同认知

中华人民共和国成立之后的 17 年间，国内的茅盾研究基本处于低调路线，茅盾研究成果与前二十年相比并未得到飞跃式的进展。1949 年以后，政治运动风云涌动，文化界、学术界的所有创作都要围绕政治运动这个中心，对优秀作品的阐释研究被摆在了次要位置。相比较《子夜》，此时期对《蚀》的研究成果更是寥寥无几。

1950 年代，中国大陆学者基本基于"革命现实意义"来评价《蚀》，大部分学者对其评价不高，对于作品中存在的消极和悲观色彩给予了批判。比如，1955 年丁易在《中国现代文学史略》中认为《蚀》中对革命的态度消极悲观，茅盾只看到了社会和革命者阴暗灰色的一面，而忽视了实际从事革命工作者的积极革命态度。同时丁易也肯定了《蚀》的历史意义："它反映并暴露了那一时代的一部分小资产阶级知识分子的各种思想错误倾向，以及由这思想决定的性格，并予以适当的批判，还是有一定的历史意义。"③ 刘绶松也认为："对当时的小资产阶级知识分子的那

---

① 笔者根据查阅日本国立国会图书馆官方数据库，"红色经典"在 1960 年代日本的翻译情况主要为：松井博光译《红旗谱》，1962 年至诚堂出版；三好一译《红岩》，1963 年新日本出版社出版；岛田政雄、三好一合译《青春之歌》，1960 年至诚堂出版；冈本隆三译《林海雪原》，1960—1961 年黑潮出版；人民文学研究会译《创业史》，1964 年新日本出版社出版等。

② 比较有代表性的作品主要有武田泰淳的《风媒花》、堀田善卫的《时间》《历史》《在上海》、田村泰次郎的《肉体的恶魔》等。这些作品的创作都与中日战争的背景有一定关系，它们有助于日本读者深入了解中国革命的历程。

③ 丁易：《中国现代文学史略》，作家出版社 1955 年版，第 298 页。

种不正确的思想感情也没有进行有力的批判，所以结果是让悲观的情绪充满了整个作品，损害了作品的反映时代的真实性。"① 邵伯周认为《蚀》是一部"真实地反映了大革命时期中国现实社会的某些侧面和一部分小资产阶级和知识分子的精神面貌，用历史眼光来看，仍然不失为一部优秀的批判的现实主义作品"②。之后叶子铭在《论茅盾四十年的文学道路》中论述了《蚀》的功过是非，与前人不同的是，他从文学艺术的角度评价了《蚀》，认为《幻灭》《动摇》结构比较集中，而《追求》的结构比较松散。进入 1960 年代后，郑择魁、刘绶松等基本延续了 1950 年代的研究方法。他们的研究视野和研究成果并未在一定程度上有所突破。

参照上述国内研究状况，日本研究者偏重于从文本细读的理性角度解读阐释作品中所蕴含的茅盾个人创作思想和作品的艺术价值。虽然中日两国学者均批评了《蚀》存在"主题先行导致人物描写平面化、教条化"、"悲观消极造成了作品艺术性不高"等艺术缺陷，但同时日本学者也认为，《蚀》的缺陷正是客观社会现实的整体描写与个体生命体验刻画之间的矛盾体现，相比《虹》与《子夜》，这是一部更具有"茅盾"特色的作品。

日本学者对《幻灭》与《动摇》中所蕴含的个体生命精神进行了解读。他们不仅评价了《蚀》具有社会剖析意义的一面，同时也对《蚀》那种托尔斯泰式探索人生意义之精神内涵的艺术价值予以了解析、阐释与评价。然而新时期国内研究者则把注意点集中在社会剖析层面，从政治的角度加以解读，其评价大多持以片面的否定态度，忽视了作品中隐含的个体的生命体验，其评价以至于遮蔽了这部作品本有的艺术价值。近年来国内学者也注意到了我国在《蚀》研究中所暴露的缺陷，阎浩岗认为"以前的研究者一般只注意到茅盾小说社会剖析的一面，而忽视了其人生探索的一面，有人还以政治倾向为标准、以社会性和时代性为尺度，把茅盾前期的《蚀》及短篇小说看作不成熟乃至失败之作。笔者以

---

① 刘绶松：《中国新文学史初稿》，作家出版社 1957 年版。
② 邵伯通：《茅盾的文学道路》，武汉长江文艺出版社 1959 年版，第 22 页。

为这种观点过于狭隘，对之不敢苟同"、"写社会和写历史目的还是为了写人。就写人而言，我以为《蚀》的艺术价值并不在《子夜》之下。"①美国学者夏志清评价《子夜》时也提出了类似的观点："如果我们勉强把它看做一本微带悲剧意味的小说，那么，最少在技巧方面来讲，它并未超越《蚀》和《虹》的成就。"② 可见，20 世纪五六十年代日本学者的众多观点与结论同 21 世纪国内的研究成果发生了相互重合。从此意义上来说，日本对于《蚀》的研究在不受政治语境制约与文学论争的背景下更能深入准确地做出解读与评价，《蚀》的文学价值在此时期日本历史文化语境下表现出了与国内不同的一面。

第三节　东瀛学界的多部声：中日建交后《蚀》在日本的研究

　　1972 年中日建交后打破了日本茅盾研究 1960 年代的沉静期，《蚀》的研究得到了进一步的深入与拓展。1973 年藤本幸三翻译了《从牯岭到东京》，同年古谷久美子在杂志《咿哑》第 1 期开始以连载形式翻译《幻灭》，到 1975 年第 5 期完成了其翻译。进入 1980 年代后，《幻灭》成为这一时期学界研究的焦点，围绕"女性描写""女性解放思想""性描写""版本流变"的相关研究得到了进一步深化与推进。进入 21 世纪之后，白井重范的研究最具有代表性，他在史料发掘与整理、北欧神话与《蚀》创作关联的研究方面均有所突破。本节将以国内茅盾研究为背景和参照，对 1972 年中日建交后日本研究成果呈现出的特点及中日学界之间产生的学术性对话予以解析、梳理与评述。

---

① 阎浩岗：《茅盾丁玲小说研究》，人民出版社 2018 年版，第 5—6 页。
② 夏志清：《中国现代小说史》，刘绍铭等译，复旦大学出版社 2005 年版，第 109 页。

一　《幻灭》文学价值在日本的重估

1975 年，茂木信之在日本学刊杂志《飚风》第 8 期发表长文《论茅盾〈蚀〉三部曲》。他在前人研究基础上对《蚀》的艺术特色展开了更加深入地解析与评说，其研究视角和部分观点具有一定的参照与借鉴意义。

在《蚀》三部曲中，《动摇》在客观描写方面是最成功的，因为茅盾从体验人生出发，目睹经历了大革命的社会现实，在作者设定的框架中人物完全得到了操控，而《幻灭》中的个体心理描写，《追求》中作者对未知生命体验的描写已超越了"体验人生之后而写小说"的独特性。茂木信之认为《蚀》可视为茅盾长篇小说创作的出发点，他以《蚀》为基准将茅盾长篇小说进行了如下分类：

> 现在为能更清晰地概览茅盾小说的原型《蚀》，我把他的长篇小说进行了分类，可能分类方法有些简略，以《蚀》三部曲为出发点我把茅盾小说分为三个系列：《幻灭》系列有《虹》（一九二九年，以下省略两位数）、《腐蚀》（四一年）；《动摇》系列有《子夜》（三二年）、《多角关系》（三六年）；《追求》系列有《三人行》（三一年）、《第一阶段的故事》（三九年），另外还有具备三部曲综合特点的未完作品《霜叶红似二月花》（四二年）。总之，在创作主要长篇小说时，茅盾有意识将其系列化和尝试综合化，《蚀》包含了以上所有长篇小说的原型。①

茂木信之在此文中解读和阐释了《幻灭》中"幻灭"的本质与意义。

---

① 茂木信之「茅盾『蚀』三部作論」、飈風の会編「飈風」第 8 号，1975 年 10 月，第 5 页（茂木信之：《论茅盾〈蚀〉三部曲》，飈风之会编《飚风》第 8 期，1975 年 10 月，第 5 页）。需要说明的是，茂木信之在此文中对各部小说发表时间的考证存在错误。笔者在此予以纠正，即：《子夜》（1933 年）、《多角关系》（1936 年）、《第一阶段的故事》（1938 年）。

他认为《幻灭》从故事结构上可分为三个部分，即：从最初恋爱的幻灭到住院为前半部（第一章—第七章）、住院为中转部分（第八章）、之后的是后半部（第九章—第十四章）。前半部中的"幻灭"是静女士恋爱式的幻灭，是个体心理想象的表现，在"幻灭"的框架中随着现实时间的经过来展开事件的发生，因为静女士的幻灭是一种螺旋式心理的呈现，即："恋爱"到"幻灭"再到"恋爱"。因此，现实历史事件的发展被固定封存，而后半部的"幻灭"则在前半部的基础上掺杂了静女士对于革命现实的幻灭感，现实事件的发生才得到推进。《幻灭》前半部可比喻为"地下描写"，后半部比喻为"地上描写"。《幻灭》前半部分的"幻灭"即是静女士对于恋爱幻想的破灭也是茅盾自身"隐闭的内部"的叙述，所以《幻灭》的前半部可以说不仅是《幻灭》这部作品的真实本体，也是茅盾所有小说的"序篇"。[①]《幻灭》后半部的创作标志着茅盾作为现代小说家的确立和他从"个人生命体验"向"社会剖析"的转化。《幻灭》与《动摇》二者之间存在密切关联。茅盾曾在《从牯岭到东京》中表明"《幻灭》的后半部时间正是《动摇》全部的时间"，而茅木信之认为两部作品不仅在时间存在密切关联，而且《幻灭》的后半部的现实主义描写方法成为《动摇》创作之前的铺垫，茅木信之如是说：

> 总之，《幻灭》的后半部与《动摇》存在"血缘关系"。当然，所谓"血缘关系"不仅指《幻灭》后半部描写的时间（时代）与《动摇》几乎重合这一事实，还意味着作品人物都成为了"地上之人"。茅盾批评旧派小说的描写手法下的人物为"木人"，批评说"不是个有头脑能思想的活人"（《自然主义与中国现代小说》1922年）。然而，随着《幻灭》后半部撰写的推进，茅盾发现小说框架内的"活人"灵动了起来。获得自信后，从新设置框架开启了《动摇》

---

① 茅木信之「茅盾『蝕』三部作論」，飆風の会编「飆風」第 8 期，1975 年 10 月，第 10 頁（茅木信之：《论茅盾〈蚀〉三部曲》，飆风之会编《飚风》第 8 期，1975 年 10 月，第 10 页）。

的创作。在《动摇》中茅盾尽力拉大了故事框架，完成了这部早已构思于头脑当中并带有"时代性"概念的作品。①

　　进入 1980 年代，阪口直树关于《幻灭》的研究又提出了新的观点。1988 年他实地考察了《幻灭》的故事发生地点武汉三镇：汉阳、汉口、武昌后在《野草》第 41 期发文《茅盾〈幻灭〉和其舞台——武汉三镇》。此文中他以图文并茂的方式对文本叙事中的"虚"与"实"进行了考证辨析。

　　《幻灭》从第九章到第十二章以武汉为背景，虽然内容不足三部曲的十分之一却包含茅盾在武汉期间的人生体验，在整部作品中意义非同一般。通过实地考察与文本描写比对后发现"在静女士身上充分地映射出了茅盾在武汉时期的个人经历与体验"。② 阪口直树实地走访后推测文本中描写的静女士与王诗陶一同居住的大厢楼即为汉口国民日报社的宿舍"德安总里"，而关于二次北伐誓师典礼地点的"南湖广场"实地并不存在。根据文本中描写的集会人数和查阅 1927 年 1 月的《汉口民国日报》推测章静参与典礼地点为"阅马场"的可能性比较大。而茅盾 1927 年 1 月担任中央政治军事学校武汉分校政治教官时曾住在阅马场福寿里 26 号并目睹了此次誓师活动，4 月迁至德安里 1 号，静女士离开武汉前往九江的时间根据文本中的叙述可推断为夏季的 7 月中旬，这又与茅盾 7 月 23 日乘"襄阳丸"离鄂时间吻合。可以说，静女士在武汉的这部分描写就是茅盾本人生活轨迹的隐约再现。然而，令人不解的是，1927 年 1 月至 7 月武汉正处于动荡剧烈的革命漩涡之中，茅盾经历了这一特殊历史时期，然而和《动摇》相比，《幻灭》中的"革命叙事"却是轻描淡写。阪口

---

　　① 茂木信之「茅盾『蝕』三部作論」，飆風の会編「飆風」第 8 期，1975 年 10 月，第 13 頁（茂木信之：《论茅盾〈蚀〉三部曲》，飙风之会编《飚风》第 8 期，1975 年 10 月，第 13 页）。

　　② 阪口直樹「茅盾『幻滅』とその舞台——武漢三鎮」，中国文芸研究会編「野草」第 41 号，1988 年 2 月，第 9 頁（阪口直树：《茅盾〈幻灭〉和其舞台——武汉三镇》，中国文艺研究会编《野草》第 41 期，1988 年 2 月，第 9 页）。

直树认为：

> 这部作品与武汉这座城市关联密切，作者自身的体验封入在其中。总之是茅盾自身的感情植入的结果。通过静女士主观性的视角反映了陷入时代旋涡中的"人"，然而静女士的视角和茅盾本人在武汉滞留时期产生了偏差。这部作品中茅盾居住的汉口，编辑《汉口民国日报》的经历，中央军事政治学校、北伐宣誓典礼的地点等与茅盾自身息息相关的具体地名、场所全部模棱两可。这些地点与茅盾政治生活密不可分。1927 年 8 月，回到上海的茅盾开始了《幻灭》的创作。对于茅盾来说，数月间滞留于武汉是一件重要的事件。茅盾面对种种矛盾开始反复思考，寻求重生的线索，这种意境在他的作品中是可以读取的。然而《幻灭》虽然在茅盾走向作家创作生涯的出发点中占有重要位置，但我认为作为一部作品它最终未能按作者最初计划完成而告终。①

阪口直树对茅盾曾认为的"《幻灭》和《动摇》中间并没有我自己的思想"一说同样提出了质疑，其观点与茂木信之和藤本幸三具有相似之处。《幻灭》的后半部描写的时代背景虽然成为《动摇》创作的奠基石，但《幻灭》后半部在"革命叙事"的特点与方法上与《动摇》却存在着艺术风格上的不同。正如阪口直树上述分析的那样，茅盾在武汉期间所经历的真实历史时间和亲身对革命的现实体验并未完全融入《幻灭》这部作品当中，其中虚构部分是值得我们品味与解读的。同时也使得我们认识到了，《幻灭》并非是简单的一部现实主义小说，它而更偏重于浪漫主义的创作风格，更具有茅盾在面对革命时所表现出的"理想主义"和"浪漫主义"情怀，因为在革命和恋爱当中，对"恋爱"的期望走向

---

① 阪口直樹「茅盾『幻滅』とその舞台——武漢三鎮」，中国文芸研究会編「野草」第 41 号，1988 年 2 月，第 15 頁（阪口直树：《茅盾〈幻灭〉和其舞台——武汉三镇》，中国文艺研究会编《野草》第 41 期，1988 年 2 月，第 15 页）。

绝望才是致使静女士产生最终产生"幻灭"之感的最根本原因。日本学者的这些观点也许会为我们更深刻地理解《幻灭》这部小说所包含的艺术上复杂性，人物刻画的深刻性和还原历史事件的多样性方面提供一些线索。

二　对《蚀》中"女性解放思想""性描写"及版本流变的研究

南云智是最早研究茅盾妇女解放问题的学者。1974 年 12 月他在《茅盾的妇女解放论》一文中详细梳理罗列了茅盾在 1919 年至 1925 年发表的有关妇女解放问题研究的文论及译文目录，对其中代表性文章进行了详细解说评价。① 1919 年 11 月茅盾在《妇女杂志》第 5 卷第 11 期发表了他第一篇关于"妇女问题"的论文《解放的妇女与妇女的解放》。此文核心是强调女性自身素养和社会作用不可忽视，女性需要接受与男性平等的教育业并打破妇女职业的限制，和男子一样参与担任社会建设，妇女社会职业的体现关系到妇女解放是否能实现的问题。茅盾在"五四"前后发表了大量有关妇女解放的文章，"女性问题"对于茅盾早期的文学创作产生了重要影响。

1983 年藤本幸三在北海道大学学刊《言语文化部学报》刊文《读茅盾的〈蚀〉三部曲》，藤本幸三在南云智研究成果基础上分析了茅盾早期女性主义思想对《蚀》创作的影响。《幻灭》是茅盾对于女性描写最为突出的一部，作品中的人物原型来自于孔德沚从事妇女运动时所接触的女性。因为"静女士和慧女士两种类型的女性在《动摇》中可视为方太太与孙舞阳，在《追求》中可以视为朱近如和章秋柳。"② 所以《幻灭》在

---

① 参见南云智《茅盾的妇女解放论》，樱美林大学编《中国文学论丛》第 5 期，1974 年 12 月，第 59 页—第 61 页（南雲智「茅盾の婦人開放論」，桜美林大学編「中国文学論叢」，第 5 号）。南云智在文中列举的文章主要以在《妇女评论》《妇女杂志》上发表的为主，另外还列举了在《解放与改造》上发表的 2 篇和《东方杂志》上发表的 1 篇。

② 藤本幸三「茅盾の『蝕』三部作を読む」，「北海道大学言語文化紀要」第 3 号，1983 年，第 191 頁（藤本幸三：《读茅盾的〈蚀〉三部曲》，《北海道大学言语文化部学报》第 3 期，北海道大学 1983 年版，第 191 页）。

茅盾女性刻画描写上具有重要的开端性意义。

　　1920 年茅盾发表论文《我们该怎样预备了去谈妇女解放问题》中主张"性道德"的男女平等，提倡新道德的创造。除妇女解放外，还在《男女社交公开问题管见》《男女社交问题再论》等文中论述了关于"男女交际"的问题。"妇女解放论"和"男女交际论"的理论观点融入了《蚀》的创作中。静女士、方太太和朱近如可视为"女性解放论"理论的实践者，而慧女士、孙舞阳和章秋柳成为"男女交际论"的验证者。藤本幸三认为："茅盾对于男女关系的考察成为今后他创作《蚀》，特别是成为《幻灭》的重要要素。男女问题和他之前女性解放论重合在一起看的话，《蚀》中完美表现了这种思想观点。特别是茅盾在《幻灭》中一边描写'静'和'慧'二位女士的生存状态，一边融入他对于男女问题的思考，最后完成了这部处女作。"①

　　茅盾在《从牯岭到东京》中明确表述了关于《蚀》的创作动机："想要以我的生命力的余烬从别的方面在这迷乱灰色的人生内发一星微光，于是我就开始创作了"，但茅盾创作《蚀》时其目的不仅仅是描写大革命之后的现实社会，还要验证他在"五四"前后提出关于妇女解放的理论。《幻灭》正诠释了茅盾早期"女性主义"和"性描写"思想在文学中的实践。藤本幸三在解析《幻灭》的创作动机和意图时说："如果进一步思考作者的创作意图的话，男女问题是社会现状的反映，是社会的缩影，茅盾将此为逻辑通过客观描写男女问题来表现革命内部。"②"《蚀》中之所以有多处性描写，也许是因为作者头脑中尚有自然主义式的思考，但我认为主要原因之一是他想要描写出在女性解放论中论述的'女性'与'性'问题，其二是在创作中尝试采用了合理的性欲描写。在

---

　　① 藤本幸三「茅盾の『蚀』三部作を読む」，「北海道大学言語文化部紀要」第 3 号，1983 年，第 188 頁（藤本幸三：《读茅盾的〈蚀〉三部曲》，《北海道大学言语文化部学报》第 3 期，北海道大学 1983 年版，第 188 页）。

　　② 藤本幸三「茅盾の『蚀』三部作を読む」，「北海道大学言語文化部紀要」第 3 号，1983 年，第 187 頁（藤本幸三：《读茅盾的〈蚀〉三部曲》，《北海道大学言语文化部学报》第 3 期，北海道大学 1983 年版，第 187 页）。

中国现代文学史中，茅盾是最早将这种性欲描写融进了文本之中的。"①

《蚀》中的性描写一直以来多受人诟病，钱杏邨曾批评说："这部创作是长于恋爱心理的描写，同时也具有着极浓厚的肉的气息，但在性欲描写的一方面，作者的技巧却失败了……"②；藤井冠次在批评《动摇》的艺术缺陷时认为："作品当中随处可见带有色情味道的描写，作者毫无严肃态度可言。我并非故意用恶意的态度评价作者，但满篇的色情描写在革命和运动为主题的作品中格格不入。读完作品后，我甚至怀疑作者或许多少带有色情狂的倾向。"③ 是永骏也认为："在混沌的《动摇》世界中，描写了人间世界混沌的基质——政治与性，这是人类混沌的原点。"④ 相反，藤本幸三并非认为《蚀》中性描写是艺术上的缺陷，这种描写恰恰反映了茅盾作为一名作家一直在实践他的文艺理论和在现实主义小说创作上的不断追求与革新。

三枝茂人在前人的研究基础上对《蚀》的性描写展开了更加深入的阐释与论述。1989 年他在京都大学编纂的《中国文学报》第 40 卷中发表了长达 30 页的论文《茅盾的性描写论与〈蚀〉〈野蔷薇〉中的性爱》。此文中以《蚀》和《野蔷薇》为切入点对茅盾的性描写观、茅盾关于性爱与文学问题的思考以及在创作实践当中的应用三个问题进行了解析。

1919 年茅盾在《妇女杂志》《民国日报》等报刊中发表了多篇关于妇女问题的文章，其中涉及较多的是结婚、恋爱中的性道德问题。三枝茂人以 1920 年 2 月 5 日茅盾发表的《男女社交公开问题管见》与 1925 年 1 月 5 日发表的《新性道德的唯物史观》两篇文论为依据，分析了茅盾恋

---

① 藤本幸三「茅盾の『蝕』三部作を読む」，「北海道大学言語文化部紀要」第 3 号，1983 年，第 185 頁（藤本幸三：《读茅盾的〈蚀〉三部曲》，《北海道大学言语文化部学报》第 3 期，北海道大学 1983 年版，第 185 页）。

② 阿英：《阿英全集第 2 卷》，安徽教育出版社 2003 年 7 月版，第 189 页。

③ 藤井冠次「『大過度期』を廻って」，中国文学研究会編《中国文学》第 61 号，1940 年 5 月，第 81—82 頁（藤井冠次：《围绕〈大过渡期〉》，中国文学研究会编《中国文学》第 61 期，1940 年 5 月，第 81—82 页）。

④ 是永骏「茅盾小説論—幻想と現実—」，汲古書院 2012 年版，第 36 頁（是永骏：《论茅盾小说——幻想与现实》，汲古书院，2012 年版，第 36 页）。

爱观与性道德观的形成，关于茅盾在文学中如何处理性的问题上提出了较为独特的见解。三枝茂人认为，茅盾以西洋小说为范本，倡导对新式性爱描写的引入和革新并非单纯为自然主义小说辩护，而是要高度重视性问题并积极地将其作为文学形式表现出来。茅盾此观点在《自然主义与现代小说》等文论中也有相似的表述，这也成为他性爱描写观的理论基础。在《中国文学内的性欲描写》一文中茅盾还提出了"总在情理之中"和"虚写"的性描写观，三枝茂人认为：所谓"情理之中"是指在性描写上要和小说情节发展与人物感情自然表露相结合，要让读者感到自然协调。与此相对应的"虚写"是指描写性行为要采取向读者暗示的手法，而并非赤裸裸地展示。因此，关于茅盾性描写的目的，性欲描写不是在其本身而是要通过作品人物不正常的性行为和性意识剖析因社会而产生的病态心理。①

三枝茂人分别对《蚀》三部曲中性描写的特点做出了深入解析，他认为：《幻灭》中的性描写并非是抨击社会的"病态性欲"的描写，而是对年轻女性性本能的描写，《幻灭》不仅是茅盾性描写理论在小说创作中的实践，也是一部中国新文学史中性欲描写的开山之作。茅盾通过《幻灭》把中国历来视女性性欲为禁忌的问题带入到了文学之中，通过"章静"等人物的意识和行动表达了"五四"之后未婚女性对于"性"的关注和性欲欲望存在正当性的认可。② 《动摇》在性描写方面与《幻灭》有本质区别，《动摇》更注重于描写混沌社会中的混乱男女关系，因为"在《动摇》中，比起性行为和性感觉的描写，作者更关注那个时代中不同势力的性意识及其差异。孙舞阳、方太太的性爱观念是时代的产物，陆慕游、胡国光混乱

---

① 三枝茂人「茅盾の性慾描寫論と『蚀』『野薔薇』における性愛」、京都大学文学部中国語学中国文学研究室編「中国文学報」第四十冊、1989 年 10 月（三枝茂人：《茅盾的性欲描写论与〈蚀〉〈野蔷薇〉中的性爱》，京都大学文学部汉语学中国文学研究室编《中国文学报》第 40 卷，1989 年 10 月）。

② 三枝茂人「茅盾の性慾描寫論と『蚀』『野薔薇』における性愛」、京都大学文学部中国語学中国文学研究室編「中国文學報」第四十冊，1989 年 10 月（三枝茂人：《茅盾的性欲描写论与〈蚀〉〈野蔷薇〉中的性爱》，京都大学文学部汉语学中国文学研究室编《中国文学报》第 40 卷，1989 年 10 月）。

的性生活暴露了反动派的腐朽堕落，这符合了茅盾性描写的目的，但不能视为'社会的心理病态研究'"，《动摇》并非揭露性心理的本质，只是记录一种政治混乱社会下的一种现象而已。"把《动摇》作为描写处于当时性解放的人们的意识和行为的小说去读是可以的，其中可以看到作者对于性的深度关注和敏锐的问题意识，但这并不是一部有意识描写与性有关的病理或'病的性欲'小说。"《追求》中的性描写认为更接近于"社会心理病的研究"，所以"《追求》与其说是通过性欲描写'研究社会性心理病'，不如说是在表现带有社会背景青年'病态'过程中而展开的必然的性爱描写更为妥当"。① 总之，三枝茂人在此文中对茅盾如何在《蚀》中实践他的"性观念""女性主义"的思想的解析是非常全面与深入的。在三部曲中，对性描写、女性描写各表现出了不同特点。性描写在三部曲中不仅可以视为一个个独立的个性存在，也可以将三种类型的"性的心理心态"通过文本中记录的历史及文化背景有机地结合起来。

在中日茅盾研究史上，是永骏最早对《蚀》的版本流变进行了详细的整理与研究。1974 年 1 月他在《鹿儿岛经大论集》第 14 卷第 3 期发文《〈蚀〉的改编》，此文从《蚀》性描写删改的角度简要评说了中国新时期文艺政策的内部机制及其包含的特性。2012 年该文被收录在是永骏茅盾研究专著《论茅盾小说——幻想与现实》中。

《蚀》分新旧两个版本，即：《小说月报》的连载和修订之前（开明书店从 1930 年至 1949 年 3 月出版的 18 个版本）为旧版本，修订之后（1954 年 7 月与 1958 年 3 月）为新版本。是永骏校勘后发现《小说月报》连载与 1930 年至 1949 年 3 月发行的 18 个版本无差别，1954 年版与 1958 年版也未发现差异。因此将 1949 年 3 月第 18 版（标记 A）与 1958 年 3 月初版（标记 C）作为了校勘版本对象，1954 年 7 月版（标记 B）和小

---

① 三枝茂人「茅盾の性慾描寫論と『蝕』『野薔薇』における性愛」，京都大学文学部中国語学中国文学研究室編「中国文学報」第四十冊，1989 年 10 月（三枝茂人：《茅盾的性欲描写论与〈蚀〉〈野蔷薇〉中的性爱》，京都大学文学部汉语学中国文学研究室编《中国文学报》第 40 卷，1989 年 10 月）。

说月报连载（标记 D）作为补助参考。统计表具体格式如下图所示。

据是永骏统计，《蚀》三部曲的修改数量分别为：《幻灭》共 129 处、《动摇》共 260 处、《追求》共 224 处。是永骏将修订内容分为 3 类："（1）文体（2）爱欲描写（3）政治意识"①，对于新版是永骏简要评价说："从修订本整体来看，在转为简化的散文文体这一层面上是比较成功的。但遗憾的是修改后最终导致了原作中含有的时代性描写、《蚀》那种沉郁性的恸哭被弱化。然而，即便如此，从茅盾的'（《蚀》的）三本书原来的思想内容，都没有改变，这可以和旧印本对证的'一说中反而可以探究新中国文学机制的一隅。总之，即便是修改也是将其放置于把原作中的沉郁感以相对性的，适当的程度传达给读者的一种文学机制中进行的"。② 从这段论述来看是永骏关于新中国成立后文学文艺机制的转化，文学作品与政治语境的调和问题予以了提出与关注。但遗憾的是，他在这篇文献中并没有深入探讨下去，这与 1970 年代初日本中国文学研究者所掌握的史料较为有限，中日学界相互交流不深有直接关系。

需要特别说明的是，关于《蚀》版本修改问题近年也被纳入我国学界的视野。比如金宏宇《"革命"与"性"的意义滑变：〈蚀〉三部曲的版本比较》③、罗维斯《历史语境的跨越：〈蚀〉三部曲版本校评》④ 等论文更加深入地探讨了新旧版本间的变化以及修订内容背后隐藏的作者思想内涵和文艺政策机制与文学创作、出版、版本修改之间相互关联的本质性问题。用当今学术眼光来看，是永骏这篇文献在理论上已经失去了它的新意和参考价值，但在修订内容的梳理方面还是为我们提供了一份非常直观的参考资料。从这个意义上来讲，1970 年代日本学者在茅盾史

① 是永骏：「茅盾小説論—幻想と現実—」，東京：汲古書院 2012 年版，第 161 頁（是永骏：《论茅盾小说——幻想与现实》，汲古书院，2012 年版，第 161 页）。

② 是永骏：「茅盾小説論—幻想と現実—」，东京：汲古書院 2012 年版，第 188 頁（是永骏：《论茅盾小说——幻想与现实》，汲古书院 2012 年 1 月版，第 188 页）。

③ 金宏宇：《"革命"与"性"的意义滑变：〈蚀〉三部曲的版本比较》，《武汉大学学报》2005 年第 5 期。

④ 罗维新：《历史语境的跨越：〈蚀〉三部曲版本校评》，《现代中国文化与文学》2009 年第 2 期。

料研究方面的超前性和问题意识是值得我们肯定的。

笔者所藏是永骏茅盾研究专著　　　　　　《幻灭》版本修改校勘示例
《论茅盾小说——幻想与现实》

三　21 世纪《蚀》在日本研究的新坐标：白井重范的"论《蚀》"

白井重范著《论"作家"茅盾——二十世纪中国小说的世界认知》一书是 21 世纪日本茅盾研究界代表性学术专著之一。白井重范，1975 年出生于日本千叶县，毕业于东京大学大学院综合文化研究系，博士学位，中国现当代文学专业，现任国学院大学文学部外国语文化系副教授。此著作共 8 章，《蚀》的研究是该书的重要部分，共计 4 章，即：《论〈幻灭〉》《论〈动摇〉》《茅盾小说中的命运认知——论〈动摇〉补遗》《论〈追求〉》。

《幻灭》第 1 章开头与第 8 章中透露了静女士在中学时代曾参加领导过学生运动的细节，之后她来到 S 大学目睹了学生参加的"五卅"周年纪念会。关于 S 大学的原型，茅盾在回忆录中对 1922 年上海大学成立的始末有详细描述，并与邓中夏、瞿秋白等校内人士有密切来往，可推测所谓"S 大学"就是当时的"上海大学"。白井重范在《论〈幻灭〉》一章中详细考证梳理了上海大学学生运动史，他认为，浙江女师学潮运动

笔者所藏白井重范的茅盾研究专著《论"作家"茅盾——二十世纪
中国小说的世界认知》（汲古书院 2013 年版）

可视为学生运动的早期形式，其目的是为排斥束缚自由的校长，深受新
思潮影响的学生们的举动属于个人行为，并非在政党或政治团体指导下
进行的，因而不能称为狭义的政治运动。章静对于学生运动的认识明显
停留在数年前的早期状态。茅盾有意识地将章静参与政治的过程比作中
国学生运动的发展过程，她在 S 大学就读时"运动"性质已经具备狭义
的政治性，国共合作已具备组织化，但她目睹 S 大学学生运动后并未意
识到与中学时参与的运动有本质不同。改变她思想的契机是在医院中与
李克的相遇。① 《幻灭》前半部中描写了静女士的两次"幻灭"，中学时

---

① 白井重範「『作家』茅盾論——二十世紀中国小説の世界認識」，東京：汲古書院 2013
年版，第 40 頁（白井重范：《论"作家"茅盾——二十世纪中国小说的世界认知》，东京：汲古
书院 2013 年版，第 40 页）。

代的"幻灭"是对"性欲"的一种憎恶，而得知自己被抱素背叛后，从对"性"的憎恶转向了对政治的追求并最终走向了革命道路。静女士是一个从"恋爱"到"政治"再到"革命"过程的典型女性。白井重范关于"幻灭"的意义做出了以下解说：

> 总之，《幻灭》所表现的情节并非是幻灭的重复，而是持有一个方向性的幻灭过程。它反映了一位女性在时代背景下突破自我忧郁和烦闷最终走向解放之历程。可以说这是一部描写章静成长的教育小说（Bildungsroman）。在其历程中，如果当时女性能够剔除强烈意识到的对性欲的憎恶，以此突破自我解放之阻碍的话，《幻灭》从一定程度上成为了流露茅盾自我精神成长的一部作品。①

文本中所描述的静女士幻灭过程暗示了茅盾从政治家向作家转变的过程，这种转变充满了对自我的矛盾与革命的幻灭，在复杂烦闷的思绪下最终走向创作道路正是茅盾的"作家意识"形成和大革命失败后自我救赎意识的表现。白井重范从文本细读的角度对《幻灭》中茅盾"作家意识"的形成及"革命思想"转变的阐释是值得关注的。另外，白水纪子早在《牯岭中的茅盾》一文中也曾对《幻灭》中的茅盾的"作家意识"的发生作出过论述，但她并非从文本解读出发，而是基于史料考证所得出的结论。她认为，茅盾在回忆录中对滞留牯岭这一段描述与事实有偏差，滞留原因并非是因道路堵塞，而是内心的疲惫幻灭与压抑在他内心已久的创作欲望，从牯岭到上海是茅盾走向作家道路的开始，像鲁迅与"寂寞"格斗一样，茅盾在"幻灭"中挣扎前行，《幻灭》是一部

---

① 白井重範「『作家』茅盾論——二十世紀中国小説の世界認識」，東京：汲古書院 2013年版，第 60 頁（白井重范：《论"作家"茅盾——二十世纪中国小说的世界认知》，东京：汲古书院 2013 年版，第 60 页）。另，教育小说（教养小说，德语：Bildungsroman）是指在启蒙运动时期的德国产生的一种小说形式，以主人公的成长、发展经历为主题，主要是叙述主人公思想和性格的发展，描写他们的各种遭遇和经历，并通过巨大的精神危机长大成人的故事。

作为理解茅盾"文学意识"本质不可忽视的作品。① 无论是白井重范还是白水纪子，虽然研究的切入点不同，但他们都对茅盾作为作家的出发点之作《幻灭》予以了较高的关注和深入解读。《幻灭》是一把解开茅盾走向作家之路的钥匙，其中隐含的茅盾自我"幻灭"的本质和意义是解读后续其他作品的关键。关于《幻灭》的解读从一个侧面反映出了日本学者所具备的洞察力和他们的学术眼光，也凸显了他们努力发掘茅盾在文学创作过程中其内心所流露出的"文学意识"，力求探寻单纯以作家身份的茅盾在中国现代作家中表现出不同于他人的个性。《幻灭》并非只是一部带有"幻灭"与"悲哀"思绪的悲观现实主义之作，更是一部探究茅盾"作家意识"的形成，解读茅盾小说中"幻灭"谱系的一部具有浪漫主义色彩的经典之作。

《动摇》的研究也是这本著作的重要部分之一。白井重范从"《动摇》的人物关系""方罗兰动摇的本质""《动摇》的背景"及"《动摇》与北欧神话命运的意识"四个方面展开了深入解读。

藤井冠次曾在《围绕〈大过渡期〉》一文中认为孙舞阳与《追求》中的章秋柳在人物性格上具有共通性。她们那种放荡不羁，为消磨时光与多名男性保持着性爱关系的人物性格一直以来被读者所诟病与批判，以至于"文本中加入不自然的性描写折损了作品的完成度"②。而白井重范却提出了不同见解，认为这种类型的女性在茅盾小说中出现并非偶然，性描写不仅是茅盾妇女解放意识和革命观念的文学化表现，也在很大程度上是为迎合当时读者阅读兴趣而创作的一种手法。白井重范将《动摇》与柯伦泰小说中的性爱描写进行了比较，认为孙舞阳与章秋柳形象不得不让人想起柯伦泰的小说中"恋爱游戏"的情节。在小说《三代的爱》

① 白水纪子「牯嶺における茅盾」，「中国——社会と文化」，東京：中国社会文化学会1990 年 6 月（白水纪子：《在牯岭的茅盾》，《中国——社会与文化》，东京：中国社会文化学会1990 年 6 月）。

② 白水纪子「『蝕』三部作の女性像」，小谷一郎、佐治俊彦、丸山昇編「転形期における中国の知識人」，汲古書院 1999 年版（白水纪子：《〈蝕〉三部曲的女性形象》，小谷一郎、佐治俊彦、丸山升编《转型时期的中国知识分子》，汲古書院 1999 年版）。

中热妮娅同时于数位男性交际，并与他们保持着性关系。此作在 1928 年 4 月被林房雄翻译介绍到日本，9 月林房雄的译本被重译为中文刊登于《新女性》杂志，柯伦泰小说与《动摇》《追求》同期发表其意味深长。柯伦泰在作品中深刻表现了经济独立、不依靠男性的女性从本能上追求性自由的个性行为，而孙舞阳在拒绝"爱"的同时巧妙地回避了男性对她的伤害。其实，孙舞阳与柯伦泰笔下的女性都具有"灵肉不一致"特点。虽然这一特点被当时评论界所批评，但在中国这类女性也的确成为读者最关注的人物形象之一。因此，白井重范认为，《动摇》中的性描写并非是一种文学艺术上的弊病和缺陷，《动摇》中强调性爱描写，在复杂的人物恋爱关系中性被扭曲化，被当作了男性唯一的娱乐和精神上的逃避手段，而这种性描写是女性在尚未能经济独立条件下茅盾对"女性革命"理解的一个重要体现。①

从北欧神话的角度解读评价茅盾小说是白井重范的研究方法之一。关于"方罗兰为何动摇？"这一问题，白井重范的分析观点较为独特。学界一般认为，方罗兰的动摇归根结底是出于本人在危急关头对革命理论和策略执行上的摇摆。比如蓝棣之曾评价说："方罗兰之所以摇摆不定，是因为他经历了大革命的复杂性，是因为他从根本上来思考大革命中的一些政治现象。"② 而白井重范却认为，方罗兰的动摇并非出自于他个人的性格。对于隶属于国民党左派从事于县级党务工作的方罗兰来说，他并非对共产党内部"左派"和"右派"之争具有足够的清醒认识。大革命时期历史的"矛盾性"是方罗兰"动摇"的最根本的内在原因，拥有巨大力量的历史"矛盾性"如同命运一般地存在。通往破灭的"命运"是对北欧神话情节的一种艺术性的借用，这也是茅盾成为优秀长篇小说

① 白井重範「『作家』茅盾論——二十世紀中国小説の世界認識」，東京：汲古書院 2013 年版（白井重范：《论"作家"茅盾——二十世纪中国小说的世界认知》，东京：汲古书院 2013 年版）。

② 蓝棣之：《现代文学经典：症候式分析》，清华大学出版社 1998 年 8 月版，第 27 页。

作家的基石。①

　　另外，白井重范对《动摇》第十二章中隐含的象征意义展开了深入解析。他从解读散文《严霜下的梦》的角度分析了《动摇》第十二章中幻象描写所体现出的象征意义。松井博光最早注意到了《严霜下的梦》与《动摇》之间具有紧密关联性这一问题："我认为《严霜下的梦》是一部从侧面映射《蚀》内部含有某种意义的作品。"② 而此后中日茅盾研究界关于散文《严霜下的梦》及《动摇》第十二章的相关研究基本处于空白状态。《严霜下的梦》中分别描写了三个不同的梦境，第一个梦中出现的一个个小太阳暗示了《幻灭》中描写第二次北伐宣誓典礼中聚集的士兵和年轻人，他们代表了光明和希望；猩红的一团团心则暗示了中共势力；房梁轰然倒塌的描写与《动摇》末尾陆梅丽幻觉中情景相同，预示了大革命必将走向失败；不名誉的蝙蝠暗喻"投机分子"等。在第二个梦境中，血暗喻了白色恐怖；女人的割破乳房的血、地狱的火与《动摇》最后的幻象描写如出一辙。第三个梦境中"众神的黄昏（Ragnarök）"暗示了国民革命的彻底失败，最后的狼暗指在北欧神话中吞掉太阳和月亮的魔狼哈提和斯库尔，此场景隐喻了"蚀"的出现。白井重范作出了如下解说：

　　　　《动摇》故事发生背景取材于发生在湖北钟祥县的"五·二八"惨案。③ 然而作者在构思故事结构环节上有意识地结合北欧神话，这一点是毋庸置疑的。并且，作为《动摇》衍生之作的《严霜下的梦》中北欧神话的印记相比较更为凸显化。反之而言，《动摇》可被认为

---

　　① 白井重範「『作家』茅盾論——二十世紀中国小説の世界認識」，東京：汲古書院 2013年版（白井重范：《论"作家"茅盾——二十世纪中国小说的世界认知》，东京：汲古书院 2013年版）。

　　② 松井博光「薄明の文学——中国のリアリズム作家·茅盾」，東京：東方書店 1979年版，第 165 頁（松井博光：《黎明的文学——中国现实主义作家·茅盾》，东京：东方书店 1979年版，第 165 页）。

　　③ 白井重范通过考证《汉口民国日报》1927 年 5 月 7 日至 6 月 19 日所有关于钟祥县的报道后推断《动摇》的故事背景即为湖北钟祥县。

是一部在北欧神话宏大的框架之中，通过引用以"五·二八"惨案为中心发生在湖北省一带的白色恐怖为题材而创作的作品。①

近年来，国内学界也逐渐把目光投向了"茅盾小说作品与北欧神话的关联性"这一问题的研究上。吴向北在《茅盾〈蚀〉神话模式的象征和文学史价值》② 一文中深入论述了《蚀》文本中隐性神话模式的象征和文学史意义，此文列举了北欧神话与《蚀》三部曲的神、人姓氏对应表。吴文很多观点和结论与白井重范之文有重合之处，白井重范评价吴文说："吴文将《蚀》中所有主要人物与北欧神话一一对应有牵强附会之嫌，茅盾对北欧神话的接受并非只停留在'象征性'的表面，对'作家精神'的影响我认为才是问题的关键。"③ 因而，白井重范对代表"现在主义"的北欧女神薇儿丹蒂与《动摇》最后告别"过去"，无视"未来"，勇敢直面吞噬一切的黑暗的"现在"描写之间的关联展开了深入解析，进而论证了北欧神话对茅盾"作家意识"发生的影响。之后，国内学者张岩在《"命运女神"与"时代女性"的遇合——茅盾小说中女性形象塑造与北欧神话的关联性研究》一文中认为："茅盾对'命运'的困惑与探寻更多地体现在对北欧神话中'命运女神'精神的思考中，并且通过对于时代女性形象的塑造将这种思考具象化。"④ 她以"命运女神"为研究主线，从《蚀》到《野蔷薇》再到《虹》三部作品之间寻找到彼此勾连、逐步发展的轨迹形态。相对于白井重范，张文的研究视野更广阔，二文相互之间也形成了研究观点上的认同与互补。

---

① 白井重範「『作家』茅盾論——二十世紀中国小説の世界認識」，東京：汲古書院 2013年版，第 130 頁（白井重范：《论"作家"茅盾——二十一世纪中国小说的世界认知》，东京：汲古书院 2013 年版，第 130 页）。

② 吴向北：《茅盾〈蚀〉神话模式的象征和文学史价值》，《重庆师范大学学报》2011 年第 3 期。

③ 白井重範「『作家』茅盾論——二十世紀中国小説の世界認識」，東京：汲古書院 2013年版，第 139 頁（白井重范：《论"作家"茅盾——二十一世纪中国小说的世界认知》，东京：汲古书院 2013 年版，第 139 页）。

④ 张岩：《"命运女神"与"时代女性"的遇合——茅盾小说中女性形象塑造与北欧神话的关联性研究》，《鲁东大学学报》2016 年第 5 期，第 27 页。

四 异质文化语境下中日对《蚀》接受与研究的异同

在国内茅盾研究界，《蚀》可以说是除《子夜》外受关注最多的一部作品。我国学者把《蚀》在国内的接受分为了"生成期（1928—1941）""转向期（1951—1963）"和"深化期（1979—2008）"，认为生成期《蚀》接受的成就在于文本的时代性与人物的心理刻画为众多接受者所公认，这成为《蚀》的既定视野。转向期《蚀》的接受在特殊的历史语境下展开，主流话语导引与文学视野是这一时期的最大特点，但《蚀》的接受不仅没有推进，反而有所后退。深化期《蚀》的接受在"时代女性"形象以及政治隐喻与艺术表达的定向及具体化上取得突破，但一些有待实现的接受视野同时也面临着新的挑战。① 近十年来，围绕《蚀》的现代性意义、现实主义、《蚀》在革命历史中的意义以及性启蒙等方面展开了较为深入的研究。虽然日本对《蚀》的研究成果在总体数量上远不及国内，但在日本中国现代文学研究界还是给予了足够的重视与关注。综合《蚀》在日本的研究状况，笔者认为日本学者的研究主要表现出了以下三个特点：

第一，在研究历史上，具有承接性与整体性。与国内研究状况不同的是，《蚀》在日本的研究并未因为特殊的政治历史语境而出现停滞甚至倒退的现象。国内学者曾对茅盾身份做出了精辟的界定，认为有三个茅盾，即"社会活动家"的茅盾、"社会科学家"的茅盾和"文学家"的茅盾。② "二战"前，《蚀》对中国知识分子和小资产阶级形象的刻画及社会现实的描写引发了日本研究者的兴趣，小田岳夫意图通过译介《动摇》《追求》把中国大革命的现实状况介绍到日本，此时期茅盾是以"社会科学家"和"文学家"双重身份出现在日本读者面前的。1950 年代到 1970 年代，茅盾作品在日本迎来了译介与研究的高峰期，特别是《子夜》

① 陈思广：《审美之维：1928—2008 年〈蚀〉的接受研究》，《首都师范大学学报》（社会科学版）2009 年第 5 期。

② 阎浩岗：《中国现代小说史论》，人民文学出版社 2006 年版。

《腐蚀》《霜叶红似二月花》《林家铺子》《春蚕》等在日译中国革命文学作品中占有了一席之地。在日本文化体系和战败后的特殊政治语境中，茅盾开始作为"文学家"被研究与接受。在此背景下，茅盾小说处女作《幻灭》在此时期引起了日本学界的研究兴趣。他们的研究成果不仅填补了"二战"前《幻灭》译介与研究的空白，其数量一定程度上也超越了《动摇》和《追求》。第二，研究对象的多样性与研究力度、视野的局限性并存。总体来看，从 1950 年代至 1970 年代茅盾研究在日本要比国内活跃得多，深刻得多。当国内茅盾研究还在因处于复杂政治斗争浪潮中停滞不前时，日本学界的研究却已远走在世界的前列。1957 年日本学者高田昭二率先开启了"茅盾与以左拉为中心的自然主义"这一课题的研究，为后来"左拉自然主义"在《蚀》中的体现提供了理论基础。关于《蚀》的版本修改问题，"女性主义""性描写""意识流""作家意识""叙事结构"等方面的研究也走在了学术的最前沿，其部分成果迄今仍值得关注、参考与借鉴。与国内相比，日本学界更加侧重于溯源茅盾小说的创作思想根源，习惯于从文本细读的角度阐释解析在中国现代长篇小说史中《蚀》所表现出的不同艺术风格。进入 21 世纪之后，虽然我国学者在《蚀》性描写研究上另辟蹊径，着重探讨了"身体与写作"、"革命"与"性"等问题，但我们还是一贯秉承了"政治"与"文学"的双轨并行的特点。反观日本学界，学者们却把研究视角集中在了北欧神话与《蚀》文本之间的内在关联、考辨作品中对国民革命虚实的描写等问题上。此时期《蚀》在日本的研究成果不多，其中有价值的可参考性文献非常有限，对《蚀》中的"女性""革命""心理"，现实主义创作手法等方面的研究以及文本结构的分析未能在 20 世纪六七十年代研究成果的基础上继续深入下去，其研究力度和张力凸显不足，研究视野在广度和深度上也出陷入了局限。第三，在研究方法上，比起文本论说更侧重于史料掌故。如本章所述，早在 1974 年是永骏对《蚀》版本流变进行了考证梳理，他通过表格形式直观地梳理罗列了各版本的删改之处，这在当时是具有开创性和前瞻性之意义的。但遗憾的是，他对版本修改内因的分析与论述比较浅疏，未能深入探讨下去，其原因和1970年代史料缺乏，中日学界交流尚未深入化等状况不无关系。国内关于版本流变研究最早见于金宏宇的《"革命"与"性"的意义滑变：〈蚀〉三部曲的版本比较》①，此文侧重于分析版本流变中存在的"革命"与"性"等意义的变化。之后，罗维斯在《历史语境的跨越：〈蚀〉三部曲版本校评》② 中选用1930年开明书店初版本和1984年人民文学出版社全集第一卷进行了校对，并对版本修改历史背景、新中国成立前后作者思想变化、性描写、女性描写、农民运动等方面展开了长篇论述。白水纪子《在牯岭的茅盾》、阪口直树《茅盾〈幻灭〉和其舞台——武汉三镇》等文在围绕茅盾早期生活轨迹与《幻灭》创作之间的关系、茅盾作家思想意识的形成方面都展开了较为深入的研究。白井重范通过查阅《汉口民国日报》中刊载的所有发生在钟祥县"五·二八"惨案的报道，并结合相关历史事件细致深入地考证了《动摇》故事发生背景地为湖北钟祥县这一历史事实。关于《动摇》故事背景的考证，国内学界也认为"大致可初步确定小说作为背景的县是钟祥，或钟祥县一带"③，但并未对《汉口民国日报》关于钟祥县革命情况的报道展开详细的引用和说明。因此，白井重范附录在著作中的《汉口民国日报》（1927年5月—6月）成为证明"《动摇》故事背景为钟祥县"最直接有力的佐证。

　　纵览《蚀》在日本近一个世纪的研究成果，对于我国茅盾研究界来说既有借鉴的一面也有待深入辨析的一面；既有超前的一面也有滞后的一面；既有以借助日本异国文化之"他山之石"提出新颖观点的一面，同时也因日本学者学术背景、史料掌握情况等而存在肤浅和空白的一面。总之，笔者期望未来中日两国能在《蚀》的研究领域形成交流与互动的学术氛围。虽然中日学者在茅盾研究领域曾产生过深入的对话关系，但

---

① 参见金宏宇《"革命"与"性"的意义滑变：〈蚀〉三部曲的版本比较》，《武汉大学学报》2005年第5期。

② 参见罗维新《历史语境的跨越：〈蚀〉三部曲版本校评》，《现代中国文化与文学》2009年第2期。

③ 张立国：《茅盾与中国现代文学》，台海学术文荟2002年版，第15页。

从目前来看也只是停留在 1980 年代时期发表的一些研究成果的基础上。进入 21 世纪之后，两国在茅盾研究领域，尤其是在以《蚀》为代表的茅盾小说研究领域中其交流对话关系也渐行渐远，相互参考借鉴的研究成果数量也变得非常有限。造成这一局面的原因并非是因两国学者间的交流不够深入，而是因为茅盾小说的文学与文化价值在 21 世纪的日本并非像鲁迅作品那样一直被不断地发掘与阐释，很多研究课题基本处于原地踏步的状态，甚至出现了逐步被忽视与边缘化的倾向。另外，两国学者近年发表的高水平、有价值的研究成果不能及时相互翻译介绍，从而形成了一层厚重的学术"隔阂"。因此，对于我国茅盾研究者来说需要深入了解茅盾在国外的研究状态，破除画地为牢、故步自封的思想，有必要与日本学界进一步加强建立相互交流、互通互译的学术关系，为茅盾的文学与文化遗产推向更广阔的世界而彼此付出努力。

第 二 章

永不磨灭的经典

——《子夜》在日本的翻译与研究

迄今为止，《子夜》日译本共发现有 6 个版本，是茅盾小说日译本中版本最多的一部作品。1938 年增田涉翻译了《子夜》前两章，以"上海的深夜"为题刊登连载于《大陆》杂志（改造社出版）1938 年创刊号、7 月号及 8 月号上。战后《子夜》在日本迎来了译介的高潮期：1951 年尾坂德司首次完整翻译了《子夜》；1962 年、1970 年小野忍和高田昭二分上下册合译了《子夜》；1963 年竹内好完整翻译了《子夜》，1970 年他在 1963 年版本的基础上修改调整再次翻译出版，1970 年版本在 1974 年还被收录于筑摩书房出版的《筑摩世界文学大系》第 78 卷中。

1936 年 4 月竹内好在《茅盾论》一文中对《子夜》进行了反话式"恶文"评价。其目的在于讽刺抨击那些因循守旧，故步自封的文学研究者，对茅盾小说价值的肯定和认同是对蔑视否定中国现代文学价值的汉学派及支那学派的一次有力反击。"二战"后，多版译本的发表推进了《子夜》在日本学界的解读、阐释与评介。竹内好、高田昭二、中野美代子、是永骏、福嶋亮太、铃木将久、桑岛由美子、白井重范等代表性学者不受政治语境及学术论争的囿限，从纯文学、比较文学、史料掌故、文本细读等研究范式和方法出发对《子夜》展开了较为深入地研究。

关于"《子夜》在日本的译介与研究"的研究迄今已有一些初步性成

果。松井博光在著作《黎明的文学——中国现实主义作家·茅盾》① 中简要梳理了《子夜》在日本的翻译概况；李岫编《茅盾研究在国外》② 中收录了 1951 年版尾坂德司《子夜》的译后记；曾嵘《茅盾文学在日本——以〈子夜〉对堀田善卫〈历史〉影响为例》③ 中解析了《子夜》与长篇小说《历史》之间的互文性关系，以此论证了茅盾文学在世界现代文学构建过程中的作用；裴亮《轨迹与方法：竹内好的茅盾论》④ 中考证分析了竹内好在"二战"前后对《子夜》相反的评价态度及其内因。另外，近年国内茅盾相关研究专著中关于此课题的研究也有零星涉及。

本章将在前人研究的基础上，通过研读所掌握的一手史料，对《子夜》各个日译版本的翻译出版情况展开详细地考证、辨析与梳理；述评《子夜》在日本各时期的研究概况，同时以国内研究现状为参照呈示在日本学者的研究方法及特点；通过中日学界在《子夜》研究领域产生的对话与共鸣展现《子夜》在日本不同时期的历史语境中所体现出的特殊文学价值及文化意义。

第一节 "恶文"评价与完整译本的缺席：《子夜》在"二战"前日本的传播与接受

1936 年 4 月竹内好在《中国文学月报》第 14 期发表了题为《茅盾论》一文。竹内好在此文中批评《子夜》为"恶文"，认为茅盾是"拙劣的作家"，然而细读此文会发现，竹内好的这种批评基本上是"反语"式的，他

---

① 参见松井博光《黎明的文学——中国现实主义作家·茅盾》，高鹏译，浙江人民出版社 1982 年版。

② 参见李岫编《茅盾研究在国外》，湖南人民出版社 1984 年版。

③ 参见曾嵘《茅盾文学在日本——以〈子夜〉对堀田善卫〈历史〉影响为例》，《中国现代文学研究丛刊》2017 年第 4 期。

④ 参见裴亮《轨迹与方法：竹内好的茅盾论》，《中国现代文学研究丛刊》2016 年第 11 期。

对茅盾及作品不仅持以了肯定态度，更是带有崇敬之感。竹内好用"反语"式口吻评价茅盾及其作品与当时他身处的特殊文学批评场域及政治历史背景是分不开的。同年 6 月增田涉在上海通过鲁迅介绍会见了茅盾，于 9 月撰文《茅盾印象记》并发表在《中国文学月报》第 18 期上。此次会面增田涉评价了《子夜》并谈及了关于作品的翻译事宜。1938 年增田涉开始着手翻译《子夜》，然而因战争等原因翻译计划不得不中断，在"二战"前茅盾小说译介史上留下了遗憾。以下本节将对"二战"前《子夜》在日本的传播与接受情况展开详细地考证、梳理与评析。

一　增田涉的"茅盾初印象"和他的《子夜》翻译计划

《子夜》的诞生不仅在中国文坛引起了轰动，同时也引起了日本学界的关注。最早翻译《子夜》的是增田涉。1936 年 6 月，增田涉经鲁迅引荐在内山书店正式与茅盾会面，借此机会茅盾将《子夜》的初版本赠予了增田涉。增田涉回忆说：

> 在内山书店等候片刻后，夏先生和茅盾便来了。我之前请鲁迅先生委托过茅盾，果然，他给我带来了《子夜》的初版本（再版中已经有删节）。我的中文不好，而茅盾又不会说日语，通过夏先生传译我们交谈了一个半小时，但仍有隔靴搔痒之感。①

当茅盾问及《子夜》读后感时，增田涉评价道：

> 先生很有魄力，虽然谈不到深刻，但广泛地涉及到了社会各个方面的现实问题。先生对于现实问题是经过了思想加工糅合的。总的来说，《子夜》沿着时代和历史的方向进行了描写，写得大胆有层

---

① 増田涉「茅盾印象記」，中国文学研究会编「中国文学月报」第 18 号，1936 年 9 月，第 90 页（增田涉：《茅盾印象记》，中国文学研究会编《中国文学月报》第 18 号，1936 年 9 月，第 90 页）。

次，彰显了您的写作能力，或者说是粗狂的"蛮力"。这种奔放的作风虽然并不流畅，但视野宽广，把时代视为整体展开了细致描写，表现出了大陆式的臂力。①

茅盾对此评价表示认同，但也谦逊地认为《子夜》中存在生硬刻板的缺点。随着二人交谈的深入，增田涉向茅盾提出要翻译《子夜》的想法，他说：

> 提到中国小说，介绍到日本的无非是才子佳人一类的故事。我想向目前的日本介绍描写带有当今中国时代性的作品，因而愿为此付出努力。《子夜》描写了当今中国，具有社会的时代性。从这一点出发，我想把此作介绍到日本。②

开明版系《子夜》从 1933 年至 1938 年共先后发行 7 个版本，其中"1934 年 6 月至 1936 年 9 月出版的第四至第七版是删节版"。③ 增田涉专门委托鲁迅让茅盾赠予《子夜》初版本，正表明了他意图将完整版的《子夜》翻译后呈现给日本读者。

然而不巧的是，增田涉回到日本后因要参与改造社的《大鲁迅全集》编辑出版工作而不得不推迟《子夜》的翻译，他还特意给茅盾写信表示歉意。茅盾对此表示理解，在回信中他表示：

> 惠书奉悉，迟复为歉。先生在翻译鲁迅先生的遗著，我早就听

---

① 増田渉「茅盾印象記」，中国文学研究会编「中国文学月報」第 18 号，1936 年 9 月，第 90—91 頁（增田涉：《茅盾印象记》，中国文学研究会编《中国文学月报》第 18 期，1936 年 9 月，第 90—91 页）。

② 増田渉「茅盾印象記」，中国文学研究会编「中国文学月報」第 18 号，1936 年 9 月，第 91 頁（增田涉：《茅盾印象记》，中国文学研究会编《中国文学月报》第 18 期，1936 年 9 月，第 91 页）。

③ 陈思广：《〈子夜〉的版本流变与修改述论（一）》，《现代中文学刊》2020 年第 1 期。

说过了，以先生的能力，必能胜任愉快。我希望由于先生的努力将使贵国民众能了解中国民众的代言人——鲁迅先生的思想和艺术。《子夜》的翻译是无关重要的，这样的拙作，译到国外去，想想也觉得惭愧，多搁一下，不算怎么一回事。①

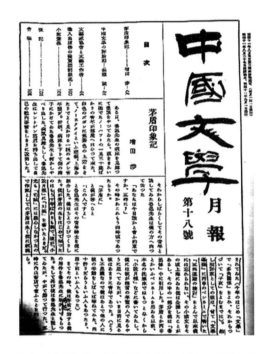

笔者所藏增田涉《茅盾印象记》原文（影印版）

因此，1938 年增田涉只翻译了《子夜》的前两章，以"上海的深夜"为题刊登连载于《大陆》1938 年创刊号和 7 月、8 月号上，连登两期后因不受欢迎便停止连载。增田涉曾回忆说："《大鲁迅全集》的工作大体结束，我便翻译《子夜》，以《上海的深夜》为题，将该书的卷首部分登在改造社出版的杂志《大陆》上，连载了两期。但由于不太受欢迎，

---

① 增田涉：《茅盾印象记·追记》，载庄钟庆《茅盾研究论集》，天津人民出版社 1984 年版，第 511 页。

此后便没有续刊。"① 除"不受欢迎"因素外，1937 年中日战争全面爆发后日本政府对外文书籍的流入和翻译出版的严格管控也是导致《子夜》未被译完的另一个原因。增田涉在一次访问中曾谈道："中国留学生在东京组织的戏剧团体欲将《子夜》改编成剧本上演，结果遭到禁止；小田岳夫从中国带到日本的很多书遭到了扣押，对从中国寄到日本的书报的检查是非常严格的。"②

增田涉在仅有的两章译文中未加入过多的解读评价内容，唯一仅见第一章中插入的作品简介。增田涉写道：

笔者所藏《大陆》杂志创刊号刊登的增田涉译《子夜》首页

关于《子夜》。《子夜》是一部由十九个章节构成的长篇小说，译成日文大约五十二万字左右。此处介绍的是开头的第一章（两万四千字），当然这是全篇的序幕。作者茅盾被评为左拉主义者。周全而细致地剖析时代和社会是他的特长。《子夜》是他最典型的代表

① 增田涉：《茅盾印象记·追记》，载庄钟庆《茅盾研究论集》，天津人民出版社 1984 年版，第 512 页。
② 少夫：《〈大鲁迅全集〉翻译者增田涉访问记》，南京《中央日报》1937 年 6 月 8 日。

作，这是一部在现代中国最受人关注，最广泛被阅读的作品。《子夜》描写了上海，迄今为止从未见过能如此引起大众兴趣并兼有艺术气量之作。另外，文中的插图选自于刘岘的木刻集《子夜之图》。（译者）①

1937 年 7 月未名木刻社印刷出版了刘岘的版画作品《子夜之图》，全书共附图片 28 幅，而在《上海的深夜》中就被插入引用了 10 幅。增田涉是如何得到《子夜之图》的我们不得而知。但可以肯定的是，他意图通过文字附加版画的形式让日本读者更形象化地了解上海。如果全部译完，刘岘的《子夜之图》将会和《子夜》一起呈现在日本读者面前，那必将是一次意义非凡的中日文学文化交流事件。

笔者所藏《大陆》杂志创刊号封面（改造社，1938 年 6 月）

---

① 茅盾著 増田渉訳：「上海の真夜中」，「大陸」創刊号，東京：改造社 1938 年版，第 160 頁（茅盾著，增田涉译：《子夜》，《大陆》创刊号，东京：改造社 1938 年 6 月，第 160 页）。

1937 年淞沪会战爆发，上海沦陷，茅盾南下香港，之后又前往长沙。因战事的影响茅盾最终也未能拿到登有《子夜》译文的《大陆》杂志。中华人民共和国成立后，茅盾身负要职，公务繁忙，二人再无见面机会。《子夜》日译的中断与 1937 年之后二人的失联不得不说是中日文学交流史上的一件遗憾之事。

二 是"恶文"还是"杰作"？——对竹内好《茅盾论》的再解读

1936 年 5 月，竹内好在《中国文学月报》第 14 期上发表的《茅盾论》① 一文中对茅盾及作品持以了批评性否定态度。他评价茅盾为"行文拙劣的作家"，认为《子夜》是一部"恶文"之作。然而战后他却笔锋一转，表现了与战前截然相反的评价态势。关于这一现象，国内学者认为："产生这种巨大的反差的成因主要在于竹内好借助对鲁迅文学的研究而反思日本近代化的历程并通过重审'政治与文学'的关系而获得了对茅盾文学本身所蕴涵的政治文化内涵进行重估的视角和契机。"②

笔者对"比较战前和战后竹内好对茅盾的一系列译介与研究，可以清晰地看到不同时期的巨大'反差'"这一观点不敢苟同。笔者通过细读《茅盾论》后发现，竹内好对茅盾及作品的评价并非是彻底性地否定与批判，他在文中对茅盾的文艺思想及创作风格给予了非常客观的肯定性评价：

> 在中国文学史中，茅盾是一位值得特别介绍的作家。他是首位对中国古典文学融会贯通的作家之一。在群体人物描写方面，比起《红楼梦》更接近《儒林外史》，比起《儒林外史》更带有西欧长篇小说之精神，甚至更接近于俄国作家。提起茅盾的称赞之处，是他

---

① 竹内好：「茅盾論」，中国文学研究会编「中国文学月報」第 14 号，1936 年 5 月，第 36 页（竹内好：《茅盾论》，中国文学研究会编《中国文学月报》第 14 期，1936 年 5 月，第 36 页）。

② 裴亮：《轨迹与方法：竹内好的茅盾论》，《中国现代文学研究丛刊》2016 年第 11 期。

那种丝毫不带有传统印记的特点。他的作品受到好评是因为他对人生消极性的正确解读。换句话说，这并非是作为文学的浑然所致，而是因为他表达了在文学之外的，所谓因社会所迫而产生的集于一身的不安之感。①

另外，竹内好在该文最后还表达了对茅盾的崇敬之情，其中有这样一段：

茅盾这样的作家受到极力称赞，归根结底是文学匮乏的表现。但当今是真实谈论文学多样化的时代。如果从描写人的角度来讲，茅盾的全部作品充满缺陷。然而，作为"人"的茅盾，他呈现出的是一种无规律的、粗犷并给人讷讷而热情之形象。这该如何解释我不得而知。可以断言，茅盾的存在于包括文学在内的广阔世界中，他赋予的强力之感不单单存在于中国，这是不争的事实。②

其实，在发表《茅盾论》之前，竹内好就已关注评价了《子夜》。1935 年 3 月，竹内好在《中国文学月报》创刊号《今日中国文学的问题（时事报道一）》专栏中引用了郑振铎于 1934 年 12 月 30 日在北京大学以"中国文坛现状及今后动态"为题的演讲中对《子夜》的评价内容："在此称赞的《子夜》是茅盾的代表性长篇小说，若除去结构单一，描写冗长外，这是一部从正面揭露现实社会基本矛盾，具有强有力气魄的屈指作品之一。"这可以说是迄今所发现《子夜》在日本最早的评论文字。③

---

①　竹内好「茅盾論」，中国文学研究会編「中国文学月報」第 14 号，1936 年 5 月，第 36 頁（竹内好：《茅盾论》，中国文学研究会编《中国文学月报》第 14 期，1936 年 5 月，第 36 页）。

②　竹内好「茅盾論」，中国文学研究会編「中国文学月報」第 14 号，1936 年 5 月，第 36 頁（竹内好：《茅盾论》，中国文学研究会编《中国文学月报》第 14 期，1936 年 5 月，第 36 页）。

③　竹内好「今日の中国文学の問題（時報）」，中国文学研究会編「中国文学月報」創刊号，1935 年 3 月，第 5 頁（竹内好：《今日中国文学的问题（时事报道一）》，中国文学研究会编《中国文学月报》创刊号，1935 年 3 月，第 5 页）。另，关于 1934 年 12 月 30 日郑振铎在北京大学的演讲笔者查阅《郑振铎全集》《郑振铎年谱》等资料后未发现任何相关记载，故上述演讲题目及引用的演讲内容为笔者转译。

1963 年竹内好完成了《子夜》的翻译，在译本后附的《解说》中他回忆说：

> 最后我想谈一谈自己的感想。《子夜》出版发行后我立刻向上海订购了此书。当时我用不熟练的中文阅读了此作，甚是感动，便萌生了翻译《子夜》的想法。最早使我对中国文学开阔眼界的就是《子夜》。作品包罗万象，规模宏大，以至于对中国文学产生了畏惧之感。当时我喜爱的是郁达夫等抒情式作家，茅盾强烈的散文精神并未引起我的关注。如今我实现了这一愿望，译完后再次给我留下的是古典式名作之感。①

20 世纪 80 年代，日本学者相浦杲在谈到《茅盾论》一文时则做出了下述评价：

> 在这篇文章里，他对《子夜》的自然、人物描写、文学性等写作技巧和对古典文学的继承等方面提出了许多批评的意见，表面看来批评得比较严厉。但是，仔细地看他的文章，读者就可以从他字里行间看出来，他对茅盾的作品怀着一种畏惧的感情
>
> ……
>
> 可见他对茅盾作品的批评基本上都是反话。②

竹内好以反语的方式批评《子夜》其具有特殊的历史文化背景。日本进入 1930 年代后，经济、政治危机并发，军国主义抬头。为迎合"国粹主义"的需要，保田与重郎、神保光太郎、中谷孝一等作家于 1935 年

---

① 茅盾作 竹内好「夜明け前——子夜」，「中国現代文学選集 4」東京：平凡社 1963 年版，第 399 頁（茅盾著，竹内好译《黎明之前——子夜》，《中国现代文学选集 4》東京：平凡社 1963 年版，第 399 页）。

② 相浦杲：《日本研究茅盾文学的概况》，李岫编《茅盾研究在国外》，湖南人民出版社 1984 年版，第 422 页。

成立了"日本浪漫派"，他们把日本的危机感和德国浪漫派的影响结合在一起，走向了追求古典，重塑日本传统精神的道路。"日本浪漫派"成为日本对外侵略时期唯一的文学"流派"。日本知识分子深感自身无能为力，产生了强烈的"不安情绪"和"危机意识"。以自然主义代表的西欧文学思潮如何融入日本文化体系自然成为 1930 年代中后期日本知识界所面临的重要课题之一。

然而，茅盾在接受西欧自然主义这一问题上却体现出了其独有的风格，在理论主张与实际创作之间构建了复杂而微妙的关系。茅盾一方面在《子夜》创作中有意识地实践了他所主张的自然主义理论中的"客观描写"与"实地观察"；另一方面，在《蚀》的创作中也无处不表露出他所反对的那种"幻灭的悲哀"，甚至还夹杂了遭人诟病的"自然主义的性描写"。总之，以茅盾为代表的"中国自然主义提倡者们还是较为成功地把自然主义——包括欧洲的自然主义和日本的自然主义——吸收并消化到现实主义的'肠胃'中。"① 但遗憾的是，茅盾的作品在 1930 年代初期的日本学界并未引起关注，他们并不能理解和接受"茅盾式"的西欧自然主义（或者说"现实主义"）小说创作手法。相浦杲曾评价认为："就接受欧洲尤其是法国文学的日本文学家而言，按照 30 年代中期的标准来说还有尚未能够接受和理解之处，因此他们还有未习惯茅盾文学个性的一面。"②

1930 年代是日本中国研究历史的一个转型时期。在竹内好、武田泰淳、冈崎俊夫等人创立"中国文学研究会"之前，日本中国文学研究者主要出身于汉学派或支那学派③。两派掌控着日本中国研究领域的学术话

---

① 王向远：《中日现代文学比较论》，宁夏人民出版社 2007 年版，第 50 页。
② 相浦杲：《日本研究茅盾文学的概况》，载李岫编《茅盾研究在国外》，湖南人民出版社 1984 年版，第 422 页。
③ 日本的汉学派并非是真正意义上研究中国文学的学派，它主要指借助儒学、汉诗、经书等中国古典解释研究日本人所形成的"中国观"，此学派具有鲜明的意识形态特征。支那学派是指以京都大学中国研究者内藤湖南、狩野直喜、桑原骘藏等为代表的一个学派。他们重视对中国实地考察，主张从实证主义角度出发研究中国传统文化。

语权，而中国现代文学并不在他们的研究范畴之内，对于中国现代文学研究更是持以排斥甚至蔑视的态度。直到 1934 年，以竹内好为代表的中国现代文学研究者们创立中国文学研究会，以中国现代文学研究为媒介，以《中国文学月报》为阵地对汉学派和支那学派一统学术江湖的局面发起了挑战。竹内好曾用"丑恶""凡俗"等词形容汉学派和支那学派保守腐朽的文学思想。

1934 年成立于东京的中国文学研究会是日本中国现代文学研究最重要的社团之一。发起者是竹内好、武田泰淳、冈崎俊夫三人，之后增田涉、松枝茂夫、小野忍、千田九一、实藤惠秀等人加入该会。他们对掌控着日本中国研究领域学术话语权的汉学派与支那学派发起了挑战的同时也正式开启了中国现代文学在日本的研究。1935 年 3 月，中国文学研究会创立会刊《中国文学月报》，其宗旨是深入研究中国现代文学，促进中日文化交流。郭沫若先生为该会报亲笔题写了刊名。会报设有"时事报道""作家论""演讲""漫画与木刻""杂录"等栏目。刊登翻译、介绍、研究中国现代文学的文章。日本军国主义发动全面侵华战争之后，日本国内处于反动统治的最黑暗的时代，然而中国文学研究会的成员们仍然坚定地继续从事中国现代文学的研究，拒绝参加所谓"大东亚作家会议"。1940 年 4 月，《中国文学月报》改名为《中国文学》，1943 年 3 月宣布停刊，至此共计出版月报 92 期，中国文学研究会也随之宣布解散。由此可见，中国文学研究会从成立到解散始终贯穿于战争历史背景之下，研究会同仁的研究活动和战争时局也是密不可分的。1971 年汲古书院出版了影印版的《中国文学月报》共计 8 卷，1977 年再版之际还附加了《附卷》和《附刊》各 1 册。《附卷》是由松枝茂夫在原 92 期基础上又编辑加入了 13 期，即 93—105 期。《附刊》中收录了立间祥介在参与会史整理工作期间搜集采访的会员资料、照片和中国文学研究会年谱，《附刊》的发表对于深入了解研究中国文学研究会及会刊历史有重要的史料参考价值。

笔者所藏《中国文学月报》1935年3月创刊号和《茅盾论》原文（影印版）

对于中国古典名著，在竹内好看来，是作为文献而不是作为文学独立存在的；只有当这些文献经由主题生的苦恼而被转化成"自己的语言"的时候，它才是文学。[①] 竹内好对于"文学"的理解与茅盾早期的文学思想如出一辙。茅盾在中国古典文学研究方面造诣颇深，他的作品中以现实主义的手法大规模描写了中国社会，诠释了在根植于中国古典结构艺术传统基础上以"为人生"为主题剖析社会问题与探究人生苦闷的文学思想。孙中田曾评价说："《子夜》的艺术结构不仅得益于巴尔扎克和托尔斯泰，也积淀着曹雪芹的《红楼梦》的构筑的机运。茅盾是在中西文学的交融、同化中，建构起自己的史诗般的恢宏框架的。"[②] 竹内好在战后评价《子夜》时说："从社会批判、现实主义态度、人物配置和场景转换，再到描写手法上不仅出色学习了《儒林外史》，并且带有与西洋近代

---

① 参见孙歌《在零和一百之间（代译序）》，载竹内好著，李冬木等译《近代的超克》，生活·读书·新知三联书店2016年版。

② 孙中田：《〈子夜〉的艺术世界》，上海文艺出版社1990年版，第161页。

小说结构相互融合之痕迹。"①

因此，对于竹内好来说，茅盾可被认为是继鲁迅之后在东方文化体系中构建"新文学"范式的奠基者之一。竹内好不仅发现了茅盾小说中所蕴含的东西方文化文学相互融合的文学价值及美学价值，也是对以《子夜》为代表的茅盾小说在中日文学交流中的历史价值给予的认同。竹内好在《中国文学月报》中以反语的方式批评茅盾及《子夜》是意图告诫那些一味追求古典的、墨守成规、因循守旧的文学研究者们：在如何处理本民族传统文学与西方文学相结合问题上，茅盾为 1930 年代日本文坛提供了范式和借鉴，其影响和价值是不容忽视与贬低的。

第二节 "二战"后多部《子夜》日译版本的问世、流变与评价

迄今为止，《子夜》日译单行本共发现有 5 个版本，分别是：1951 年尾坂德司译版本；1962 年、1970 年小野忍和高田昭二分上下册合译版本；1963 年、1970 年和 1974 年竹内好译版本。不同的译者对《子夜》展开了不同的解读与阐释。尾坂德司在书后《译者之言》中通过与赛珍珠《大地》的比较后对《子夜》的艺术价值予以了肯定评价；小野忍在书后的《解说》中关于各国对"子夜"的译法展开了详细地解说；竹内好在两版《子夜》译本的《解说》中对《子夜》的文体构造、人物刻画风格、茅盾创作《子夜》的主题依据问题等展开了详细解说。本节将围绕"二战"后各《子夜》日译版本的生成、流变、评价等状况展开详细考证和梳理；以日本特殊的政治、文化、文学语境为背景论述《子夜》中所蕴含的社会历史意义及特有的文学价值。

---

① 茅盾作 竹内好訳「夜明け前―子夜」，「中国現代文学選集 4」，東京：平凡社 1963 年版，第 397 頁（茅盾著，竹内好译：《黎明之前——子夜》，《中国现代文学选集 4》，东京：平凡社 1963 年版，第 397 页）。

一　首部《子夜》日译单行本的诞生及其意义和价值

1945 年日本战败，知识界对侵华战争产生了深深的悔恨感和负罪意识。1949 年中华人民共和国宣告成立后，知识界对战争的反思和负罪感增加了新的内容。美国占领日本政策发生变化，从推进日本民主化转向加强推行反共政策。日本在美国高压政策控制下，因"赤色"遭到肃清而导致社会反抗情绪愈加高涨，爆发了多次大规模抗议活动。在此背景下，中国现代左翼文学作品及"十七年红色革命"文学作品在日本的译介研究却得到了大力推进。丸山升曾认为："在这样的情况下，日本人才开始把美军作为占领军来认识，从中产生了对法国的抵抗文学、中国的抗日战争文学的共鸣。"① 1951 年尾坂德司完整翻译了《子夜》，并以《深夜》（日文：「真夜中」）为书名分一、二两册于 10 月和 11 月由千代田书房出版发行了单行本，自此开启了《子夜》在日本"二战"后译介与研究的先河。笔者委托了数位日本友人几经周折才购买和收齐了这两本难得的译作，所以尤为珍贵。

尾坂德司，1920 年出生于东京都，1943 年毕业于北京大学中文系，先后任东亚同文书院大学预科教授、法政大学教养学部教授，主要从事中国文学研究，在茅盾、丁玲研究领域颇有建树，成果斐然。除《子夜》外，他的译著还有《金瓶梅》《丁玲作品选集》《茅盾作品集》等作品。尾坂德司在书后《译者之言》中对《子夜》的艺术价值予以了肯定评价。他通过将赛珍珠的《大地》与《子夜》比较后认为：读了赛珍珠·巴克的《大地》后似乎了解了中国现实社会。但《大地》中描写的中国只不过是为迎合外国人好奇心的幻觉而已，而并非现实世界的描写。通过《大地》去理解变革中的中国是不现实的。相反《子夜》是以现实主义手法，在宏大的叙事框架中描写了 1930 年代的中国现实社会的一部成功之作。由此可见，尾坂德司翻译《子夜》的动机之一是意图使当时的日本

---

① ［日］丸山升著，王俊文译：《鲁迅、革命、历史》，北京大学出版社 2005 年版，第 385 页。

笔者所藏 1951 年版尾坂德司译《子夜》第一部、第二部封面

读者真实深入地了解 1930 年代中国社会的现状。关于《子夜》的现实意义，尾坂德司的评价中有这样一段：

> 日文版的茅盾《深夜》（原名《子夜》，"子"是指深夜十一时至十二时的"子时"）已译完。中国人持刀刺入了自己肉体，用喷涌出来的鲜血当做墨汁，在痛苦的呻吟中写成的这部著作，真正成为中国现实社会的解剖图。在那里，不知有多少人同我们一样挣扎在苦闷黑暗的时代深渊里，他们寻求逃避现实的乌托邦，深陷恋爱与颓废的冲动，被命运所左右。当今的日本人果真了解中国现状吗？虽然我们熟悉欧洲、巴黎，但对于上海以及生活在上海这片土地上的劳苦大众却一无所知。中国人口的百分之一聚集在国际都市上海，其中还包括日本人和数十个国家的侨民，他们生活在竞争激烈的生

活环境中。《子夜》就是以大都市上海为舞台而描写的中国社会俯瞰图。①

　　赛珍珠的《大地》表现了中国农民与大地和解的主题，以同情和白描的手法塑造了一系列中国农民形象。通过描写主人公王龙一生经历的酸甜苦辣，反映了中国农村的万象百态——贯穿千百年的封建思想、农耕生产方式、风俗习惯及传统家庭制度下贫富悬殊的农民生活。并且在叙事中加入了百姓观念和习俗，把中国农民的土地情结和家庭观念展示得细致入微、淋漓尽致。可以说，赛珍珠跨越了中西方文化的鸿沟，在20世纪二三十年代为西方人展现了中国农村和农民心理的真实状态。1935年至1936年中国文学研究会成员新居格翻译了《大地》三部曲（《大地》于1935年、《儿子》和《分家》于1936年），由东京第一书房出版发行了单行本。日译本《大地》在上市之初并未引起太大的反响，然而1937年1月《大地》被改编成电影搬上了好莱坞荧幕，1938年该作获得诺贝尔文学奖，当年电影版《大地》开始在日本上映，这些因素促使了《大地》在日本的热销，一时掀起了一股"大地热潮"。

　　然而并非所有的日本中国文学研究者都对《大地》持以认同。中国文学研究会成员竹内照夫在《读〈大地〉》一文中批判《大地》中描写的是"浅薄的、美国式基督教的人道主义实际上就是美国人所谓的'中国观'"。进而对热衷追捧《大地》的日本读者他批评说："大多数称赞此作品的读者并非因为作品本身，而是因为他们惊讶于作为人的中国人。"② 武田泰淳对"大地热"并不以为然，他在《关于中国文化的一封信》一文中认为："日本的读者为何要通过阅读美国人写的《大地》才感

----

　　① 茅盾作　尾坂德司訳：「真夜中　第一部」，東京：千代田書房1951年版，第296頁（茅盾著，尾坂德司译：《子夜 第一部》，东京：千代田书房1951年版，第296页）。
　　② 竹内照夫「『大地』を読んで」，中国文学研究会编「中国文学月報」第35号，1938年2月、第188頁（竹内照夫：《读〈大地〉》，中国文学研究会编《中国文学月报》第35期，1938年2月，第188页）。

到满足呢？日本作为中国的邻邦，为何读不到日本人写的《大地》呢？"①

尾坂德司认为《大地》中对中国农民及农村的描写刻画是不够深刻的，这部带有西方人思维和文化视野的热销作品不足以成为一部现实主义文学巨作。因为对于日本读者来说它存在文化认同上的局限性和对现实描写的片面性。可见，尾坂德司对于《大地》的评价观点和战时中国现代文学研究者是相同的。然而《子夜》的诞生弥补了《大地》艺术上的缺陷，其宏大的历史叙事无论是在深度还是广度上都远超《大地》，在艺术审美方面自然更能引起日本读者的共鸣。因此《子夜》成为 1950 年代日本学界及读者了解 1930 年代中国社会的经典之作。尾坂德司在《译者之言》中这样的感慨道："《子夜》虽然是 1932 年中国人的作品，但震撼了 1951 年日本人的心灵。《子夜》以国际都市上海为舞台，直面描写了世界面所临的政治经济问题，以及其他各种社会组织步入'现代'之后的种种矛盾，并执着地探究其根本原因。在此意义上，日本人与中国人之间是相同的。"②"作者深入研究了 1930 年当时中国的危机与矛盾，暗示将在未来诞生一个新中国，《子夜》就是这样一部寓意深长的著作。"③

尾坂德司的《子夜》译本不仅让茅盾小说的意义及价值在同处于东方文化文学体系中的日本得到再次释放，也充分体现了此时期日本知识界渴望通过以茅盾为代表的社会剖析派作家作品深入了解刚刚成立不久的新中国。尾坂德司这部译作的诞生更大力推进了《子夜》在日本的研究历程。自 1950 年代起至 1980 年代初，高田昭二、是永骏、中野美代子、小西升、松井博光等多位学者均参照此版本对《子夜》展开了评价、

①　武田泰淳「支那文化に関する手紙」，中国文学研究会编「中国文学月报」第 58 号，1940 年 1 月，第 137 页（武田泰淳：《关于中国文化的一封信》，中国文学研究会编《中国文学月报》第 58 期，1940 年 1 月，第 137 页）。

②　茅盾作　尾坂德司訳：「真夜中　第一部」，東京：千代田書房 1951 年版，第 296—297 页（茅盾著，尾坂德司译：《子夜　第一部》，东京：千代田书房 1951 年版，第 296—297 页）。

③　茅盾作　尾坂德司訳：「真夜中　第一部」，東京：千代田書房 1951 年版，第 297 页（茅盾著，尾坂德司译：《子夜　第一部》，东京：千代田书房 1951 年版，第 297 页）。

阐释与解读。松井博光在日本首部茅盾研究专著《黎明的文学——中国现实主义作家·茅盾》的《后记》中写道：

> 1950 年代，我第一次阅读尾坂德司翻译的《子夜》（《深夜》），自此之后我一直认为应当有一本能够向日本读者广泛介绍茅盾的专著。继《子夜》之后茅盾的作品已有数部被翻译出来，但茅盾研究专著既没有人写也没有人编辑出版，这不得不让人感到不可思议。①

笔者所藏松井博光的茅盾研究专著《黎明的文学
——中国现实主义作家·茅盾》（东方书店 1979 年版）

---

① 松井博光「薄明の文学——中国のリアリズム作家·茅盾」，東京：東方書店 1979 年出版，第 279 頁（松井博光：《黎明的文学——中国现实主义作家·茅盾》，东京：东方书店 1979 年版，第 279 页）。

总之，尾坂德司的《子夜》译本在"二战"后为日本学者进一步研究茅盾小说起到了不容忽视的推动与促进作用，它与 1936 年小田岳夫《蚀》的译作《大过渡期》一并，将一幅璀璨而光辉的 20 世纪二三十年代中国社会历史文化艺术画卷展现在了日本读者面前。

二 1960 年代的再译：小野忍与高田昭二的合译单行本

小野忍、高田昭二以人民文学出版社 1958 年版《茅盾文集》第三卷为底本，以尾坂德司译及 1963 年竹内好译版本为参照在 1962 年和 1970年分上下两册合译完成了《子夜》。单行本书名为"子夜"的直译，由岩波书店出版发行。小野忍（1906—1980），毕业于东京帝国大学（现东京大学）中国哲学文学系，1937 年加入了中国文学研究会，后成为该会的骨干成员，1957 年任东京大学教授。小野忍尤其在茅盾、赵树理、丁玲、骆宾基等作家研究方面颇有影响力，其主要译著有《金瓶梅》《腐蚀》《我的前半生——满洲皇帝的自传》《西游记》等作品。

小野忍在译本最后的《解说》中详细介绍了作家履历、《子夜》梗概及故事历史背景，并在文中附加了《子夜》上海本明书店 1933 年 4 月版扉页面的书影。值得参考的是，小野忍关于各国对书名"子夜"的译法作出了如下详细解说：

> 书名"子夜"不易译成日语。"子夜"是指"深夜的子时刻"，如果直译就是"深夜中"。1957 年北京出版的英译本将其译为"Midnight"。然而此作品的战前版本封面上除印有"子夜"名称之外，还标有英文副标题"The Twilight: a Romance of China in 1930"（黎明——一九三〇年的中国故事）。另外，《子夜》初版本出版之时，曾作出书评的朱自清解释说："'子夜'的意思是黎明之前"（《朱自清文集》第二卷）。1937 年在莫斯科出版的俄译本则译为"Перед рассветом"（黎明之前）。同一时期出版的德译本则直接把"Twilight"译成了"Zwielicht"。（因手头没有德译本，因而不清楚出版年

份，但可以肯定的是出版时间最晚不超过 1940 年。德译本作者是当时驻上海的德国新闻记者弗朗茨·库恩，时任柏林大学教授，并作为《金瓶梅》《红楼梦》译者而被人所知。）综上所述，"子夜"的译语并非统一不变。根据作品内容来看，文本中既有"夕阳"一面也有"黎明"一面。以此推测，作者并不想把"子夜"限定于"深夜中"的狭隘意义当中，因此附加了英文的副标题。Twilight 一词既是"黄昏"又是"黎明"。①

笔者所藏小野忍、高田昭二的《子夜》合译本封面

"文学翻译"即"文学再创造"，无论是有意地误译还是漏译，译者都是为迎合本民族读者不同时期的文化心理和接受习惯。1938 年增田涉将"子夜"故意误译为"上海的深夜（日文：上海の真夜中）"，其原因在于战时大量日本侨民滞留于上海，译者意图通过《子夜》让更多日本

① 茅盾作 小野忍、高田昭二訳：「子夜（真夜中）下」，東京：岩波書店 1970 年版，第346—347 頁（茅盾著，小野忍、高田昭二译：《子夜（深夜中）下》，东京：岩波书店 1970 年版，第 346—347 页）。需要说明的是，1938 年德雷斯顿威廉·海奈首次出版了弗朗茨·库恩的《子夜》德译本。1978 年英戈尔德和奥尔夫冈·顾彬以此为底本，根据 1977 年北京人民文学出版社版《子夜》校订，由柏林欧伯尔包姆文学政治出版社出版发行了新版德译本。

读者了解以"上海"为代表的中国内地，比起文中的政治历史现实书写，日本读者更关注作为"多元文化符号"的上海。而 1950 年代初期，尾坂德司通过翻译《子夜》意图告诉日本读者：日本战后被美国占领，民族并未真正走向经济与政治的独立，在 1930 年代的中国有很多人同我们一样挣扎在苦闷黑暗的时代深渊里。因此，尾坂德司将"子夜"译为了"深夜（日文：真夜中）"。小野忍和高田昭二采取了与前人不同的译法，他们直译成了"子夜"并附加括号小标题"深夜"①。因为小野忍认为"子夜"一词在不同历史时期具有不同的含义：1930 年代，中日读者在《子夜》中更多解读出的是中国民族资产阶级在帝国主义、买办资本主义和封建主义压迫下深陷的"幻灭"与"悲哀"，"子夜"象征了无尽的黑暗；1950 年代中华人民共和国成立伊始，《子夜》在接受者中更多体现了农民阶级、工人阶级斗争的革命叙事，"子夜"象征了通过革命斗争而最终走向胜利的"黎明"。小野忍与高田昭二采取的直译法则体现了他们对《子夜》文本中历史叙事复杂性的深刻理解。

　　在《解说》中小野忍并未对《子夜》作出详细解说评论。他只简要评价说："故事舞台由十九章构成，其中除第四章外其余十八章全部在上海。即作者意通过'国际都市'上海为舞台来展示当时半殖民地半封建的中国缩影。"②"作品中有大量丰富多彩的故事插曲，在此无须一一列举，而且作品结构上几乎不存在破绽。可以说是一部充分发挥茅盾特色的成功之作。《子夜》不仅是茅盾的代表作，同时也可以说是中国现代文学的代表作。"③ 另外，书中未见高田昭二对《子夜》的相关评论，但

---

① 与泛指深夜的"真夜中（まよなか）"一词不同，日文的"子夜（しや）"与中文"子夜"意义相同，指"深夜子时刻"或"深夜 12 时"，但现代日语中并不常用，因此小野忍在书名下附加了标题"深夜"以便读者理解。

② 茅盾作　小野忍、高田昭二訳：「子夜（真夜中）下」，東京：岩波書店 1970 年版，第348 頁（茅盾著，小野忍、高田昭二译：《子夜（深夜）下》，东京：岩波书店 1970 年版，第348 页）。

③ 茅盾作　小野忍、高田昭二訳：「子夜（真夜中）下」，東京：岩波書店 1970 年版，第361 頁（茅盾著，小野忍、高田昭二译：《子夜（深夜）下》，东京：岩波书店 1970 年版，第361 页）。

1956 年 6 月他在《东京中国学报》第 2 期发表的《关于茅盾〈子夜〉》一文中已对《子夜》展开过详细解读与评价。关于高田昭二的《子夜》研究笔者将在本章第三节展开评述。

三　作为"杰作说"的佐证：竹内好的译介与评析

竹内好以人民出版社 1958 年版《茅盾文集》第三卷为底本，以尾坂德司译与小野忍、高田昭二在 1962 年合译的《子夜》上册两个版本为参考，同时参照 1957 年许孟雄（Hsu Meng-hsiung）英译本译法的基础上完成了《子夜》的翻译。1963 年 9 月 30 日平凡社将《子夜》作为《中国现代文学选集》全 20 卷中的第 4 卷出版发行。[①]

竹内好把"子夜"译为了"黎明之前（日文「夜明け前」）"，这与尾坂德司、小野忍的译法又不尽相同。竹内好根据原版封面所印的英文副标题"The Twilight：a Romance of China in 1930"将书名译为了"黎明之前"。竹内好关于书名的翻译特别解释说："实际上，'子夜'是指半夜，距离黎明时间很长，因为无论是半夜还是深夜都给人一种极为寂静之感，因而我斗胆将其译为了'黎明之前'。"[②]

竹内好在《解说》中从"作者本人及贡献""《子夜》的世界""评价及文本等"三部分对茅盾及作品展开了详细介绍及评析。1927 年至 1945 年是茅盾文学创作的黄金时期。竹内好以抗日战争爆发前后为分界点，将茅盾的小说创作历程分为以《子夜》为代表的"前期"和以《腐蚀》《霜叶红似二月花》为代表的"后期"。他认为《子夜》《腐蚀》《霜叶红似二月花》是茅盾的代表作，三部作品总括了茅盾创作的全部，而其他作品或是

---

① 昭和 38 年（1963 年）平凡社出版的《中国现代文学选集》共 20 卷中收录了鲁迅、郭沫若、茅盾、巴金、老舍、曹禺、郁达夫、丁玲、赵树理、叶绍钧、沈从文、萧红等中国现代作家的代表作品。其作品题材类型之多，历史跨度之广，内容丰富并可读性强。此全集对推动中国现当代小说在 1960 年代日本的传播起到了重要的作用。另，根据全集目录所示，除《子夜》外，还收录了《香港沦陷》（小野忍、丸山升合译）及《西北见闻记》（竹内好译）两部茅盾作品。

② 茅盾作　竹内好訳「夜明け前—子夜」，東京：平凡社 1963 年版，第 399 頁（茅盾著，竹内好译：《黎明之前——子夜》，东京：平凡社 1963 年版，第 399 页）。

代表作的一个组成部分，或是为创作代表作而发表的试笔之作而已。《蚀》《虹》、农村三部曲等曾引起巨大反响的作品其影响力未能达他所期望的最高标准。相反，《腐蚀》《霜叶红似二月花》这两部在 1949 年后数十年被国内茅盾研究界所冷落的作品却被竹内好评价为茅盾创作的里程碑之作。这种文学接受现象是值得我们今日研究者深入探讨的一个问题。

笔者所藏 1963 年竹内好译《子夜》
单行本扉页

第一章中表现吴老太爷
病笃的插图

　　早在中华人民共和国成立前夕的 1949 年 9 月，竹内好对《霜叶红似二月花》便给予了强烈关注。他在中国文学研究专题杂志《中国研究》9 月号上首次向日本读者详细介绍了《霜叶红似二月花》中的复杂人物关系及故事梗概，1962 年又将其完整翻译并出版发行了单行本。在译本"解说"的"《子夜》的世界"一节中，竹内好对《霜叶红似二月花》的续写给予了期望，他甚至认为："《霜叶红似二月花》如果继续创作并完成的话，或许将会囊括《子夜》的整个世界。"① 同时，竹内好还分析对

---

　　① 茅盾作　竹内好訳「夜明け前—子夜」，東京：平凡社 1963 年版，第 390 頁（茅盾著，竹内好译：《黎明之前——子夜》，东京：平凡社 1963 年版，第 390 页）。

比了两部作品的结构特点，他认为：

> 《子夜》是以还原中国社会全貌为意图而创作的作品，然而文本中时间的元素（或者说状态）被割弃了。通过使时间凝固确保了作品世界中的现实感。因而《子夜》成为了一部截面图式结构的作品。《霜叶红似二月花》是将《子夜》的世界重新还原到时间的框架中，以历史性展开的手法重新创作的作品。①

关于两部作品的创作风格竹内好认为："《子夜》有意识地模仿《儒林外史》，而《霜叶红似二月花》却有意识地吸取了《红楼梦》的风格，两部作品均获得巨大成功。"② 不仅竹内好，从 1950 年代到 1960 年代小野忍、奥野信太郎、竹内实、丸山升等众多中国文学研究者对《霜叶红似二月花》续本的出版给予了期望。这一现象和 1960 年代《红楼梦》在日本的译介与研究达到了一个顶峰时期不无关系。根据不完全统计：1962 年和 1963 年，红学文章的数量急剧回升，1962 年为 80 篇；1963 年则多至 148 篇。③ 在此背景之下，竹内好对《子夜》的艺术价值自然也充分给予了认可：

> 《子夜》是一部具有宏大长篇叙事框架的作品，是中国现代文学中无与伦比的杰作。在日本可能除久保荣④外无他人可以比拟的。它不仅是作家茅盾充分发挥创作才能的代表之作，也可认为是一九三

---

① 茅盾作　竹内好訳「夜明け前—子夜」，東京：平凡社 1963 年版，第 397 頁（茅盾著，竹内好译：《黎明之前——子夜》，东京：平凡社 1963 年版，第 397 页）。

② 茅盾作　竹内好訳「夜明け前—子夜」，東京：平凡社 1963 年版，第 397 頁（茅盾著，竹内好译：《黎明之前——子夜》，东京：平凡社 1963 年版，第 397 页）。

③ 孙玉明：《日本红学史稿》，北京图书馆出版社 2006 年 11 月版，第 127 页。

④ 久保荣（1901—1958），日本著名戏剧家，小说家，生于北海道札幌市。早年曾翻译研究德国、奥地利自然主义和表现主义剧本，1929 年参加新筑地剧团，积极开展左翼进步戏剧活动。1932 年发表以中国湖南人民革命为题材的《中国湖南省》，1937 年和 1938 年先后发表代表作《火山灰地》第一部和第二部，该剧本是日本戏剧史上第一部现实主义作品。战后久保荣参与创立了东京艺术剧场，发表剧作《苹果园日记》《日本的气象》等作品。

三年中国文学为之骄傲的作品之一。[①]

竹内好在"解说"中还探讨了《子夜》的主题依据问题。众所周知，茅盾曾在《〈子夜〉是怎样写成的》一文中回答"托派"时说："中国并没有走向资本主义发展的道路，中国在帝国主义的压迫下，是更加殖民化了。"此论述被王瑶在《中国新文学史稿》[②] 中引为《子夜》主题后，成为1950年代后的数十年内支配中国茅盾研究界《子夜》主题说的唯一根据。而竹内好却认为："茅盾在这次谈话中指出只有共产党领导的民主民族战线才可以拯救包括资产阶级在内的全国人民。虽然在1939年茅盾持有这种坚定信念，但在《子夜》执笔当初茅盾并非具备明确的政治意识，不仅作者，连共产党也是不具备的。因此，茅盾在《子夜》中对民族命运的探索当然也未能给出答案。民主民族路线方向是在共产党修正'立三路线'的过程中产生的，这是在《子夜》发表之后的事情了。在批判'立三路线'这一点上《子夜》是有先见之明的。"[③] 在《〈子夜〉是怎样写成的》原文中茅盾并未提及关于"革命"与"政治意识"的问题，因为竹内好并非参考的1939年茅盾在《新疆日报》社讲话的原文，而是1957年北京外文出版社出版的《子夜》英译本（*Midnight*）"序"（"About Midnight"）中的内容。《子夜》英译本出版之初，茅盾在开明版《自序》的基础上加以了改写，然而这并不代表茅盾以"共产党领导的民主民族战线"为主题创作了《子夜》，茅盾在之后的创作中仍延续了《子夜》的主题。竹内好认为："可以看出茅盾对'民族资产阶级的问题'非常关心，1945年的《清明前后》仍是将这一问题作为主题而创作的。"[④]

---

① 茅盾作　竹内好訳「夜明け前—子夜」，東京：平凡社 1963 年版，第 396 頁（茅盾著，竹内好译：《黎明之前——子夜》，东京：平凡社 1963 年版，第 396 页）。
② 参见王瑶《中国新文学史稿》（上），上海文艺出版社 1954 年版，第 226—227 页。
③ 茅盾作　竹内好訳「夜明け前—子夜」，東京：平凡社 1963 年版，第 397 頁（茅盾著，竹内好译：《黎明之前——子夜》，东京：平凡社 1963 年版，第 397 页）。
④ 茅盾作　竹内好訳「夜明け前—子夜」，東京：平凡社 1963 年版，第 397 頁（茅盾著，竹内好译：《黎明之前——子夜》，东京：平凡社 1963 年版，第 397 页）。

不仅如此，1938 年的《第一阶段的故事》以及 1948 年未完成的《锻炼》都是围绕"民族资本家的问题"而创作的作品。虽然竹内好在《解说》中并未对《子夜》的主题展开深入地分析与辨证，但值得肯定的是，他在"解说"中触及到了茅盾早期创作小说最核心的主题思想问题，并将这一问题提出并加以了分析，这对今后进一步深入研究以《子夜》为代表的描写"中国民族资产阶级"的茅盾小说作品具有启发性意义。然而遗憾的是，日本茅盾研究界并未在竹内好研究成果的基础上对《子夜》主题问题展开进一步讨论与研究。而国内从 1950 年代至 21 世纪初的数十年里研究者也一直将"回答托派"作为《子夜》主题的根据。不过庆幸的是，近年围绕《子夜》主题问题的重新辨析已逐渐被纳入国内学界的视野，高水平研究成果也相继出现。

另外，竹内好评价了《子夜》人物描写的特征与缺陷，在《解说》中有这样一段：

> 相比较而言，《子夜》表现了社会各阶层人物所具有的典型化特征，通过人物间关系的相互纠葛刻画的生龙活现，在作品中形成了一种流动的厚重感。因此，《子夜》很大程度上弥补了人物概念化的缺陷。主人公吴荪甫等人物刻画还尚有可塑造空间，许多次要人物描写未能脱离概念化（比如李玉亭），但被生动描写的人物也不在少数（比如赵伯韬）。众多人物在很大程度上被分类描写。但遗憾的是，在工人群体中没有描写出印象深刻的人物，这或许是各种条件所制约的结果吧，即使作者有这种写作能力。[①]

相比较尾坂德司和小野忍，竹内好对作品主题、人物描写等方面展开了更加深入地分析与评价。在人名、地名的翻译方面竹内好也尽量忠实于原作。为能使译文通俗易懂，竹内好还对亲属关系称呼，经济、政

---

① 茅盾作　竹内好訳「夜明け前―子夜」，東京：平凡社 1963 年版，第 398 頁（茅盾著，竹内好译：《黎明之前——子夜》，东京：平凡社 1963 年版，第 398 页）。

治专用名词采取了简略化的译法，并通过附加大量翔实的注释，使得这部难读的作品能够被日本大众读者所接受。

对于此时期的中国茅盾研究现状竹内好认为"茅盾文学的研究在中国应该还未真正开始"，并且"日本文学更应该学习茅盾文学中的现实主义手法"。[①] 的确，在中华人民共和国成立之后的十七年间，国内茅盾研究几乎走向了低潮，学者大多是学院派研究人员，围绕《子夜》《林家铺子》、农村三部曲等作品撰写了不少评论、研究文章，但《蚀》《霜叶红似二月花》《清明前后》《腐蚀》等名作的研究却成为冷门。而这些被冷落的作品却在 1960 年代的日本引起了学界的关注，在特殊的文化历史背景下释放出了它们独有的艺术文化价值。

1970 年竹内好第二次翻译了《子夜》，东京河出书房新社于 10 月 10 日出版发行了单行本。此作与 1963 年版不同的是：书名由《黎明之前——子夜》改为了《子夜》；文本中删除了叶浅予的插图；在书后附加有堀田善卫撰写的一篇回忆录《回想·作家茅盾》；《解题》中附加了茅盾本人的照片并增加了《子夜》出场人物介绍内容；译文在 1963 年版的基础上加以了修改和润色。1974 年筑摩书房出版发行的《筑摩世界文学大系》第 78 卷《鲁迅 茅盾》中收录了此版本，书后《解说》系平凡社版的修改并附有 1930 年代部分中国及上海市中心地图。

在不到十年时间内，竹内好终于两次完整地翻译了《子夜》，在《解说》中充分表达了他对于《子夜》持以的敬畏之心。这部作品在竹内好的中国文学翻译生涯当中也占据着重要的地位。总览竹内好的翻译书目，他基本是以鲁迅的短篇小说为主。因此，对于竹内好来说，《子夜》的翻译无论在难度上还是技巧和风格上无疑都是一次巨大的挑战。"二战"结束后，竹内好在中国现代文学研究领域的热情以及对茅盾小说的阅读兴趣并未因日本复杂的政治环境的巨变而消退，反而和平时期日共中央势力的不断崛起给予了竹内好翻译《子夜》的决心和信心。虽然早在 1951

---

① 茅盾作　竹内好訳「夜明け前—子夜」，東京：平凡社 1963 年版，第 398 頁（茅盾著，竹内好译：《黎明之前——子夜》，东京：平凡社 1963 年版，第 398 页）。

年尾坂德司《子夜》译本的出版发行在日本引起了评论研究的热潮，但
基于对《子夜》的崇敬之心，竹内好还是在尾坂德司版本基础上进行了
重译，这也实现了他在1934年最初得到《子夜》之时欲将其翻译的强烈
愿望。1973年竹内好在《上海1930年》一文中回忆了他在1934年最初
阅读《子夜》的场景。此文是我们了解竹内好在战前如何入手并阅读
《子夜》的重要参考文献之一，他如下回忆说：

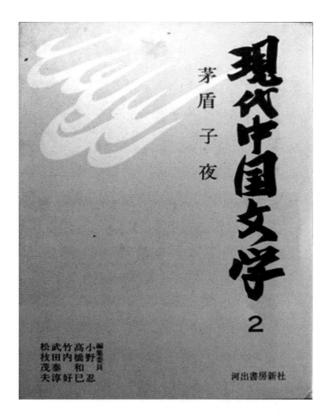

笔者所藏1970年版竹内好译《子夜》的封面

　　下面要谈谈往事。在日本我想我是最早读到《子夜》的读者之
一。直接从上海订购此书后，用笨拙的汉语花费很长时间才通读了
它。现在我手头还保留着原著。初版发行是一九三三年一月，而我
当时买到的是三四年六月发行的第四版。此版删除了第四章和第十

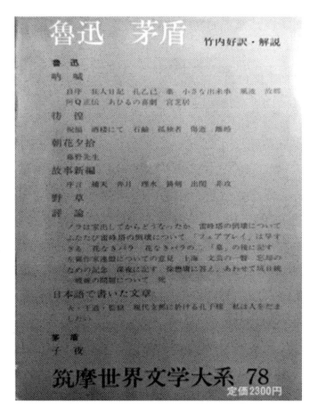

笔者所藏 **1974** 年版《筑摩世界文学大系》

第 **78** 卷《鲁迅　茅盾》封面

章。在卷尾我写下了"一九三四年十一月六日读完"。对于我来说这是一本极其珍贵的书。

如果我没有记错，另一本无删减版应该是我委托一位留学生朋友才搞到手的，但现在手中没有，书的去向不明。

在此之前我并未看重作为作家的茅盾。自从读了《子夜》之后，我深感他的气魄，对中国文学抱有了敬畏之感。描写虽然不能说出色，结构却有足够的厚重感。这正是日本文学所欠缺的东西。以上是当时给我留下的印象，与其说此印象直到后来几乎没有改变，不如说试译之后，这种印象越来越深刻。

（中略）……

　　如果有足够能力，我会在三十年代译出此作品。通过《子夜》
或许能改变几万分之一或几十万分之一日本人对中国的认识。不，
那应该是我的骄傲吧。虽然战时增田涉翻译了一部分，但几乎没有
引起我的兴趣。战后，尾坂德司最早完成了全译，其次是小野忍，
我的译本排在第三位，但丝毫未被人们关注。

　　恳请各位有雅趣的读者从现在开始读此作品。①

　　竹内好的以上这段回忆文字证实了笔者的观点：无论战前还是战后，
竹内好对《子夜》的评价并非都是大相径庭式的反差，而一成不变式的
高度认可。《子夜》的宏大叙事风格和西欧式的现实主义描写手法给正准
备筹建中国文学研究会的竹内好带来的不仅仅是艺术上的冲击感，更是
引发了他对于中国现代文学整体面貌的重新认知和再度理解，同时也为
他意图打破传统的、保守的中国文学研究现状提供现实的文本依据。因
此，《子夜》诞生之际竹内好便对茅盾持以了崇高的敬畏之心。当他得到
这部作品时，立刻想将其翻译介绍到日本的愿望是十分强烈的。此外，
竹内好在 1970 年再次翻译了《子夜》，其目的不仅是修正 1963 年版本中
存在的误译，另一个原因是 1970 年日本社会现状的使然，在《上海 1930
年》中有这样一段评价：

　　我自己在数年中多次反复阅读《子夜》，每当重读时都越发地感
到《子夜》描写的世界就是发生在我身边的现实。最近，我开始认
为 1970 年的东京酷似于 1930 年的上海。简直就像映照在镜中一样。
比如，镇压游行的手段、工会的工头统治、左翼政党的观念性等都

---

① 竹内好「上海一九三〇年」，竹内好著「中国を知るために」第三集，東京：勁草書房
1973 年版，第 73—75 頁（竹内好：《上海 1930 年》，《为了了解中国》第三集，东京：劲草书房
1973 年版，第 73—75 页）。

极其地相似。难道茅盾预言了 1970 年的东京？①

　　另外值得一提的是，竹内好译《子夜》1970 年版书后附加了堀田善卫一篇回忆录——《回想·作家茅盾》，此文具有一定的史料价值。堀田善卫（1918—1998）日本小说家、评论家，1945 年被国际文化振兴会派往上海工作，日本投降后回国。主要作品有《祖国的丧失》《彷徨的犹太人》《历史》《广场的孤独》等，主要揭示日本投降后美军占领下的日本社会矛盾和国民生活。其中长篇小说《历史》的创作深受《子夜》的影响。② 堀田善卫在此文中回忆了与茅盾 4 次见面的场景，评价了小田岳夫的《大过渡期》。堀田善卫一直以来对茅盾都是持以敬佩之情的，他认为《子夜》表现了茅盾批判"立三路线"的政治意识形态，茅盾笔下刻画的共产党是"非英雄化"的，因为他保持了一位作家应具备的艺术正确性和政治非妥协性，深感茅盾在文学创作上表现出的游刃有余之特色。因此，一直以来堀田善卫对茅盾都持以敬佩之情。然而 1949 年之后茅盾再无经典作品问世，这也让堀田善卫深表遗憾，他在文中表示：

　　　　在此要说一些题外话，关于现代中国文学中的鲁迅，若简单谈及的话，我认为他的存在对于中国来说充分表现了其革命意义，甚至令人倍感畏惧。我并非想无视鲁迅令人生畏并深刻而尖锐的批判精神，然而作为构建小说世界的创作实际却是另一种存在，茅盾本人中途停止了这种创作。那么谁能在现代中国文学中成为茅盾的后继者，对于此问即便是非常拙劣的回答好像也未曾有过，实属遗憾。

　　　　毛泽东恐怕继承了鲁迅精神。但谁又能继承充满矛盾的文学创

---

　　① 竹内好「上海一九三〇年」，竹内好著「中国を知るために」第三集，東京：勁草書房 1973 年版，第 76 頁（竹内好：《上海 1930 年》，《为了了解中国》第三集，东京：劲草书房 1973 年版，第 76 页）。

　　② 参见曾嵘《茅盾文学在日本——以〈子夜〉对堀田善卫〈历史〉影响为例》，《中国现代文学研究丛刊》2017 年第 4 期。

作呢？①

堀田善卫在文中未深入解读分析《子夜》，对长篇巨作《霜叶红似二月花》未能按计划续写出版堀田善卫在此文中也同样表达了遗憾之意。

第三节　比较文学视阈下的多维度阐释：

《子夜》在日本的研究

昭和前期（1926—1945）《子夜》在日本的研究基本处于空白状态。进入 1950 年代之后，《子夜》的翻译从根本上推动了研究进度。原中国文学研究会同仁竹内好、千田九一、小野忍等把解读评价《子夜》纳入了自己的研究视野。1970 年代后期至 1990 年代末，是永骏、筱田一士、桑岛由美子、白水纪子等学者从多个视角和多种方法对《子夜》展开了更加深入的评析与阐释。进入 21 世纪之后，桑岛由美子、铃木将久、白井重范等在《子夜》研究领域发表了数篇非常具有参考价值和启发意义的论文。本节将通过梳理《子夜》在日本的研究史，分析其研究特点，呈示中日间围绕《子夜》研究而产生的互动与争鸣，进而为我们未来进一步研究《子夜》发掘出更多有价值的文献参考和新的理论依据。

一　译者的再解读：尾坂德司与高田昭二的《子夜》研究

1949 年中华人民共和国成立，日本知识界开始反思战争给两国人民所带来的伤痛，无产阶级在 1950 年代开始崛起。日本中国文学研究者意图通过研究介绍中国革命文学来审视日本战后政治经济在美国控制之下所面临的困境，以此达到借鉴和自我反省之目的。《子夜》不仅大规模描

---

① 堀田善衞「回想・作家茅盾」、「現代中国文学 2」，東京：河出書房新社 1970 年版，第 387—388 頁（堀田善卫：《回想・作家茅盾》，《现代中国文学 2》，东京：河出书房新社 1970 年版，第 387—388 页）。

写了中国社会经济现状，也是作为一部奠定长篇小说的社会主义现实主义的基础之作，充分体现了无产阶级左翼文学的思想和艺术力量。在此背景下，日本自 1950 年代开始掀起了对《子夜》的译介和研究热潮。

中华人民共和国成立之初，竹内好最早简要评价了《子夜》。1949 年在著作《鲁迅杂记》①的《茅盾传》一节中他评价《子夜》为"前期茅盾作品的代表作""中国现代文学的最高杰作"，之后他又在 1951 年《茅盾》一文里进一步从茅盾文学创作的整体角度出发展开了详细评价，他认为："《蚀》这部作品尚未成熟，之后茅盾通过创作《虹》等作品具备了作家的能力，1932 年他创作的《子夜》最终达到了艺术的顶峰。《子夜》是长篇小说作家茅盾发挥其自身价值的巨作。《蚀》只描写了小资产阶级男女的生存状态，而《子夜》却以文学的形式重塑构造了社会整体。如副标题《黎明：1930 年的上海》所示，《子夜》以国际都市上海为舞台描写了一位精悍无比的民族资本家走向没落命运的故事。"②竹内好简要地解说了《子夜》人物描写特点："比起突出个性，人物更具有典型化的英雄色彩，这是前期茅盾创作的缺陷，或许是作为自然主义为出发点的宿命所在吧。经历抗日战争后这一缺陷得以弥补。然而，在此部作品中即使存在人物刻画的不完整性缺陷，至少在阶级分析的准确性上已远超左拉，这倒不如说他更接近本世纪 30 年代的美国作家。"③

1951 年尾坂德司译《子夜》出版发行后，千田九一在《近代文学》第 57 期中发表了题为《茅盾著，尾坂德司译〈子夜〉》的首篇书评。千田九一（1912—1965），日本中国现代文学研究翻译学者，毕业于东京帝国大学（现东京大学）中国文学专业，中国文学研究会重要成员之一，同时他也是最早完整翻译毛泽东《在延安文艺座谈会上的讲话》的日本

---

① 竹内好「魯迅雑記」，東京：世界評論社 1949 年版（竹内好：《鲁迅杂记》，东京：世界评论社 1949 年版）。

② 竹内好「茅盾」，東京：近代文学社編「近代文学」第 51 号，1951 年 6 月版，第 55 頁（竹内好：《茅盾》，东京：近代文学社编《近代文学》第 51 期，1951 年 6 月版，第 55 页）。

③ 竹内好「茅盾」，東京：近代文学社編「近代文学」第 51 号，1951 年 6 月，第 56 頁（竹内好：《茅盾》，东京：近代文学社编《近代文学》第 51 期，1951 年 6 月，第 56 页）。

学者。千田九一评价认为：战时增田涉未能完成翻译《子夜》的原因是"未受到读者欢迎"，《子夜》是一部贯穿茅盾实证分析的现实主义作品，但它并不符合受到英雄主义、乐观主义式普罗文学洗礼的日本人，或者说郁结于心理主义、悲观主义的日本人的期待视野。《子夜》文本的整体结构非常紧密，在人物刻画方面生气灵动，人物心理与外界变幻交织在一起的手法和辛克莱、德莱塞等十分相似，虽然人物形象在"主题先行"框架下带有"概念化""木偶化"等特点，但《子夜》艺术成就在中国文学史上的重要地位是毋庸置疑的。[①]

1956 年高田昭二在《东京中国学报》第 2 期发表题为《关于茅盾〈子夜〉》一文，此文是迄今所发现日本最早研究《子夜》的专题论文。高田昭二围绕《子夜》人物塑造的概念化特点提出了一些与同时期国内学者不同的观点，他认为：《子夜》分为三个世界，即吴荪甫的家庭世界、吴荪甫的资本世界、吴赵二人在公债市场的对立世界。作为没落的民族资本家吴荪甫在《子夜》中以一个忘记了对现实的自我感知、思考、决断、行动的人物形象出现在了读者面前。不仅吴荪甫，《子夜》中其他主要人物同样是从某一侧面被概念化设定。作者需要的不是这些人物在文本中如何存在，而是《子夜》文本叙事世界中由什么样的人物来构成，这是导致人物概念化的主要原因。而次要人物屠维岳和玛金反而脱离了作者主题构思限制，二人的形象不仅更立体鲜活，也暗示了茅盾在之后短篇小说创作上的成功。[②]《子夜》和早期《蚀》三部曲同样具有"悲剧性""否定性"的艺术特色和思想的局限性。但高田昭二认为，"悲剧性"和"否定性"并非是茅盾小说创作思想的真实，因为决定作品思想性不仅有作者个人思想，还有作品素材，选择自己熟知的素材是茅盾作

---

① 千田九一「茅盾著、尾坂德司訳『真夜中』」，東京：近代文学社編「近代文学」第 57 号，1952 年 3 月（千田九一：《茅盾著，尾坂德司译〈子夜〉》，东京：近代文学社编《近代文学》第 57 期，1952 年 3 月）。

② 高田昭二「茅盾『子夜』について」，東京支那学会編「東京支那学報」第 2 号，1956 年 6 月（高田昭二：《关于茅盾〈子夜〉》，东京中国学会编《东京中国学报》第 2 期，1956 年 6 月）。

为现实主义作家的创作态度，素材成为《子夜》思想局限性的因素之一。[①]

从文本结构和叙事角度来看，学界普遍认为《子夜》第4章是整部作品的失败之笔，因为农村描写游离于整部小说之外，导致了作品结构的不协调。而尾坂德司在他的著作《中国新文学运动史》中却提出了不同观点。他认为，《子夜》第4章并非刻画的是农民个体，而是一个阶层。农民阶层的描写构建了农村与城市、农民与资产阶级之间的对立关系。各阶层人物被置于文本框架之内，通过各阶层之间相互关联展现其人物阶级性格，进而揭露展现中国社会的结构，此创作方法也曾被用于《金瓶梅》中。农村与社会构成的中国社会为"横线"，在社会内部各阶层的相互关联构成了"纵线"，这便是《子夜》结构的特点。[②]

日本近现代文学常善于描写个人思想及心理微妙变化，然而这部在纵横交错庞大结构中全面描绘了1930年代中国经济、政治、军事的长篇巨作《子夜》对于日本读者来说可谓叹为观止，蔚为可观。1935年日本新感觉派代表作家横光利一创作了和《子夜》同样以经济为题材，以公债交易所为故事背景的长篇小说《家族会议》。一直以来，《家族会议》在日本现代文学史中被视为另类之作。主人公重住高之被金钱所操纵，他为金钱之力而惊叹，而当他失去财富之后反而坦然自若，对清贫产生了感悟之心。《家族会议》充分展现了日本经济社会中金钱资本对个体人物性格、人性的改变所起到的巨大作用。《子夜》与《家族会议》在描写公债市场、财阀博弈、反映社会政治经济背景等方面具有相似之处。关于这两部作品，尾坂德司评价说："《家族会议》是一部以探究'人'为目的的作品，虽然作者赋予了三位女性不同的人物性格，对这三种性格

① 高田昭二「茅盾『子夜』について」，東京支那学会編「東京支那学報」第2号，1956年6月（高田昭二：《关于茅盾〈子夜〉》，东京中国学会编《东京中国学报》第2期，1956年6月）。

② 尾坂德司：「中国新文学運動史　続（抗日戦争下の中国文学）」，法政大学出版局1965年版（尾坂德司：《中国新文学运动史续（抗日战争下的中国文学）》，法政大学出版局1965年版）。

相互吸引排斥的描写很有趣味，但我并不满足。我认为《子夜》这种追求人与人、阶层与阶层关系的文学，即正是根据环境附加给人物性格以政治性与社会性的文学对于日本读者来说才是非常稀有的，中国在此后创作出了很多这样的文学作品。"① 关于人物描写特点尾坂德司也提出了较有新意的观点：在发展民族工业和与买办资本相互斗争中，吴荪甫带有悲剧式英雄主义色彩，而在工人阶级面前表现出的却是凶狠与毒辣，他身上既表现出民族性特征又呈现出阶级性的属性，屠维岳、莫干丞等工头的描写，同样具备人物性格二重性的特点。因此在《子夜》世界中没有绝对的胜者和败者，人物命运的结局是社会经济与政治发展的必然结果。《子夜》中工人工会的描写可称为中国版的《女工哀史》。② 与革命文学派所主张的口号不同，《子夜》中剖析了农工阶级内部存在的复杂的社会背景联系，反映了犬牙交错、相互渗透的复杂而微妙关系，证明了同一个阶级内部中存在各种差异、矛盾和斗争。这种紧密有机的描写手法从《水》到《子夜》再到《太阳照在桑干河上》得到了继承。③

　　《子夜》也是 1950 年代国内茅盾研究界的主要研究对象之一。无论在结构特点、语言特色还是在人物形象等方面的研究都有丰硕的成果，中日之间在《子夜》研究领域产生了重合与互动。但我国学者因"十七年"特殊的政治语境常常用政治术语来附会于作品，以阶级的眼光审视作者思想，从而导致很多观点过于牵强。以高田昭二、千田九一、尾坂德司为代表的日本茅盾研究学者们在人物描写、文本结构特点分析等方面提出了独特见解，其研究成果也和我们形成了互补之关系，通过作品

---

① 尾坂德司「中国新文学運動史　続（抗日戦争下の中国文学）」，法政大学出版局 1965年出版［尾坂德司：《中国新文学运动史续（抗日战争下的中国文学）》，法政大学出版局 1965年版］。

② 《女工哀史》是 1925 年细井和喜藏发表的一部著名纪实文学作品。该作品是以作者工作过的"内外棉纺厂"为原型如实地描写了日本丝厂女工们的悲惨生活。"内外棉纺厂"正是当时日本在华纺厂中最大的企业之一，同时也将日本劳务管理方式带入了中国，因此《子夜》与《女工哀史》中关于劳资问题的描写有较大的相似性。

③ 尾坂德司「中国新文学運動史　続（抗日戦争下の中国文学）」，法政大学出版局 1965年出版［尾坂德司：《中国新文学运动史 续（抗日战争中的中国文学）》，法政大学出版局 1965年版］。

比较的研究方法，分析了《子夜》的题材及故事背景与《家族会议》《女工哀史》之间的近似性，这些研究方法和视角是值得国内学界予以关注的。

二　昭和后期（1966—1989）是永骏、中野美代子、筱田一士的《子夜》研究

中日建交后，《子夜》的研究在日本中国文学研究界被进一步推进与深化。是永骏、中野美代子、松井博光等在《子夜》的版本流变、文本构造、创作意识等研究方面均有成果，反映出了此时期《子夜》在日本传播与接受的历史背景。进入 1980 年代，《子夜》的文学史地位在国内遭到质疑之时，日本学者筱田一士却将其选入"二十世纪十大小说"中，他将《子夜》放置于世界文学体系的广阔视域中予以了阐释，深入发掘了《子夜》的文学价值和历史意义。1984 年日本茅盾研究会在大阪成立，开启了茅盾在日本研究的新纪元，在此背景下以《子夜》为代表的茅盾小说的研究得到了进一步的推动与深化。

1972 年是永骏在长篇论文《论〈子夜〉》中再次对《子夜》进行了评价。是永骏对高田昭二关于"吴荪甫"人物特点的分析观点进行了反驳，认为：吴荪甫并非是"一个失去主体性的人物"，《子夜》是在剖析社会现实下框定人物，而人物动作、语言等反映出其"个体"的一面，这种"个体"并非是外在的而是"内面化"的表现，这符合茅盾在《自然主义与中国现代小说》中所提出的人物描写手法理论主张，批评《子夜》人物刻画"类型化、教条化"是因为未读取人物动作所表现的内面心理。是永骏站在"小说创作意识"的角度分析后认为：在"性描写"方面，《子夜》揭露了封建道德的虚伪性，茅盾并非赤裸裸地描写"性行为"，而是通过"性描写"反映人与人之间、社会与人之间的有机关系，这一写作意识在茅盾后期作品中尤为突出。《子夜》文本中关于"幻"与"梦"的词语大量出现，比如"幻觉""幻化""幻象""乱梦""怪梦""噩梦"等。通过"幻化"的意象有效地表现出吴荪甫内心中的狂躁与不

安。"幻化"意象在《子夜》中的出现并非偶然，散文《沙滩上的脚迹》《天窗》《光明到来的时候》等均贯穿了"幻觉"与"幻象"的描写，使之"幻化"成为茅盾小说创作意识的模式之一。①

笔者认为，是永骏关于茅盾小说中"幻化"意象的分析充分体现了他对茅盾小说创作意识的深刻理解。近年国内茅盾研究者也提出了与上述类似的观点。《子夜》中吴荪甫充满雄心和魄力，这位"二十世纪机械工业时代的英雄骑士王子"对中国民族工业的未来充满了"幻想"，然而现实中买办资本家赵伯韬的经济封锁、工潮暴动、农村经济破产等都如"幻象"般向他袭来，致使他不得不在公债市场中孤注一掷，但最终未能逃过惨败的结局。吴荪甫对民族工业未来的"幻想"化为了一场"幻灭"。意味深长的是，失败的吴荪甫并未饮弹自尽，而是决定前往牯岭避暑。这不禁让人感觉吴荪甫的人生轨迹和心理历程即是茅盾个人的写照。大革命失败后茅盾前往牯岭，在经历"幻灭"与"悲哀"后创作的《幻灭》成为茅盾小说创作的起点，自此形成了以"幻灭"为创作意识的小说系谱。《子夜》中的"幻象"与"现实"即为作者本人意识的感性融入与理性科学的现实剖析的结合。贾振勇曾认为：《子夜》的创作即体现了茅盾小说艺术强大的理性设计能力，又蕴含着作者丰富的感性艺术经验。② 阎浩岗则更进一步分析说：在《子夜》《蚀》等作品中理性与感性二者的结合基本是成功的，因而体现出茅盾小说在创作方法上的"非主流性"。③

关于《子夜》人物动作和心理描写是永骏给予了很高评价：《子夜》中人物心理除通过人物动作外，还利用视觉、听觉的描写来表达。自然现象变化与心理意识波动相互交融，其戏剧性效果与古希腊悲剧有异曲

① 是永骏：「『子夜』論」，鹿児島経済大学経済学部学会編「鹿児島経大論集」第 12 巻第 4 号，1972 年 2 月（是永骏：《论〈子夜〉》，鹿儿岛经济大学经济学部学会编《鹿儿岛经大论集》第 12 卷第 4 期，1972 年 2 月）。

② 贾振勇：《〈子夜〉：感性生命力和理性生命力的纠结》，《茅盾研究》第 11 辑，新加坡文艺协会 2012 年版。

③ 阎浩岗：《茅盾丁玲小说研究》，人民出版社 2018 年版。

同工之处，自然现象、听觉、视觉的映衬结合使得《子夜》心理描写更具有立体感。① 是永骏的观点与孙中田在《〈子夜〉的艺术世界》② 中对《子夜》象征和隐喻的分析结论相同。相比是永骏之文，孙文则更加细致深入地对《子夜》艺术世界，尤其是节奏、旋律、色彩等方面展开了分析。而日本学者小西升在《茅盾〈子夜〉——关于创作方法》③ 一文中提出了另一种观点，他认为"主题先行"导致人物设定的客观化，并采取了社会性条件和心理性条件并存的方法，作为"社会剖析"小说，"社会性"必然占有主导地位。诚然，自然和情景描写是为刻画人物心理活动而周密设定的，但自然和情景描写必须归置于社会性、生理性条件的框架之中，这与作者"社会性人的观念"不无关系。

是永骏不仅在《子夜》的文本解读与阐释方面颇有新意，他也是最早系统性研究《子夜》版本流变问题的学者。1974 年他发文《〈子夜〉校勘记》，开启了《子夜》版本问题研究的先河，该文后被收录于其著作《论茅盾小说——幻想与现实》（汲古书院 2012 年版）中。

《子夜》于 1932 年脱稿，1933 年 1 月由开明书店出版发行了单行本，到 1951 年 3 月为止共 24 个版本。1954 年 3 月经作者修改后由人民文学出版社出版发行了修订版。1958 年 5 月经作者校阅后《子夜》被编入《茅盾文集》第三卷并由人民文学出版社出版，此版与 1954 年版在内容上无异。是永骏以开明书店 1951 年版为底本，以人民文学出版社 1954 年 3 月的修订版为参照考证梳理了《子夜》文本的修订内容，以表格形式共计汇总 332 处。

除整理修改内容之外，是永骏还分析了新中国成立前后茅盾如何处

---

① 是永骏：「『子夜』論」，鹿児島経済大学経済学部学会編「鹿児島経大論集」第 12 卷第 4 号，1972 年 2 月（是永骏：《论〈子夜〉》，鹿儿岛经济大学经济学部学会编《鹿儿岛经大论集》第 12 卷第 4 期，1972 年 2 月）。

② 孙中田：《〈子夜〉的艺术世界》，上海文艺出版社 1990 年版。

③ 小西昇「茅盾『子夜』——創作方法について」，熊本大学教育学部編「熊本大学紀要」第 20 号，1972 年 2 月（小西升：《茅盾〈子夜〉——关于创作方法》，熊本大学教育学部编《熊本大学学报》第 20 期，1972 年 2 月）。

理政治体制与文学创作之间的矛盾关系问题，为深究茅盾的作家思想提出了另一种思路。关于修订类型，是永骏认为："《子夜》的修订和《蚀》在同一意识形态下完成的，从两部作品修改之处的类型可以看出，修订部分大致分为三个方面，（1）文体；（2）爱欲描写；（3）政治意识。"① "从量上看修订部分仅占全篇 30 万字的 1%，若细致分析修订的330 余处的话，会发现茅盾作为一位文学家具备谨慎细微的态度，同时还要兼具文本的简洁性，体现出他在文学上的感性。"② 茅盾在 1952 年版《茅盾选集》中的自序和 1954 年版《〈腐蚀〉后记》（《茅盾文集》第五卷）内容中曾表现出了新中国成立后在文本修改问题上的曲折矛盾的复杂心理。是永骏在此文中对茅盾在"政治"与"文学"纠葛中表现出的矛盾心理展开了解析。以当今的学术眼光来看，他对各版本修改背后所隐含的政治历史及文学因素的解析观点凸显出了浅疏及幼稚的一面，但我们不得不承认：在 1970 年代，当中日之间还尚处于通信条件不发达，获得文献资料极为困难的条件下，其研究本身就具有超前性和挑战性。若将此文放置在同一时期的中日茅盾研究历史中，它的价值和意义是不容忽视的。

中野美代子是中日建交之后活跃于日本中国文学研究界的一位代表性学者。1973 年她在近 4 万 5 千余字，共 53 页的长篇论文《论〈子夜〉——中国现代小说的界限》中从"论创作动机目的""论文本构造""论出场人物""论现实主义"及"何为中国现代小说"五个方面对《子夜》展开了细致而深入地解读，其研究对象和观点独特新颖。此文可谓是 1970 年代日本《子夜》研究的代表性成果之一，它的发表大力推进了《子夜》的研究历程。

中野美代子对"子夜"及副标题"Twilight"中的不同含义展开了深

---

① 是永骏「茅盾小説論—幻想と現実—」，汲古書院 2012 年版，第 161 頁（是永骏：《论茅盾小说——幻想与现实》，汲古书院 2012 年版，第 161 页）。

② 是永骏「茅盾小説論—幻想と現実—」，汲古書院 2012 年版，第 163 頁（是永骏：《论茅盾小说——幻想与现实》，汲古书院 2012 年版，第 163 页）。

入解读。1933 年开明书店出版的《子夜》初版本封面标记有英文副标题
"*The Twilight*：*a Romance of China in 1930*"，"子夜"即为"深夜子时
（23 时至凌晨 1 时）"之意，而"Twilight"则为"黄昏""薄暮"之意。
小野忍在译本的"解说"中则认为"Twilight"除"黄昏"外还有"黎明
之前"之意。而 1963 年竹内好日译版本、1937 年卢德曼俄译版本和 1938
年弗朗茨·库恩德译版本都把"子夜"译了"黎明之前"，1957 年许
孟雄《子夜》英译本则直译为了"Midnight（午夜、子夜）"。关于书名
译法的变化小野忍也未在译本《解说》中展开详细解释。中野美代子认
为作为书名"子夜"一词的翻译深刻触及到了中国现代小说的本质性问
题。为解释此问题，首先要搞清楚茅盾创作《子夜》最原本的目的动机
以及他的"革命现实主义"思想的嬗变。

众所周知，1939 年的"回答托派"成为之后《子夜》创作动机的定
论，长久以来奠定了文本解读模式的基调，同时也成为之后国内对《子
夜》主题研究的论点。中野美代子认为："经过时间的推移，茅盾对于作
品所表述的创作动机隐含着他在政治上保全自己之意图，因而不足为信。
但矛盾的表述中直率地反映出了围绕在茅盾周围的政治局势。"[1]　其根据
是"'中国社会性质的论争'在狭义上讲是指以《读书杂志》为舞台，
围绕 1931 年至 1933 年对中国社会性质展开的论争。然而广义上是指
1927 年'四·一二'反革命政变后各阶层知识分子反思革命失败的同时
对中国社会史的论争"[2]。此观点不仅与之后桑岛由美子所指出的"《子
夜》的问题意识是大革命时期矛盾的顺延，并且在《〈子夜〉是如何写成

---

①　中野美代子：「『子夜』論——中国近代小説の限界」，北海道大学編「北海道大学人文
科学論集」第 10 巻，第 143 頁（中野美代子：《论〈子夜〉——中国现代小说的界限》，北海道
大学编《北海道大学人文科学论集》第 10 卷，第 143 页）。

②　中野美代子：「『子夜』論——中国近代小説の限界」，北海道大学編「北海道大学人文
科学論集」第 10 巻，第 142 頁（中野美代子：《论〈子夜〉——中国现代小说的界限》，北海道
大学编《北海道大学人文科学论集》第 10 卷，第 142 页）。

的》中迫不得已掺入了对国际情势所产生的强烈意识"①　相同，也与近年国内茅盾研究者就关于"茅盾《子夜》主题改写"的研究结论如出一辙。②《子夜》的原名为《夕阳》，在受瞿秋白影响之前，茅盾设计的结局并非"吴败赵胜"，而是握手言和，题目"夕阳"暗示了1927年宁汉从对立走向合流后中国民族革命的希望即将走向暗黑的幻灭。而茅盾接受瞿秋白为"回答托派"建议后的改写却遮蔽了他在大革命失败前后经历对1930年代中国社会性质的理解。

《子夜》初版本封面中正标题"子夜（Midnight）"与副标题中的"薄暮（Twilight）"同时存在即映射出茅盾对于"革命乐观主义"态度的转变。大革命失败后的茅盾对于革命的态度是悲观和充满幻灭的。在《子夜》执笔当初茅盾并不抱有"革命乐观主义"思想。"上海"对于执笔初期的茅盾来说犹如即将进入黑暗前的黄昏，对于苦苦摸索现实主义在作品中如何运用的茅盾来说，"革命乐观主义"反而成为他创作《子夜》的障碍。然而，在《子夜》脱稿之前的1932年11月28日发表的《我们这文坛》中却对"子夜"表述出了"黎明之前"之意。③　最终，"黄昏""子夜""黎明"三种涵意并存于《子夜》中。关于"子夜"的多重隐喻，中野美代子认为："英文副标题应该是在《子夜》即将脱稿之前才决定附加上去的。在执笔的一年多期间里，茅盾致力于还原上

---

①　桑島由美子：「茅盾における政治と文学の一側面——『子夜』をめぐる国際的環境」，東京女子大学史学研究室編「史論」1989年第42号，第57頁（桑岛由美子：《茅盾的政治与文学的一个方面——围绕〈子夜〉的国际性环境》，东京女子大学史学研究室编《史论》1989年第42期，第57页）。

②　国内学者妥佳宁通过考证茅盾小说创作中不断改写的大量文本"碎片"，厘清了文本细节与1930年代中国社会历史乃至大革命时期茅盾所经历的革命实践及革命文学论争之间复杂关系，认为："茅盾用以描绘1930年上海的理论资源和切身体验，有许多恰恰不只是来自上海，而来自1927年南京与武汉的一度对立与最终合流。"详细参见妥佳宁《从汪蒋之争到"回答托派"：茅盾对〈子夜〉主题的改写》，《中山大学学报》2017年第1期。

③　关于"子夜"中的"黎明"之意，《子夜》第14章中，屠维岳向吴荪甫说道："天亮之前有一个时候是非常暗的，星也没有，月亮也没有。"另，《我们这文坛》中写道："天亮之前有一时间的黑暗，庞杂混乱是新时代史前不可避免的阶段，幼稚粗卓是壮健美妙的奏曲，……"《子夜》脱稿时间为12月5日，11月28日发表此文印证了茅盾在"子夜"中赋予的"黎明"之意。

海大都市的现实，而在即将脱稿之时他意识到自己所描写的不仅是
'子时'无尽的黑暗还有黎明之前的黑暗。"英文副标题的附加是"茅
盾向新现实主义理论转换的征兆"，不仅如此"英文标题'The Twi-
light'还成为《选集自序》中以阐述'革命乐观主义'为目的提供了
保证。'子夜'与'Twilight'两词的语义矛盾以'革命乐观主义'为
媒介被稀释淡化了。"①

　　笔者在此需要说明的是，1957年许孟雄将"子夜"直接英译为
"Midnight（午夜、子夜）"由以国家主流意识为圭臬的外文出版社出版，
遮蔽了"Twilight"中"革命乐观主义"的隐喻，这不符合《选集自序》
中所叙述的革命思想内涵。但"Midnight"一词并不违背作者通过《子
夜》向国外传播国家意识形态的意图。1956年正为中华人民共和国成立
7周年，所谓"解放"即为"黎明"，体验"黎明"最有效的方法就是要
强调"黎明前的黑暗"。作为文化部部长的茅盾要让国外，尤其是尚未走
向独立的第三世界国家的读者认识到中国经过数十年革命后从黑暗走向
了光明。因此，比起"Twilight"，"Midnight"一词更能体现《子夜》的
现实主义意义。

　　另外，中野美代子从中国现代小说意识接受的层面论述了"旧体小
说"对《子夜》创作的影响，其研究视角和观点是值得我们参考与借鉴
的。竹内好曾认为"《子夜》在创作方法上有意识地模仿了《儒林外
史》"，这一观点一直以来也被学界所认可。但中野美代子却认为《子夜》
的结构与晚清小说《孽海花》极为相似。《孽海花》第一卷于1905年出
版，之后陆续发行，直到1928年完成。《孽海花》以主人公金雯青和傅
彩云的爱情故事为主线展开，描写了国内政界、文化界、各党派革命运

---

　　① 中野美代子：「『子夜』論——中国近代小説の限界」，北海道大学編「北海道大学人文
科学論集」第10号，1973年12月，第146頁（中野美代子：《论〈子夜〉——中国现代小说的
界限》，北海道大学编《北海道大学人文科学论集》第10期，1973年12月，第146页）。

动等社会现实，① 曾朴在 1928 年《孽海花》修改版的《修改后要说的几句话》中讲道："想借用主人公做全书的线索，尽量容纳近三十年来的历史，避去正面。专把些有趣的琐闻逸事，来烘托出大事的背景，格局比较的廓大。"② 由此可见，《孽海花》三条纵线的构成特点与《子夜》是相吻合的。苦于摸索新式现实主义小说的茅盾在早期文学评论中曾多次对中国旧体小说做出过客观分析评价，《孽海花》作为晚清长篇小说代表之作，"茅盾在阅读之后，对其小说构造的学习接受是毋庸置疑的"③。

　　在《子夜》后记中茅盾之所以表明"原计划要把《子夜》写成 30 年代的'新儒林外史'"，其原因在于 1923 年"鲁迅在《中国小说史略》中对《儒林外史》和《孽海花》作出了不同评价的影响"④ 所致。鲁迅在《中国小说史略》中把《孽海花》《老残游记》《官场现形记》《二十年目睹之怪现状》定义为"谴责小说"。作为描写中国现实社会的《子夜》在问世之初很多读者把它当作"黑幕小说"来阅读，视其为"交易所现形记"。因而《子夜》一经上市，极为畅销。在批评家那里，旧派"社会小说""谴责小说""黑幕小说"与"社会剖析派"自然不可相混；就读者而言，读了"现形记""外史"一类的小说，有了"前理解"，阅

---

　　① 中野美代子在著作《中国人的思考方式——以小说世界为视角》中进一步通过 1932 年《〈子夜〉后记》，1939 年《〈子夜〉是怎样写成的》，1952 年《〈茅盾选集〉自序》梳理了茅盾关于《子夜》三线纵向结构的论述后认为：《子夜》三条纵向结构应为：（一）民族资本家与金融资本家在投机市场的斗法、（二）资产阶级知识青年的现状、（三）农村地主及工人运动的动态，这种结构明显带有继承发扬《孽海花》写作方法的痕迹。详细参见中野美代子《〈孽海花〉与〈子夜〉——关于对多重认识的否定》，《中国人的思考方式——以小说世界为视角》，东京：讲谈社，1974 年 6 月版，第 37—46 页（中野美代子：「『孽海花』と『子夜』—マニフォールドな認識の拒否について」，「中国人の思考様式—小説の世界から」，東京：講談社 1974 年版，第 37—46 頁）。

　　② 曾朴：《孽海花》，真善美书店（出版地不详），1928 年 3 月出版，第 2 页。

　　③ 中野美代子「『子夜』論—中国近代小説の限界」，北海道大学編「北海道大学人文科学論集」第 10 号，1973 年 12 月，第 154 頁（中野美代子：《论〈子夜〉——中国现代小说的界限》，北海道大学《北海道大学人文科学论集》第 10 期，1973 年 12 月，第 154 页）。

　　④ 中野美代子「『子夜』論—中国近代小説の限界」，北海道大学編「北海道大学人文科学論集」第 10 卷，1973 年 12 月，第 155 頁（中野美代子：《论〈子夜〉——中国现代小说的界限》，北海道大学《北海道大学人文科学论集》第 10 卷，1973 年 12 月，第 155 页）。

读《子夜》才会觉得似曾相识。①《子夜》中的人物，尤其是次要人物的描写刻画缺陷如同鲁迅批评"谴责小说"那样："惜描写失之张皇，时或伤于溢恶，言违真实，则感人之力顿微"，为避免《子夜》沦为与"谴责小说"似的笑谈，茅盾在"后记"中刻意回避了《子夜》与《孽海花》之间的关联。另外，《子夜》发表之后茅盾分别在《我们有什么遗产》及《谈我的研究》文论中对旧体小说创作方法的实用性提出了质疑。因此，中野美代子认为："茅盾在《子夜》中通过描写上流文化阶层的百态再现了'娱乐性消费性都市的上海'，在茅盾的意识当中，所谓的《儒林外史》并非冠以'小说方法'的古典之作，它只不过是一部作为描写对象的参照范本。"②所以"《子夜》并非有意识地模仿《儒林外史》，而是无意识地遗传了包括《儒林外史》在内的旧体小说特点"。③中野美代子对茅盾创作《子夜》时汲取中国古典旧体小说结构的分析在当时来讲是具有开创性意义及参考价值的。

《子夜》对于晚清小说结构与描写对象的接受从而引出了重新定义"中国近代小说"概念这一问题。日本学界普遍认为，所谓"中国近代小说"是指1840年鸦片战争到1919年"五四"前夕的文学。而中野美代子则认为：诚然，明清时代是中国近代小说的萌芽时期，文学革命之后以鲁迅为中心的"五四"至"五卅"时期才真正是中国近代小说本质上的扩展。如果说《蚀》表现了茅盾西欧现实主义写作风格，那么《子夜》更是在吸纳《孽海花》俯瞰世间的描写手法和纵向结构的基础上，融合了19世纪欧洲自然主义小说中"垂直横断面"的技巧，剖析了1930年代中国社会本质的一部作品。在此意义上，《子夜》可谓在中国近代小说

---

① 葛飞：《作为畅销书的〈子夜〉与1930年代的读者趣味》，《中山大学学报》2017年第5期，第50页。

② 中野美代子「『子夜』論－中国近代小説の限界」，北海道大学編「北海道大学人文科学論集」第10号，1973年12月，第155頁（中野美代子：《论〈子夜〉——中国现代小说的界限》，北海道大学编《北海道大学人文科学论集》第10期，1973年12月，第155页）。

③ 中野美代子「『子夜』論—中国近代小説の限界」，北海道大学編「北海道大学人文科学論集」第10号，1973年12月第173頁（中野美代子：《论〈子夜〉——中国现代小说的界限》，北海道大学编《北海道大学人文科学论集》第10期，1973年12月，第173页）。

的创作方法上达到了最高顶峰。然而，作者却在之后不同时期的政治话语体系中对《子夜》的现实意义进行不同的阐释，这标志着中国近代小说达到了其具有的界限，自此其近代小说的创作方法与《子夜》一起走向了瓦解。①

如果说 1970 年代是《子夜》在日本研究的深化期，那么自 1980 年代开始《子夜》的文学文化价值在日本则迎来了一个释放的高潮期。进入 1980 年代，随着国内"重写文学史"浪潮的到来，茅盾小说的文学价值和大家地位遭到了质疑。1989 年徐循华《对中国现当代长篇小说的一个形式考察——关于〈子夜〉模式》②、蓝棣之《一份高级形式的社会文件——重评〈子夜〉》③ 的发表标志着《子夜》这部现实主义巨著首次遭到挑战，1994 年王一川在编选的《二十世纪中国文学大师文库》④ 中更是把茅盾排除在外。相反，日本学者筱田一士却在 1986 年将《子夜》选入了 20 世纪十大巨作之一。⑤ 与传统式的文本研究方法不同，筱田一士则从世界文学的广阔视阈出发更深一步发掘和阐释了《子夜》的特殊文学价值和文化历史意义。

筱田一士（1927—1989），现代西方文学研究学者，文艺评论家，翻译家。筱田一士首先引用《子夜》部分文本内容后批评了人物形象和文体结构带有"粗糙"的缺陷，而人物心理描写却是"粗细交错"，认为

---

① 中野美代子:「『子夜』論—中国近代小説の限界」，北海道大学编「北海道大学人文科学論集」第 10 号，1973 年 12 月，第 176—179 頁（中野美代子:《论〈子夜〉——中国现代小说的界限》，北海道大学编《北海道大学人文科学论集》第 10 期，1973 年 12 月，第 176—179 页）。

② 徐循华:《对中国现当代长篇小说的一个形式考察——关于〈子夜〉模式》，《上海文论》1989 年第 3 期。

③ 蓝棣之:《一份高级形式的社会文件——重评〈子夜〉》，《上海文论》1989 年第 3 期。

④ 王一川:《二十世纪中国文学大师文库》小说卷上册，海南出版社 1994 年版，第 3—4 页。

⑤ 20 世纪十大小说从 1986 年 2 月至 1988 年 6 月连载于《新潮》，刊载顺序依次为：（法国）普鲁斯特《追忆似水年华》、（阿根廷）博哈斯《传奇集》、（捷克）卡夫卡《城堡》、（中国）茅盾《子夜》、（美国）多斯·帕索斯《U·S·A》、（美国）威廉·福克纳《押沙龙，押沙龙》、（哥伦比亚）加西亚·马尔克斯《百年孤独》、（英国）乔伊斯《尤利西斯》、（奥地利）穆启尔《没有个性的人》、（日本）岛崎藤村《黎明之前》。

《子夜》心理描写的粗细交错正是一种小说形式，特别是对于致力于实现现实主义新文学文本的作家来说反而是一种推进，独特的想象力在文本中的强烈表现是非常值得肯定的。基于整体社会的想象力而言，茅盾在同一时代的中国作家当中可谓是最为杰出的存在。严密而牢固并且具有自由变换空间的文本结构从而形成了作品别具一格的特征，而和这个特征比起来，人物的概念化和粗糙感则是次要的，通过丰富的整体想象力完全可以弥补人物艺术刻画上的不足。《子夜》把两种语言，即小说语言（虚构）和非小说语言有机结合在一起，构成了探求 20 世纪初如何构建描写整体社会结构的实验小说（又称先锋小说）。从此意义上来讲，《子夜》可谓是同时代世界文学中先驱性的存在。茅盾在《子夜》中实施的独创大胆性的试验是令人敬佩的。①

　　筱田一士以开阔的视野和缜密细微的审美尺度从新定位了《子夜》在 1980 年代世界文学中的地位。他认为，在 20 世纪的世界文学系谱中，来自西方的卡夫卡《城堡》、加西亚·马尔克斯《百年孤独》、乔伊斯《尤利西斯》等现代主义，后现代主义文学在东方虽已形成迥异的主流态势，但现实主义文学仍具有生活的魅力和强劲的势头。各种流派、思潮之间并非是单一线性的取代，而是互补之关系。《子夜》是欧洲古典现实主义与现代意识的同化，以"大规模描写中国社会"的整体建构为审美取向，以自觉的参与意识表现了作家的社会责任感和艺术的良知。如果说，现代派作家以文学的内向性表现世界的裂变在自我感知中的因果关系，那么《子夜》则以它的外向性，以常态的历史与人的因果规律描写了客观世界。②

　　进入 1980 年代，为打破西方文化和意识形态的主导地位，日本知识

　　① 筱田一士「茅盾『子夜』—二十世紀の十大小説（九）—」，東京：新潮社「新潮」，1986 年 10 月号（筱田一士：《茅盾〈子夜〉——二十世纪十大小说（九）》，东京：新潮社《新潮》，1986 年 10 月号）。

　　② 筱田一士：「茅盾『子夜』—二十世紀の十大小説（九）—」，東京：新潮社「新潮」，1986 年 10 月号（筱田一士：《茅盾〈子夜〉——二十世纪十大小说（九）》，东京：新潮社《新潮》，1986 年 10 月号）。

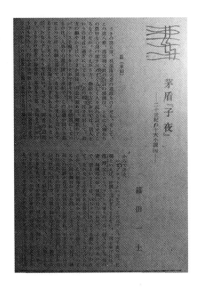

笔者所藏《新潮》杂志 1986 年 10 月号封面及筱田一士
《茅盾〈子夜〉——二十世纪十大小说（九）》原文

分子开始试图寻求东西方文学与文化的融合之道，通过提高东方文化文学话语权的地位，力求构建东西方平等的对话格局。此背景也成为筱田一士将《子夜》放入"20 世纪十大小说"中的重要原因之一。筱田一士在文中详细引用了增田涉《茅盾印象记》及竹内好在"二战"前后对《子夜》予以的评价观点，他对茅盾文学中所蕴含的自然主义和现实主义理论价值的认同与前人是一脉相承的。20 世纪初来自于法国的自然主义成为日本近现代文学的主流，史学家把自然主义视为日本近代文学达到顶点的标志。自然主义在日本不仅声势浩大、持续时间长，而且对之后的唯美主义、白桦派等思潮产生了深刻影响。而在中国，只有茅盾等为数不多的作家以《小说月报》为阵地仅在 20 世纪 20 年代最初的几年中讨论倡导过自然主义，但这并不意味着自然主义自此消失于中国文坛。茅盾在《子夜》中一方面实践了自然主义理论中理性的"客观描写"和"冷静观察"，另一方面也情不自禁地表现出对民族资本家未来感性的"幻灭的悲哀"，同时借鉴融入了中国古典小说的结构和描写手法。20 世纪初中日对于自然主义采取了两种接受模式：日本是全盘引进、全面接受，中国则是加以选择扬弃、去我所用。① 除《子夜》外，被视为日本自然主义代表作之一的岛崎藤村长篇历史小说《黎明之前》也被收录在"20 世纪十大小说"之中。《黎明之前》创作于 1932 年至 1935 年，作品描写了明治维新时期的社会制度变革中主人公青山半藏在经历了精神苦闷与理想破灭后青山家族最终走向没落的故事。作品反映了明治时期前后社会的剧变与动荡，包罗了江户末期至明治时期的政治、经济、社会万象，可称作"大规模描写明治时期前后社会"的经典之作。日本华人学者杨承淑在《茅盾与岛崎藤村的自然主义文学观构造——围绕〈子夜〉与〈黎明之前〉》② 一文论述了中日对西欧自然主义的接受在《子夜》与《黎明之前》两部作品中所呈现出的不同特点。她认为，茅盾对于自然主义文学是作为实验性、写实性文学加以接受的，而岛崎藤村不如说是简洁不加修饰地直接拿来，更倾向于以第三者角度借助人物展开浪漫主义式的"自我"表述。茅盾和岛崎藤村对自然主义的不同接受方式造成了《子夜》和《黎明之前》不同的美感效果。《子夜》中"幻想"与"现实"的"明暗"交替使文体、人物描写及语言表达具有立体美感；相比之下，《黎明之前》则明显带有"平面化"和"单一化"的缺点。杨承淑还形象地指出："如果用画比喻的话，《子夜》是西洋式的油画，《黎明之前》则更接近于东洋文人画。"正是因为这些特征的存在，《子夜》在"二战"后才被日本学者多次翻译与评价的。

1970 年代后期，随着"全球化—体化"的到来，西方后现代主义文化理论纷纷进入日本，日本文学无论在创作还是在理论上都呈现出多元化态势。近代以来日本文学、文化发展一直处于东西文化碰撞的激流之中。当西方后现代主义到来之时，日本文学再一次面临如何将西方文学纳入到本土、为我所用之问题。筱田一士将《子夜》选入"二十世纪十

---

① 王向远：《中日现代文学比较论》，宁夏人民出版社 2007 年版，第 42 页。
② 楊承淑「茅盾と島崎藤村の自然主義文学観の構造——『子夜』と『夜明け前』をめぐって」，仙台：中国文史哲研究会编「集刊東洋学」第 46 号，1981 年 10 月（杨承淑：《茅盾和岛崎藤村的自然主义文学观构造——围绕〈子夜〉与〈黎明之前〉》，仙台：中国文史哲研究会编《集刊东洋学》第 46 号，1981 年 10 月）。

大小说"中足以说明他欲将以《子夜》为代表的中国现代文学作为反观自身的"他者"，在寻求自我重建和主体性的同时，更强调与欧美文明平等的文化意识。1989 年筱田一士与世长辞之际，作为悼念，白水纪子在日本茅盾研究会编发的《茅盾研究会会报》中专对筱田一士《茅盾〈子夜〉——二十世纪十大小说》一文做出了评价，她说："我从此文中学到了很多，特别是筱田先生把《子夜》定位于世界文学体系的大胆尝试令人敬佩。"①、"敢于将《子夜》同列于普鲁斯特、马尔克斯等作家作品中的举动中看到了他的'蛮力'，为此而惊叹的应该不止我一人吧！"②。诚然，筱田一士从世界文学角度对《子夜》的解读阐释在 1980 年代日本中国现代文学研究界中是很前卫并具有先锋性的，然而他并未将《子夜》放入茅盾作品系谱中加以解读与定位，并且他是一位西方文学研究者，在中国现代文学研究领域表现出了尚不成熟的一面，因此其结论难免带有片面性和疏漏之处，比如"在使用现实主义创作方法时，内容的疏漏及文体中粗细交错的缺陷是不可避免的""小说，无需即视为纯艺术"等观点是值得修正与商榷的。

三　平成时期（1989—2019）日本的《子夜》研究概况

平成时期（1989—2019）日本关于《子夜》的相关研究文献数量有所减少。据不完全统计，笔者目前所能检索到的可参考论文文献仅有数篇。其中，桑岛由美子、铃木将久、白井重范的研究成果比较有参考价值，值得我们展开述评。

桑岛由美子，毕业于东京一桥大学，爱知大学研究生院中国研究科助教，主要从事中国近现代文学的研究。1989 年桑岛由美子在《茅盾政

---

① 白水紀子「筱田一士氏の『子夜』論を読んで」，日本茅盾研究会編「茅盾研究会会報」第 8 号，1989 年 7 月，第 78 頁（白水纪子：《读筱田一士的论〈子夜〉》，日本茅盾研究会编《茅盾研究会会报》第 8 期，1989 年 7 月，第 78 页）。

② 白水紀子「筱田一士氏の『子夜』論を読んで」，日本茅盾研究会編「茅盾研究会会報」第 8 号，1989 年 7 月，第 79 頁（白水纪子：《读筱田一士的论〈子夜〉》，日本茅盾研究会编《茅盾研究会会报》第 8 期，1989 年 7 月，第 79 页）。

治与文学的一个侧面——围绕〈子夜〉的国际环境》① 一文中从国际环境背景的角度重新架构了茅盾文学中以《子夜》为基轴的政治与文学的侧面图。她论述了早期茅盾接受无产阶级文艺理论观点时所体现出的阶级意识，进一步通过考证大革命时期茅盾与国民党左派及毛泽东之间的关联论述了茅盾在此时期的政治立场对 1930 年代文学创作产生的影响。她认为，1920 年代茅盾经从文学转向政治，又从政治回到了文学的两次巨大转折经历和中共定型性理论的形成过程相重合，开启了他 1930 年代突飞猛进的文学创作生涯。另外，桑岛由美子还从"都市文学"角度阐释了《子夜》中"都市阶级矛盾""农村阶级矛盾"在文本中的体现与作者本人政治意识形态的矛盾纠葛。考辨了关于沈泽民对《子夜》创作产生的影响历史因素，尤其是他在《第三期中国经济》中对中国社会性质的分析不仅与《子夜》主题相符，而且该文中描写的社会现象也与《子夜》中的情节非常相似，茅盾通过《子夜》将此论文的主张恰到好处地形象化了。

关于《子夜》中"政治"与"文学"关系的分析，桑岛由美子所论"《子夜》中政治意识形态及党阀与文学创作的纠葛"和同时期国内学者的研究观点相互吻合。1989 年汪晖在《关于〈子夜〉的几个问题》② 一文中从文本、文化心理及文学史角度对"茅盾传统"以及"五四"文学的传统进行了重新评价。汪晖认为：《子夜》"范式"在对待现实、对待个人以及叙述的方式上构成了对"五四"文学传统的一次重要背离。进而构成《子夜》独有的"范式"，即呈现出政治意识形态的明晰性和系统性，强化了文学意识形态的论辩性，因而《子夜》确立了中国小说的政治意识形态性和党派性传统。《子夜》独有的"范式"抑制了"五四"文学中那种主观夸大与滥情的倾向，更多表现在对人事外的超越力量的

---

① 桑島由美子：「茅盾における政治と文学の一側面——『子夜』をめぐる国際的環境」，東京女子大学史学研究室編「史論」第 42 号，1989 年（桑岛由美子：《茅盾政治与文学的一个侧面——围绕〈子夜〉的国际环境》，东京女子大学史学研究室编《史论》第 42 期，1989 年）。
② 汪晖：《关于〈子夜〉的几个问题》，《中国现代文学研究丛刊》1989 年第 1 期。

描绘，使得小说具有了古希腊命运悲剧的色彩。现实的社会规律与政治的必然性形成了一种冥冥之中操控一切的"命运"之手，而吴荪甫则成为抗争命运的悲剧英雄。与汪文的研究方法不同，桑岛由美子则从历史和国际政治视野的角度对"悲剧命运"符号做出了更深层次的解析："茅盾的创作，特别是《子夜》之后的创作可认为是有意识探索能够对抗斯大林主义阴影的过程。……《从牯岭到东京》中所提到的'北欧命运女神'被认为是指特定的某人，但之后茅盾明确说明是指苏联，于是此词便被解释为：和十月革命后苏联局势的影响密不可分。……'北欧命运女神'一词中隐含了茅盾创作中最基本的现实理解：特别是从'五四'到'五卅'国共分裂的巨变时期，茅盾在身处政治中枢之中，经历之后对现实理解感触深切。从文章脉络来看，'北欧命运女神'表面是对引导光明领袖的憧憬和赞许，实质是自我命运被掌控后的而感到的悲切与畏惧。"① 中日学界虽然在研究方法存在不同，但其研究视野和问题意识上却存在着许多共同之处。

　　桑岛由美子对汪文予以了关注和评价。1993 年她在《茅盾研究的新展望——思想·传统·文化心理的摸索和再评价》② 一文中将此文与美国汉学家约翰·伯宁豪森（J. D. Berninghausen）的《茅盾早期小说1927——1933》③ 一并作为茅盾研究最前沿动向进行了详细述评及补充，之后这两篇论文被完整翻译并收录在其著作《茅盾研究——"新文学"

---

① 桑岛由美子：「茅盾における政治と文学の一側面—『子夜』をめぐる国際的環境」，東京女子大学史学研究室編「史論」1989 年第 42 号，第 50 頁（桑岛由美子：《茅盾政治与文学的一个侧面——围绕〈子夜〉的国际环境》，东京女子大学史学研究室《史论》1989 年第 42 号，第 50 页）。

② 桑岛由美子「茅盾研究の新しい展望——思想·伝統·文化心理の模索と再評価」，筑波大学現代語·現代文化学系編「言行文化論集」第 37 号，1993 年（桑岛由美子：《茅盾研究的新展望——思想·传统·文化心理的摸索和再评价》，筑波大学现代语·现代文化学系编《语言文化论集》第 37 期，1993 年）。

③ 约翰·伯宁豪森：《茅盾早期小说》，载约翰·伯宁豪森著，桑岛由美子译《中国近代现实主义文学的黎明》角川书店 1993 年版。

的批评·媒体空间》① 中。伯宁豪森在文中论述了《子夜》发表之前茅盾早期小说中的意识形态、象征主义、异化和修辞等问题，他反对对作品进行"外在探讨"，应从各种思想意图或倾向性解释茅盾早期小说。结合两篇论文所论述内容，桑岛由美子认为两篇论文在解析茅盾的潜在性无意识方面所得出的结论是一致的。回顾茅盾作品，理论和主张的明晰性夺人眼目，但无意识带来的偏向、文化心理的表露等作品内向性的问题研究尤为粗略。如今，这些问题再度被提及，是令人颇感兴趣的。桑岛由美子敏锐地认识到以往的《子夜》研究往往陷于"主题先行"批评的理论框架之中，他们习惯于政治性上纲上线的外围式审视而缺乏内在式学理性探讨和实证举例。汪文与伯宁豪森之文则打破了以往研究模式的桎梏，为推进《子夜》的研究提供了新的思路和方法。

2005 年桑岛由美子在《民族资产阶级的形象和俄国文学：从 19 世纪俄国社会史中看〈子夜〉》中通过比较文学的"影响研究"方法再次对《子夜》进行了解读与阐释。关于茅盾对外国文学的接受这一问题，学界普遍认为《子夜》的创作受左拉《卢贡·马卡尔家族》的影响最大。而《子夜》中关于"民族资产阶级的末路"和"中国商业资本的命运"问题意识的由来要追溯到 19 世纪末俄国社会史和高尔基文学。《子夜》中人物形象更多受到来自于 19 世纪末俄国高尔基及法国文学中所描写的资产阶级社会群体肖像的启发。茅盾自 1921 年至新中国成立前曾多次在报刊发表了关于高尔基的社论。② 苏联汉学家费道列可夫在著作《新中国的艺术家》中引用了茅盾谈及《子夜》创作动机的一段话：

　　俄国文学在中国文学上产生了巨大影响。对于我来说亦是如此。例如，《福玛·高尔杰耶夫》唤起了我关于旧中国民族资本家阶级立

---

① 桑岛由美子：「茅盾研究——『新文学』の批判・メディア空間」，東京：汲古書院 2005 年版（桑岛由美子：《茅盾研究——"新文学"的批判·媒体空间》，东京：汲古书院 2005 年版）。

② 据笔者统计，从 1921 年至 1947 年茅盾关于言及高尔基的社论及翻译共计 17 篇。

场的兴趣，使我想要创作《子夜》了。①

因此，桑岛由美子从创作背景、人物形象方面对高尔基《福玛·高尔杰耶夫》与《子夜》之间存在的互文性展开了解析。

1899 年发表的《福玛·高尔杰耶夫》是高尔基首次意图用"广阔的画面和丰富内容"反映俄国资产阶级生活的长篇小说。19 世纪末的俄国正处于资本主义发展时期，小说通过塑造不同类型的资产阶级者反映了此时期俄国资本主义的发展过程。主人公福玛是大商人的儿子，但他对资产阶级嗤之以鼻，揭发了大商人和工厂主的种种贪婪和罪恶，恐慌的商人们把福玛捆绑送进了疯人院，最终福玛成了真的疯子。福玛的形象具有深刻意义，他的反叛暗示了资产阶级在发展阶段中内部就开始分裂并逐步走向瓦解。桑岛由美子认为，高尔基通过《福玛·高尔杰耶夫》将列宁在《俄国资本主义的发展》中的理论形象化了，进而揭示了"俄国资本主义的发展和灭亡"的必然性，是对民粹主义者见解的反驳，同时也是对列宁理论主张的补充与延伸。《福玛·高尔杰耶夫》的时代背景与《子夜》相同，两部作品均围绕"社会性质的论争"而创作的。

两部作品在人物描写方面存在相似之处。福玛的父亲伊格纳特是一个典型的"强烈欲望的建设者"，他聪明过人，意志坚强，同时又是一个残酷的剥削者，"带有企业家风貌的吴荪甫在性格、气质方面和伊格纳特有很多相似之处。《子夜》开头的吴老太爷之死暗示了旧中国在新时代的暴风骤雨中被风化。《福玛·高尔杰耶夫》中伊格纳特之死，福玛的出场，预示了'新时代的到来'"。另外，主人公福玛的形象被当时俄国评论家评价为"白老鸦"，即"不合群体的人物"。无论是吴荪甫的败北还是福玛反叛的失败都是和政治资本家对决的结果。因此，"拒绝买办化的吴荪甫不但带有伊格纳特的性格气质，而且福玛'白老鸦'之形象也被投射在吴的身上"。在次要人物描写方面上也颇为相似，比如"在《福

---

① フェドレンコ著、木村浩訳「新中国の芸術家たち」朝日新聞社 1960 年版，第 123 頁（费道列可夫著，木村浩译：《新中国的艺术家们》，朝日新闻社 1960 年版，第 123 页）。

玛·高尔杰耶夫》的次要人物中细致描写了部分资产阶级的社会病理。……伊格纳特的妻子娜塔莉亚一方面不理解具有强烈事业欲望的丈夫，沉浸于自我内面的世界中，另一方面因不习惯都市生活而频繁逃避前往教堂，这与吴慧芳的性格非常相似""当不满足于暴发户家庭生活的女儿柳保菲、在都市社交界大放光彩的女性索菲亚、孱弱的知识分子艾杰夫等和《子夜》中的'交际花'徐曼丽、知识青年范博文等相对应时，资本家周围形形色色的人物形象形成了一个结构性对称关系"。①

　　总之，俄国文学对茅盾笔下小资产阶级尤其是民族资本家形象的构建产生了不可忽视的影响。桑岛由美子的这篇论文为我们进一步探究茅盾在早期小说创作过程中如何接受以高尔基为代表的俄国文学这一问题提供了一些新的思路和视角。

　　铃木将久，1967 年出生于东京都，1993 年留学北京大学中文系，1997 年博士毕业于东京大学人文研究科汉语中国文学专业，现任东京大学人文学部教授，博士生导师。铃木将久是 1990 年代中后期活跃于日本茅盾研究界的青年代表学者。1994 年他在《东洋文化》（东京大学东洋文化所编发）第 74 期发文《媒体、空间、上海——读〈子夜〉》（日文名：「メディア・空间・上海——『子夜』を読む」），1997 年此文被收录在他的博士论文《1930 年代上海的媒体与文学》中。

　　《子夜》中出场的人物多达 50 人，茅盾并非逐个对其进行了详细刻画和描写。《子夜》中大部分人与人之间的关系是通过片段性的故事情节相互接连交错的。铃木将久在此文中关于这种片面性的"相互交错"的关系以及产生这种关系所基于的条件展开了深入解析。他认为，在以上海为代表的媒体多元化的大都市中，语言和人物的目光也可以创造出语境的物质性，比如从乡下来的四小姐惠芳的痛苦就是源自于她不能驾驭与掌握上海都市人群之间交流的语言，在资本家的客厅里充斥流动着的

　　①　桑岛由美子：「茅盾研究——『新文学』の批判・メディア空间」，東京：汲古書院 2005 年版，第 116—118 頁（桑岛由美子：《茅盾研究——"新文学"的批判·媒体空间》，东京：汲古书院 2005 年版，第 116—118 页）。

笔者所藏桑岛由美子的茅盾研究专著《茅盾研究："新文学"的
批判·媒体空间》（汲古书院 2005 年版）封面

都市社交语言与其说是为了心灵的交流，不如说是为了营造已既定的空
间性的语境，这种语境是指"有意义的仅仅是语言本身，而非语言的内
容"。在这里，内容与行为，即概念与符号相分离，最终遮蔽了概念，这
就是《子夜》中的"惠芳"们所面对的都市语言。人们以眼睛为媒介观
察到的所希望获取的信息也只是身体感觉的客观化，以便于不断置换和
追逐每一个投射身体感觉的对象，即"各人利己的解释"。另外，上海在
1930 年代已形成了以电话、电报、报纸、杂志等庞大的媒体系统，在此
条件下，物质性的空间不断被扩大，使它不仅具有了"内室"效应，更
形成了一种生活方式以及对这种方式的主观性想象。《子夜》正是表现了
通过新的，以"媒体"构建的物质文明的扩张而不断吞噬空间后建立起

的一种现代性的话语语境。茅盾在《子夜》中出色地展现了现代性话语语境扩张的过程，同时注意到了农村农民成为扩张过程中被赋予的"他者"身份。①

众所周知，茅盾在创作《子夜》的同时，关注点由都市逐渐转向农村，期间发表的《林家铺子》、"农村三部曲"描写了都市现代性在农村农民之间扩张后造成的后果，但这种后果往往更多表现的是一种"经济性"的，而非"文化性"和"话语性"的。因此，铃木将久的这篇论文为我们从"媒体""空间""话语"的角度解读阐释《子夜》中"扩张"意味的特殊性打开了一扇窗口，即便当今此文也非常具有参考与借鉴意义。

白井重范对《子夜》展开了深入研究。除《蚀》外，《子夜》的研究也是其著作《论"作家"茅盾——二十世纪中国小说的世界认知》中的重要内容之一。在第6章《〈子夜〉的个人评论》中他通过解析茅盾小说中的"命运"内涵为切入点，并通过对《子夜》人物形象的分析，解析了"命运"在被界定为"经济小说"的《子夜》中所体现出的特殊意义及"命运"与"作家精神"之间的关系。有必要说明的是，白井重范所谓的"作家精神"是指茅盾从一位"文学者"（所谓"文学者"泛指编辑、评论家、批评家）转变成一位"作家"（所谓"作家"是指小说、散文、诗歌等艺术文本的创造者）后在他内心中萌生出的一种较为迥异的精神性心理表现。茅盾通过创作人的慧眼凝视社会，把握世界，这种精神被融入到了作品之中。白井重范把茅盾以一名"作家"的身份在创作小说之时所表现的内在精神性实质称之为"作家精神"。

汪晖在《关于〈子夜〉的几个问题》中认为：《子夜》具有古希腊悲剧命运的特点。所谓悲剧命运的特点是在承认"命运"绝对权威性的前提下表现失败的英雄。因此，对命运的确认与对英雄的崇拜恰好是一

---

① 铃木将久「1930 年代上海におけるメディアと文学」（博士論文），学位授与大学名：東京大学，1997 年 1 月，第 70—86 頁（铃木将久：《1930 年代上海的媒体与文学》（博士论文），学位授予大学名称：东京大学，1997 年 1 月 13 日，第 70—86 页）。

种对立统一的关系。当茅盾把现实的力量绝对化和神秘化之后，"现实"或"环境"，更确切地说，是隐伏于现实与环境中的"规律"与"必然性"成为一种冥冥之中掌控一切的"命运"。白井重范则从北欧神话的角度重新解析定义了汪文中关于"命运"的内涵。他认为"现实神秘的绝对力量"、"天命"和"命运"应来源于北欧神话，掌控"现在"的北欧女神薇儿丹蒂（Verdendi）是《子夜》"命运"的精神内涵之一。在《子夜》脱稿之际的 1933 年，茅盾创作了散文《神的灭亡》，此作被认为是北欧神话的翻版。对于奥丁来说，灭亡是被预言的，一切都逃脱不了覆灭之命运。作为自我命运的带路者奥丁最终选择了掌司现在的命运女神薇儿丹蒂。"资本主义的霸王"吴荪甫可等同于被称为阿萨神族的众神之王奥丁，与"黑暗"的"现在"抗争是吴荪甫唯一的选择。《子夜》的第二号人物赵伯韬是谜一样非现实性的虚化人物，是作为象征巨额金钱流动的权化而存在的。赵伯韬是"虚"，吴荪甫是"实"，扎根于"实业"的吴荪甫终究败给了在金钱"虚幻"世界中自由游荡的赵伯韬。象征"金钱"的赵伯韬代表了掌控一切命运的无形之手，他的存在使《子夜》的"命运"意味更加具象化了。① 白井重范从《子夜》中北欧神话"命运"意义的角度阐释了茅盾的"作家精神"，他认为从"命运论"的角度来讲，《子夜》并非是一部主题先行之作。《子夜》中的人物与其说是从属于主题不如说是从属于命运。对于茅盾来说顺从命运就是拯救自我，对命运的顺从并非指被动式不思进取的生存，而是把"现在"作为唯一奋斗对象，奋斗于当下不仅是唯一奋勇前进之精神，也是体现茅盾作为作家对文学艺术创作的一种意识形态的存在。②

　　由此可见，北欧神话不仅是解读茅盾小说作品世界的一把崭新的钥匙，也是我们进一步深究茅盾作家思想根源的一条重要线索。白井重范

<hr>

① 白井重範：「『作家』茅盾論——二十世紀中国小説の世界認識」，汲古書院 2013 年版（白井重范：《论"作家"茅盾——二十世纪中国小说的世界认知》，汲古书院 2013 年版）。

② 白井重範：「『作家』茅盾論——二十世紀中国小説の世界認識」，汲古書院 2013 年版（白井重范：《论"作家"茅盾——二十世纪中国小说的世界认知》，汲古书院 2013 年版）。

的研究成果为我们关于茅盾北欧神话研究的研究，特别是北欧神话与小说散文作品创作之间的关联性研究提供了一个新的视角，为我们进一步阐释茅盾"作家精神"的本质提供了有价值的借鉴与参考。

四　《子夜》在日本接受研究的多元化与经典化

《子夜》在国内的接受呈现出了非常显著的特点。在茅盾小说的接受研究中，《子夜》是最具代表性的接受文本，特别是 1950 年代被定向为无产阶级文学的重要范本而放大为一个时代的文学经典后，这一既定的时代视野就广为接受者所认知，《子夜》的接受亦进入一元格局时代。1970 年代末这一视野开始遭遇挑战，《子夜》的接受开始进入质疑与认同并存，释解与驳难相生，挑战与悬置同在的多元格局时代。[1] 然而《子夜》在域外的接受却有着不同的特征与趋势。由于政治文化语境的不同，《子夜》在战后日本的研究呈现出研究视野及方法多元化与文本接受逐步经典化的特点。具体来讲，主要有以下几点：

第一，在研究方法上，日本学者更注重于比较文学范式中的"平行研究"和"影响研究"方法。比如，尾坂德司分析了《子夜》和横光利一的长篇小说《家族会议》、细井和喜藏的纪实文学《女工哀史》在文本构造、现实主义描写、历史背景等具有的相似之处；日籍华人杨承淑通过对《子夜》与《黎明之前》比较后论述了茅盾与岛崎藤村在自然主义文学观构造上的异同；筱田一士将《子夜》同列于《追忆似水年华》《城堡》《百年孤独》等西方名作系列中充分表明他意识到《子夜》不仅是一部作为反观自身的"他者"之作，也是寻求自我重建，构筑与欧美平等文明文化意识的一部代表之作；桑岛由美子则从创作背景、人物形象方面分析了高尔基《福玛·高尔杰耶夫》与《子夜》之间的互文性；白井重范通过文本细读深入解析了北欧神话研究对《子夜》创作产生的影响，分析了"北欧命运女神"在《子夜》中所体现出的特殊意义及

---

① 陈思广：《放大与悬置——〈子夜〉接受研究 60 年（1951—2011）述评》，《河北师范大学学报》2013 年第 1 期。

"宿命论"与茅盾"作家精神"之间的关系。

第二，在研究视野方面，日本学者更多把目光聚焦于探究《子夜》与中国古典小说之间的渊源上。在日本的《子夜》研究史中，竹内好最早提出"《子夜》有意识地模仿《儒林外史》"。中野美代子提出了不同观点，她认为"《子夜》在文本结构上刻意模仿了晚清小说《孽海花》，茅盾并非刻意地模仿《儒林外史》的创作方法，而是无意识地吸取了以《儒林外史》为代表的中国旧小说中对'知识分子'的描写特征"。青野繁治、阪口直树、白水纪子等都曾认为《子夜》达到了对传统文学的继承与革新，以追求个人经历叙述的客观事实而将批判小说推向了新高度。在日本学者眼中，《子夜》不仅是具有西欧现实主义风格的长篇小说，同时更是一部融合中国古典小说创作意识和文本结构风格的经典巨作。《子夜》的译介与传播使日本学者和读者意识到：《子夜》不仅是茅盾小说中完美结合于东西方文学文化的代表之作，更是一幅展现了 1930 年代挣扎于帝国主义、封建主义、买办资本主义压迫下的中国民族资产阶级，农民阶级和知识分子励志反抗，浴火重生并最终走向黎明的一部革命现实主义艺术画卷。

第三，脱离政治话语的囿限，通过文本细读对作品予以了客观性评价。比起《蚀》《虹》，《子夜》是一部最为典型的汇集政治性与文学性于一体的创作文本。中国研究者往往多从政治的路向评价《子夜》的艺术成就，因而导致了因时代政治语境的变化文本在接受上出现了批评与认同并存，释解与驳难相生的局面。日本学者则不被中国政治环境所束缚，他们常习惯从单纯的文学艺术角度出发解读评价《子夜》的文本价值，追溯茅盾文学创作思想的本源。日本学者普遍认为，《子夜》并非是一份政治言说的"高级形式的社会文件"，而是一部带有中国古典小说色彩的西欧式现实主义长篇巨作。然而我国研究者常常并非围绕单一人物性格展开分析的，而是对某一典型人物所象征的人物类型或此人物类型所代表的政治话语特征展开深入探讨，从而导致了对《子夜》中个体人物艺术特色提炼与评价的不足，研究观点存在片面性和程式化缺陷，阻碍了《子夜》研究的进一步推进，这一状况在 20 世纪五六十年代尤为突出。本章通过评述是永骏、尾坂德司、中野美代子、桑岛由美子、铃木将久、白井重范等研究成果后，我们发现：日本学界更关注于《子夜》原本的史诗性与抒情性，偏重分析人物心理的内面化与性格特征，力求发掘《子夜》与日本文学之间存在的审美共通性与文本互文性。他们的研究成果也充分体现了《子夜》研究在日本中国文学研究体系中逐步递进深入化的特征。

总之，战后《子夜》在日本的接受呈现出了对文本艺术价值肯定性评价的一元化、研究视野和研究方法多元化的态势。日本在研究数量上远不及国内，学界也并未围绕某一个问题展开激烈的争论，但某些研究成果为我们未来进一步研究《子夜》提供了一些有价值的文献参考和借鉴。未来，我们期望中日学者在《子夜》研究方面能够激发出更多的学术增长点，在各问题研究方面两国学者能够更加深入地交流与互动，彼此之间相互探讨，成果互译，在学术制高点上产生出强烈的学术共鸣，为进一步推进《子夜》的研究进程贡献出更多的力量。

第 三 章

"梅女士"于日本之再现

——《虹》日译单行本的生成与接受

　　茅盾完成《蚀》三部曲后，于 1928 年流亡日本，在日期间他创作了第二部长篇小说《虹》。① 1940 年武田泰淳翻译了《虹》，此作是继《大过渡期》(《动摇》与《追求》日译本合集)的第二部茅盾中长篇小说日译单行本，其具有重要的价值和意义。武田泰淳只翻译了《虹》的前七章，简介了后三章的梗概，在书后《解题》中围绕"虹"的象征意义、文体及人物性格描写特点展开了详细解说，并阐释了茅盾在文学创作中所蕴含的"进化论"思想。《虹》日译单行本出版发行前后，井上红梅、藤井冠次予以了解读与评价。《虹》在日本的译介不仅促进了日本学界对茅盾小说价值的深入理解与全面地推介，还对武田泰淳的战后小说创作产生了深刻影响。其中，武田泰淳代表作短篇小说《圣女侠女》深受《虹》创作描写风格的影响，两部作品在故事背景、人物描写、创作思想等方面存在明显的互文性关系。

　　"二战"结束后，小西升、三宝政美、是永骏等围绕《虹》的"女性主义"描写、作者搁笔原因、叙事风格、文体等方面展开了研究。

---

　　① 经查阅，孔范今主编《中国现代文学史》(人民教育出版社 2012 年版)，高旭东著《中国现代文学史(上)》(北京师范大学出版社 2017 年版)及《茅盾全集》(黄山书社 2014 年版)第二卷的"本卷说明"中均称《虹》为长篇小说，因此笔者在本论文中把《虹》界定为长篇小说，而非中篇小说。

虽然《虹》在日本的研究文献数量并不多，其成果在今日看来未必有很高的参考价值和进一步探讨研究之必要。但如果将其搁置于二十世纪六七十年代中日茅盾研究史中我们会发现：日本学者更注重发掘阐释《虹》中所蕴含的文学艺术价值和历史意义，探幽在日生活体验对茅盾小说创作思想的影响，探究茅盾在中长篇小说创作手法上变化的内在因素，他们通过文本细读、比较文学等研究方法提出了一些较为独特的观点。

国内关于"《虹》在日本译介与研究"的研究文献非常有限，其研究成果基本趋于表面化或一笔带过地简要提及。因此，笔者在本章中将通过解读所掌握日文史料的基础上，对《虹》在日本的译介与研究的详细状况以及《虹》对武田泰淳短篇小说《圣女侠女》的创作影响展开更为深入化、细致化地梳考与解析。

第一节　《虹》日译单行本的问世及其评价

1937 年 8 月《虹》的译者武田泰淳应召入伍，作为一名侵华日军首次踏上了中国土地。他目睹了日本侵略者的暴行，当面对被日军铁蹄蹂躏下生活于残垣断壁中活生生的中国百姓时，内心产生了巨大的震惊和愧疚之感。战争体验使武田泰淳对以中国文学研究会为代表的日本中国现代文学与文化研究的未来生存状况产生了质疑。1939 年武田泰淳回国后便开始着手研究和译介具有"革命叙事"情节的中国左翼现实主义文学，在此背景下，《虹》便成为他翻译的首要对象。在《虹》日译本出现之前，改造社出版的《文艺》杂志介绍评价了茅盾及《虹》。武田泰淳翻译了《虹》的前七章，简介了后三章的梗概，1940 年 2 月东京东成社出版发行了单行本。《虹》日译本是继小田岳夫《大过渡期》的第二部茅盾中长篇小说日译单行本，它的诞生不仅是武田泰淳反战情结的一种隐喻式的流露，在日本茅盾小说译介与研究史中也具有重要的价值和意义。

本节将梳理评述武田泰淳翻译《虹》的历史经过及单行本发表前后日本媒体学界展开的相关评价。

一 作为隐喻式的反战情结：武田泰淳的译介与评析

武田泰淳（1912—1976），出生于东京都，日本重要现代小说家、文学评论家、翻译家，中国现代文学重要研究学者之一。1931 年考入东京大学中国文学专业，1934 年与竹内好、冈崎俊夫在东京发起成立了中国文学研究会。1937 年 8 月被征入伍赴上海，1939 年回国；战争后期险些被第二次强制入伍，为了逃避参战，他在好友小野忍的帮助下于 1944 年 6 月赴上海中日文化协会上海分会任职，1946 年回国，1947 年任北海道大学法学文学部副教授。战争体验对武田泰淳在战后构建自己独特的文学思想产生了巨大影响。他的作品常常依据万物皆会变化的"灭亡"观念和"诸行无常"的佛家思想追溯探索人类的本质根源，描绘出了矛盾世界的整体形象，表现了高深莫测的精神的同时也带有独特的诙谐幽默之感。武田泰淳的代表作有《审判》《蝮蛇的后裔》《秘密》《圣女侠女》《才子佳人》等。

战争经历对武田泰淳的中国文化再认识及文学翻译与研究的心态变化产生了深刻影响。1937 年侵华战争全面爆发之际，以竹内好、武田泰淳为代表的中国文学研究会会员们并未对这一场突发战争的到来做出冷静的判断与思考。但他们深刻认识到了未来中国现代文学研究在战时环境下将会面临巨大考验。作为研究会骨干成员之一的千田九一曾感慨道：

> 我们的邻国中国正在遭受巨大灾难。抗日战争的激情到底是真还是假，我们唯有冷静观察。与此同时，我也深刻认识到这次考验

也是研究会自身之事，是想要理解研究会是真是假唯有此时机。①

面对侵华战争的全面爆发及日本国内言论一体化的形成，中国文学研究会并未因此而放弃对中国文学的研究，会刊也未曾因复杂的中日两国政治关系戛然而止。研究会发起人竹内好预感到研究会在今后必将迎来很大的困难，但他仍然坚定认为研究会不会因为战争而做出任何改变：

> 无论今后发生什么事情，我们至少要有维持编辑部存在下去的方针。虽资金短缺，但目前最重要的是要有保护重要的文献文库的信念。让有心之人一起来读书共渡难关吧。文学一日不可无，这正是我们报效未来的一份真心所在。②

然而战争时局的发展超乎了研究会会员们的预测，他们所面对的不是克服资金短缺，在艰苦条件下依然坚持他们所热爱的中国文学研究，而是被强制入伍，前往被日本军国主义炮火摧残下的中国内地。1937 年 7 月千田九一与阵内宜男、吉村永吉被派往中国，同年 8 月武田泰淳也被派往中国华中地区，1938 年 9 月土居治被应征入伍，1942 年 3 月斋藤秋男，1943 年 12 月竹内好也被相继派往中国战场。

武田泰淳作为侵华日军踏上了中国土地，当他面对活生生的中国百姓之时，其复杂的内心感受是可想而知的。从军体验也使武田泰淳对中国文学研究会未来的生存状况产生疑虑，他在寄给增田涉的信中说道：

---

① 竹内好記「会報『後記』」、中国文学研究会編「中国文学月報」第 30 号，1937 年 9 月，第 120 頁（竹内好记：《会报〈后记〉》，中国文学研究会编《中国文学月报》第 30 期，1937 年 9 月，第 120 页）。

② 竹内好記「会報『後記』」、中国文学研究会編「中国文学月報」第 30 号，1937 年 9 月，第 120 頁（竹内好记：《会报〈后记〉》，中国文学研究会编《中国文学月报》第 30 期，1937 年 9 月，第 120 页）。

中国古典文学中所描写的这片土地让我兴趣盎然，然而现在不知为何中国人让我感到恐惧。这并非因他们被杀害时表现的极为平静，而是他们整个群体存在的方式或者说其存在本身是令人生畏的。我懂得了过去的思考只满足于微不足道的形式之中。不基于东方之决意，又何以谈论袁中郎，又何谈中国文学研究会。我每个月都收到月报，感谢留下来坚持工作的人们所付出的努力，然而我在中国这片土地上阅读月报时，我感觉它黯然失色了。或许当我再次读自己过去写的东西时就会产生犹如遇见幽灵般的沮丧，纸和文字的无力之感也映入眼帘。①

可见，武田泰淳真正到达中国战场，目睹被日本军国主义铁蹄下蹂躏的中国人民和炮火下那一片片残垣断壁时，他意识到了过去在中国研究会那间仄仄狭窄的书房里所读到的、所研究的是那么的肤浅刻薄，他深深地陷入了自我反思的情感思绪中。同时他也认识到，现实的中国和自己想象中的完全不同，但由于从军期间深陷激烈的战争，武田泰淳并未对关于中国的认知产生出的巨大反差这一问题展开深刻的思考。

武田泰淳对中国文学研究的反思不仅是因为他对战争的亲身体验，另一个重要的因素是当时日本作家大量炮制的战争文学，即侵华文学给予了武田泰淳极大的触动。1931 年"九一八事变"之后，战争带来的利益和国内逐步右倾化的政治气氛为日本文化界协助日本侵华战争提供了滋长的土壤。随着战争的不断扩大，一大批文人以"笔部队"② 派遣方式自觉或不自觉地被卷入战争中，以火野苇平、石川达三、丹羽文雄、林

---

① 「同人消息——戦前の武田泰淳君より」，中国文学研究会编「中国文学月報」第41号，1938 年 8 月，第 80 頁（《同仁音信——来自前线的武田泰淳》，中国文学研究会编《中国文学月报》第 41 期，1938 年 8 月，第 80 页）。

② "笔部队"是指"二战"期间以日本政府的名义向中国战场派遣的文人从军部队。派遣分为两次。首次是 1938 年 8 月 23 日，日本内阁情报部提出派遣一只由文人作家组成的从军部队计划，在日本文艺家协会会长菊池宽的协助下向 30 余名作家提出了从军邀请，接到邀请的作家几乎全部同意参与此计划，在与情报部协商之后最终选出 22 人被派往中国。第二次是同年 11 月由 10 人组成的南支（中国南方）从军"笔部队"前往中国。

芙美子等为代表的作家描写记录了士兵的真实生活状态，故事情节的真实性、生活性引起了日本国内读者的强烈共鸣。这些备受日本国民欢迎的战争纪实文学具有它独自的特征，日本学者认为："一是作为一名士兵完成任务后便丧失了独立思考的能力，一旦陷入丧失思考的境地，作者就容易使用感性的语言，陷入感伤并忘却随时面临的危险。二是作品大多只描写了一个日军士兵内心的封闭世界，在这个世界里没有中国人作为'他人'的存在余地。"①

武田泰淳自然不满足于那些所谓以中国为背景描写"现实"中国人、中国社会的人气作品。因为那些被派往中国的文人作家描写的所谓中国是基于政治任务及建立在日本当时大众文学市场需要的基础之上的。武田泰淳的战争体验使他深刻地认识到认知当下的中国文学文化问题、描写中国劳苦大众是一件非常艰难的事情。在武田泰淳的意识当中，通过一两部所谓人气作品不可能完整再现当时的中国，也不可能真实地再现深陷于战火之中中国各阶层的生活状态。最重要的是，经历了战争之后的武田泰淳对日本现代中国文学研究的未来之路充满了困惑与动摇，陷入了关于"文化"思考的复杂思绪当中。1939 年 12 月武田泰淳在《关于中国文化的信件》一文中感慨道：

> 数万人亲眼目睹"中国"之后回到了日本。我等难以想象这一事实对于日本文化历史会带来多么深刻的意义。这也并非是否要在北京、南京建一两所大学那样简单的问题。大多数士兵在中国生活后回到日本是真实存在的，这并非学者先生的学术问题，也非酒保商人的利益问题，而是生存性问题，换言之是文化的问题。
>
> （中略）
>
> 我回到日本之后使我最为惊讶的就是那些华丽的中国相关出版

---

① 渡辺一民「武田泰淳と竹内好：近代日本にとっての中国」，みすず書房 2010 年版，第 25 頁（渡边一民：《武田泰淳和竹内好：对于近代日本的中国》，米斯兹书房 2010 年版，第 25 页）。

物。然而现在却让我不得不感到其华而不实。所有的中日友好机构及研究中国的相关论著等，这些文化性的东西对于我等来说都不得不视为其形影单薄之物。我等在战场上所见中国百姓的颜面表露出如泥土一般坚定的睿智，传统的情感深刻于脸颊，在深邃的皱纹中深深地隐埋着从未诉说过的哲学。一张张脸颊清晰映入我等眼底，因此，那些用铅字印刷的中国评论黯然失色。①

以上可见，武田泰淳从中国回到日本之后发生了巨大心理变化。当他用中国文学研究者的眼光去审视所发生的一切时，他感到的是无比的失落与无助。这种心理的巨大变化也成为武田泰淳在回国之后意图要译介描写真实"中国革命""中国社会""中国人"的现实主义作品的重要契机。在此背景下，具有革命现实主义的《虹》自然成为他翻译的首选作品。

1939 年回到日本之后，武田泰淳便立刻开始着手《虹》的翻译工作。《虹》一共十章，武田泰淳只翻译了前七章，在《后记》部分简略概述了后三章，1940 年 2 月 20 日东京东成社出版发行了单行本。武田泰淳的译作《虹》成为继小田岳夫《大过渡期》之后的第二部茅盾中长篇小说日译单行本。此作发表出版于战时，其具有重要的意义和价值。

笔者有幸得到了这部译著，因是战争期间出版发行的，此书很难找到，所以非常珍贵。装帧者是佐藤春夫，封面设计独特，黄色背景和剪纸形红色图案明显带有中国文化特色。书后版权页除印有出版日期外还在书名上方标有"现代支那文学全集"的字样。《现代支那文学全集》由中国文学研究会编纂，东成社于 1940 年出版发行，全集共计十二卷，详细目录如下所示：

第一卷：郭沫若著 猪俣庄八译《创造十年》

---

① 武田泰淳「支那文化に関する手紙」、中国文学研究会編「中国文学月報」第 58 号，1940 年 1 月，第 136—137 頁（武田泰淳：《关于中国文化的信件》，中国文学研究会编《中国文学月报》第 58 期，1940 年 1 月，第 136—137 页）。

第二卷：郁达夫著 冈崎俊夫译《沉沦》

第三卷：茅盾著 武田泰淳译《虹》

第四卷：萧军著 小田岳夫，武田泰淳合译《为了爱的缘故》

第五卷：老舍著 奥野信太郎译《月牙儿》

第六卷：巴金著 饭村联东译《新生》

第七卷：张天翼著 增田涉译《清明时节》

第八卷：沈从文著 奥野信太郎译《八骏图》

第九卷：奥野信太郎、武田泰淳、猪俣庄八译《女作家集》

第十卷：增田涉、松枝茂夫、冈崎俊夫、小野忍、饭冢朗、奥野信太郎译《随笔集》

第十一卷：佐藤春夫、村上知行、山上正义译《诗·戏曲集》

第十二卷：松枝茂夫、吉村永吉、猪俣庄八、金坂博译《文艺论集》

从封面装帧可知，"蝎子"隐喻了日本在 19 世纪末至 20 世纪初为和帝国主义列强争夺在中国的势力范围而制定实施的"蝎子政策"，"一把剪刀剪掉了一只蝎子"隐喻了以竹内好、武田泰淳等为代表的中国文学研究会同仁通过译介中国文学作品的方式对日本帝国主义发起的一种间接式的、隐喻式的反抗。

武田泰淳在解说中评价了茅盾在长篇小说创作上所取得的艺术成就。在武田泰淳看来，茅盾更善于通过长篇小说深入刻画描写中国现实社会的百态，他在《解题》的开头评价说：

> 很明显《蚀》三部曲和最近描写上海社会的《子夜》可知，茅盾是一位长篇小说作家，而不是短篇小说作家。如今阅读过《虹》的读者们，从大陆国家的广大民众、悠久历史以及广袤的自然中能够感觉到，比起辞藻华丽的短篇，长篇更具有激流勇进之势。①

---

① 茅盾作　武田泰淳訳「虹」，東京：東成社 1940 年版、第 2 頁（茅盾著，武田泰淳译：《虹》，东京：东成社 1940 年 2 月版，第 2 页）。

笔者所藏《虹》日译单行本封面

版权页印有发行日期：昭和
十五年二月二十日

关于"梅女士"的人物性格和艺术特征武田泰淳给予了如下评价：

> 《虹》是一部中国女性梅女士的生活史，如彩虹般色彩绚丽。我
> 们在这部作品中犹如看到了悬架于天空之中的彩虹。从中可以体会
> 到中国女性们的蓝色悲哀，红色欢喜，紫色愤怒。梅女士相当于当
> 下中国的娜拉，或包法利夫人的存在。茅盾把自己的热情深深地隐
> 藏在内心，像冷静的蚂蚁一样执着地描写中国女性的生活。在茅盾
> 的文学世界中，没有引人入胜的花鸟似的浪漫，只有似流沙般的无
> 表情的"持续"。作者对于梅女士的刻画不是富有诗意性的，而是带
> 有散文风格。梅女士初恋破灭，陷入了婚姻的泥沼。她不是空想式
> 的玩偶娜拉，而是具有现实性的、性格坚毅的林丹太太。①

---

① 茅盾作　武田泰淳訳「虹」，東京：東成社 1940 年版，第 2—3 页（茅盾著，武田泰淳
译：《虹》，东京：东成社 1940 年 2 月版，第 2—3 页）。

　　武田泰淳对《虹》文体特征的解说可谓入木三分。茅盾擅长通过出场人物肢体动作和心理活动巧妙地构成多个场景，人物性格通常由场景中的其他人物行为来衬托体现。1929 年 10 月茅盾在《西洋文学通论》一书中从作品技巧、题材、创作态度等几方面归纳了福楼拜和浪漫派的不同点。茅盾认为，和浪漫派相比较，福楼拜是客观冷静并隐藏个性的，福楼拜在小说中表现出的是他异常冷静的态度，他努力克制自己主观感情不融入作品中。武田泰淳在《解题》中所认为的"茅盾把自己的热情深深地隐藏在内心，像冷静的蚂蚁一样执着地描写中国女性的生活"正与茅盾的文体观念形成了相互印证的关系。

　　值得一提的是，武田泰淳在《解题》中多次使用"持续（日文：「持続（じぞく）」①)"一词。所谓"持续"是指茅盾在文学创作进化论中所提出的"文学上的'创作'是延绵不绝"之观点。1922 年茅盾在文论《独创与因袭》中阐述了他对于"文学进化论"的看法："进化底原则普遍于人事，文学艺术自然也随时迁善。"② 作家的创作应该是延绵不绝的，个性应随时代的变迁而不断变化，不断丰富和完善，否则作品就显得单调枯燥，缺少活力和个性。同年，茅盾还在《自然主义与中国现代小说》以及《什么是文学》中批判旧式章回小说、中西混合小说缺乏对现实人生的描写和客观生活的观察，任凭主观的虚构导致了小说的"失真"，失去了对现实人生的认识功能作用。这两篇文论在 1940 年 10 月被猪俣庄八翻译后收录在上述的《现代支那文学全集》的第十二卷《文艺论集》中。这充分说明中国文学研究会意图通过此全集使日本读者了解茅盾文学正逐渐摆脱旧文学的桎梏，随时代变迁呈现出了崭新的文学面貌。武田泰淳谈到翻译《虹》的目的时说："各位读者从拙译中读取出茅

---

　　① 日语中的"持続（じぞく）"除有"持续""继续"之意外，还特指柏格森哲学用语中的"延绵""延绵性"之意。1921 年 12 月，《民铎》杂志第 3 卷第 1 号开设了"柏格森专号"，介绍柏格森学术文章 18 篇，1922 年 1 月 17 日茅盾署名佩韦在《民国日报·觉悟》中发表《介绍〈民铎〉的"柏格森号"》一文，向广大读者推荐。"五四"时期柏格森的哲学思想在中国众多西方哲学学派中占有一席之地。

　　② 茅盾著，钟桂松编：《茅盾全集》第十八卷，黄山书社 2014 年版，第 174 页。

盾'持续'的哲学思想，若能理解'持续'并非空洞的概念，而是融入血肉的一种生活意志力的话，我想没有再比这令人高兴的事情了。"① 在《解题》最后，武田泰淳进一步对"持续"的内涵进行了如下解说：

> 《虹》之后茅盾创作进入到了短篇时代。现实主义问题在中国文坛引起激烈论争之际，茅盾以农村为题材创作了《春蚕》三部曲②展示了其坚实的写实主义手法。《林家铺子》《小巫》等杰作相继问世。但茅盾更擅长于创作长篇小说，《路》《三人行》《牯岭之秋》等陆续发表，直到长篇大作《子夜》的诞生。《子夜》是以丑恶的民族金融资本家族为中心，描写社会各个阶层的长篇小说。茅盾的"持续"之哲学并非指个体命运，而是渗入到了社会历史画卷中。数千年不断的繁衍和进步异常猛烈，非文化性生活的发展持续至今，茅盾用近乎令人畏惧的冷酷笔触去探究具有社会性物质的"持续"，暗示了在中国民众脸颊上留下的"持续"之烙印。③

"社会性物质的'持续'"意味着茅盾在文学创作过程中从"个体""政治""革命"向"经济"的转变。《子夜》的诞生为"五四"以来的新文学带来了一种不同于鲁迅艺术传统的新范式。国内学界认为："由《子夜》、《林家铺子》和农村三部曲构成了一种可以称之为'茅盾传统'的东西，它对中国文学的发展的影响也许超过了被人们当做旗帜的鲁迅'传统'。"④《虹》作为一部跨界于《蚀》和《子夜》之间的长篇小说在建构"茅盾范式"体系中起到了不可忽视的作用，"梅行素"的人物形象

① 茅盾作　武田泰淳訳「虹」，東京：東成社 1940 年版，第 4 頁（茅盾著，武田泰淳译：《虹》，东京：东成社 1940 年 2 月版，第 4 页）。

② 武田泰淳此处说法有误，应为"农村三部曲"。

③ 茅盾作　武田泰淳訳「虹」，東京：東成社 1940 年版，第 5 頁（茅盾著，武田泰淳译：《虹》，东京：东成社 1940 年 2 月版，第 5 页）。

④ 汪晖：《关于〈子夜〉的几个问题》，《中国现代文学研究丛刊》1989 年第 1 期，第 81 页。

塑造也成为茅盾以阶级分析的方式剖析社会和创作《子夜》的起点。早在《虹》之前，《蚀》（1936 年）《水藻行》（1937 年）《子夜》（1938年，未译完）《大泽乡》（1938 年）《秋收》（1938 年）《春蚕》（1939年）等作品陆续被译介到日本，而《虹》译介的缺席影响了日本中国现代文学研究者从整体认识茅盾文学在"进化论"上的延续性及"五四"之后建立起的"茅盾范式"的价值和意义。抗日战争时期武田泰淳翻译《虹》不仅充分显示了他对于茅盾文学意义的深度理解及认同，也是他反对战争意识的一种间接式表达。

二　《虹》日译单行本发表前后日本学界的相关评价与解读

早在 1934 年 3 月，日本汉学家井上红梅在杂志《文艺》3 月号发表题目为《中国新作家茅盾及其评论家》一文中主要介绍了《虹》的故事梗概及创作的历史背景。他认为"因《虹》是一部出色的作品，我想通过介绍梗概来展现茅盾的作风"①，所以不惜笔墨要向读者展开详细介绍。《虹》是一部以"五四运动"到"五卅运动"为历史背景的作品，对于日本读者来说是一部了解中国革命历程之长篇巨作。井上红梅在此文最后关于"梅女士"的人物性格特点做出了如下评价：

> 梅女士是这个时代的代表性人物，她的思想从旧到新，从理性到盲目。她从一个孝女、年轻夫人转变为独立的职业女性；从个人的奋斗到加入集体运动，我从梅女士的身上看到了中国青年的转变历程。扑捉反映瞬息万变、激流勇进的时代，如实地刻画出了年轻人思想的蜕变和现实运动是这篇小说的特点。然而，梅女士是一位不考虑未来，只把握现在，常感伤于过去的女性。全篇中的所有人物均为小资产阶级，他们受到了新思潮的驱使，因自我地位的崩塌

①　井上紅梅「支那の新作家茅盾と其評家」,「文芸」3 月号，改造社 1934 年 3 月，第 57页（井上红梅：《中国新作家茅盾及其评论家》,《文艺》3 月号，改造社 1934 年 3 月，第 57页）。

而奔流于社会活动的道路上。他们并非具有坚定的社会意识，只是盲目地躁动。这样的人物在目前中国青年人中是非常之多的，因此成为了作者的创作对象。①

井上红梅并未深入展开解读与评析，此文的学术价值虽然不高，但为《虹》的翻译和进一步研究提供了必要的参考。

《虹》日译单行本出版发行引起了中国文学研究会同仁的热议。1940年6月，藤井冠次在中国文学研究会编《中国文学》第69期发表长篇论文《围绕〈大过渡期〉》。藤井冠次在该文最后一节对《虹》后三章展开了详细的解读与评析。藤井冠次认为"梅行素"是"《大过渡期》中的孙舞阳、章秋柳被理论化，成熟化之后变为了《虹》的主人公"②。藤井冠次在分析"梅女士"身上所具有的女性特点时说：

> 梅女士融入了作者的思想出现在作品中。根据译者的后记，梅女士去上海后组织了妇女会，在这里她陷入了恋爱的人际关系，被理论化的章秋柳其生活中不存在色情，其对象也并非像史循，探究生活是她的生存目标。另外，她变为作者的傀儡，拥有不断克服人间社会问题的意志。作品中所描写的并非是中国新女性真实的生活画卷，这样的女性恐怕在当今中国是不存在的。她的性格中带有行动式男性的风格。作者只是设定了一位女角色来演绎这场剧，借用她的肉体，赋予美貌和机敏并带有像虹一样鲜明性格的人物出现在

① 井上红梅「支那の新作家茅盾と其評家」，「文芸」3月号，改造社1934年3月，第58页（井上红梅：《中国新作家茅盾及其评论家》，《文艺》3月号，改造社1934年3月，第58页）。

② 藤井冠次「『大過度期』を廻って」，中国文学研究会编「中国文学」第61号，1940年5月，第88页（藤井冠次：《围绕〈大过渡期〉》，中国文学研究会编《中国文学》第61期，1940年5月，第88页）。

现实中。①

　　如何克服命运的桎梏，《蚀》中给出悲观的结局，并把这个问题解决任务交给了"梅行素"，但她最终没有逃脱出现实社会的洪流。藤井冠次认为茅盾刻画的人物始终脱离不了社会的束缚，他评价道："称之为否定式的宿命观也好，或社会主流也好。所谓的大众之流就是持续不断的人类社会之流。《大过渡期》和这部未译完小说都是从社会出发到社会结束的。"② 武田泰淳在译本"后记"中也对于梅女士的最终命运做出了解说：

> 　　梅女士融入了上海之中，最终走向了自我命运抗争的道路。
> 　　在街路上涌动着不知要去往何处的群众。吞噬个体、嘲笑个性、践踏知性，默默涌动的"群众"把梅女士和围绕着她的青年们带到了这股漆黑的洪流之中。
> 　　茅盾面对这"群众"而搁笔。在这漆黑洪流之中为创作金色璀璨的《子夜》的他，最终隐没在了其中。③

　　被"默默涌动的群众"所吞噬，标志着梅女士从克服个体命运转向集体认同的过程。个体对"命运"的抗争终究摆脱不掉社会、政治与经济的左右与束缚。茅盾作为"社会剖析派"作家在《虹》中为个体命运赋予了古希腊式命运悲剧的特点，这一特点在《虹》之后的《子夜》当中表现得最为经典。在作品人物"宿命论"的解读评析方面，藤井冠次与武田泰淳的观点形成了一致。而关于"梅女士"的人物性格，藤井冠

---

①　藤井冠次「『大過度期』を廻って」，中国文学研究会编「中国文学」第 61 号，1940 年 5 月，第 88 頁（藤井冠次：《围绕〈大过渡期〉》，中国文学研究会《中国文学》第 61 期，1940 年 5 月，第 88 页）。
②　藤井冠次「『大過度期』を廻って」，中国文学研究会编「中国文学」第 61 号，1940 年 5 月、第 88 頁（藤井冠次：《围绕〈大过渡期〉》，中国文学研究会《中国文学》第 61 期，1940 年 5 月，第 88 页）。
③　茅盾作　武田泰淳訳「虹」，東京：東成社 1940 年 2 月出版，第 333 頁（茅盾著，武田泰淳译：《虹》，东京：东成社 1940 年 2 月版，第 333 页）。

次提出了与武田泰淳不同的观点,他认为:

> 说梅女士是新时代中国的包法利夫人。不错,乍一看确实带有
> (与包法利夫人)相似的性格,但恐怕这是一种误读。福楼拜笔下的
> 包法利夫人拥有天衣无缝的美感。茅盾缺乏对美永久性塑造的审美
> 观。具有散文性质的梅女士若成为包法利夫人还缺少诗人的性格。
> 《虹》发散式的美感只不过是消失于虚空之中的一场幻象而已。茅盾
> 不具备福楼拜的那种克己之精神,比如在创作技法上,通读《大过
> 渡期》和《虹》后发现,虽然认可他的构成手法,但拖沓冗长的解
> 释过于繁多,与其说是客观的描写不如说多余的解说,因此作品给
> 人一种杂乱无章之印象。①

藤井冠次将《虹》《蚀》两部作品视为了一个整体,清晰地展示了茅盾对女性人物创作的轨迹与变化。《围绕〈大过渡期〉》一文在武田泰淳《虹》日译本《解说》的理论内容基础上进一步展开了修正与补充,该文成为1940年代日本读者了解《虹》艺术风格、文本结构与思想价值的最具学术性的一篇文献。

反观20世纪三四十年代国内对《虹》的研究状况,研究者主要把研究对象集中在《子夜》《蚀》及《春蚕》等作品上,关于《虹》的研究并不深入透彻,其研究成果只有沈善坚、莫芷痕等寥寥几篇,他们视野过于宏观,解读观点理论较为薄弱欠缺。相比较,日本学者避开了政治的限制,从单纯文本解读的角度出发,并将茅盾作品放入世界文学体系中加以阐释与评价。其为数不多的研究成果反而更加细致入微,观点独特并具有一定前瞻性。特别是茅盾"进化论"思想在创作中如何实践这一问题还尚未被我国内研究者纳入其研究视野之前,武田泰淳就早已关

---

① 藤井冠次「『大過度期』を廻って」,中国文学研究会编「中国文学」第61号,1940年5月,第89頁(藤井冠次:《围绕〈大过度期〉》,中国文学研究会编《中国文学》第61期,1940年5月,第89页)。

注并做出了解析，这是值得我们进一步去探究的。

第二节 《虹》与武田泰淳短篇小说
《圣女侠女》的互文性

　　1948 年武田泰淳创作了首篇以女性为第一人称视角的短篇小说《圣女侠女》，于 6 月在发表在杂志《思潮》中，后被收录于埴谷雄高所编《武田泰淳全集》第一卷中。短篇小说《圣女侠女》在人物描写、故事背景、描写手法、叙事风格及女性主义思想表现等方面都深受《虹》的影响。国内关于《圣女侠女》文本的解读迄今为止尚未发现任何相关研究文献，进而致使《圣女侠女》与《虹》之间存在的互文性关系这一问题尚未被学界所提出与研究。在本节中，笔者将通过文本细读的方法深入分析《虹》与《圣女侠女》存在的互文性关系，解读《圣女侠女》特有的文学艺术价值，以此为我们更深入了解茅盾小说在战后对武田泰淳文学创作的影响提供新的研究视角与启发。

一　中国式侠义的精神符号："梅女士"于战后日本之再现

　　《圣女侠女》（日文「聖女侠女」）与《虹》在人物姓名和故事背景上有着相同之处。《圣女侠女》中头号主人公也被称作"梅女士"。"梅女士"的"梅"取自于她的姓氏"梅津"，日语发音为：うめつ（ume-tu）。按照日语汉字训读发音"梅"应读作"うめ（ume）"，而文本中梅女士第一次出现时却使用了音读"メイ（mei）"的读法，这和《虹》日译本中"梅女士"的"梅"读法相同。并且，《圣女侠女》故事发生地与《虹》的后三章相同，都是在上海。

　　《圣女侠女》讲述了日本战败前后"梅女士"和"玛利亚"两位日本女子滞留于上海日本男性文化人世界中的生活故事。梅女士从军部获得资金经营着一家收容中国孤儿的机构，她性格刚烈，身材高大，姿色浓艳，迷倒了一大批当时驻上海日本军部的男性政要及知识阶层，内心则充满了对男人的鄙视和憎恨。故事以梅女士的视点出发，揭露了战败前后日本男性文化人的骚乱、癫狂以及颓败，讽刺了他们在战败后明哲保身和信仰变节的虚伪本质。小说的另一位主人公是欧美派基督教徒的女儿玛利亚，她柔美而纤弱的身体成为各种日本男人，甚至中国人的尤物，在遭到羞辱欺凌之后依然没有任何的憎恶和仇恨。因二人价值观的格格不入，战前梅女士对玛利亚并无好感。战败后，玛利亚遇到了生命中最后一个男人，名叫"岸"。岸是一个虚伪而自私的男人，玛利亚被他抛弃后最终陷入孤独状态。在小说结尾，玛利亚最终因性病的折磨痛苦死去，濒死前玛利亚要求梅女士原谅岸，此时梅女士对玛利亚的态度由厌恶转为了同情，二者之间的对立化为消解。

从作品名不难看出，武田泰淳赋予了两位女主人公不同的文化符号意义，一位是具有西方宗教色彩的"圣女"玛利亚；另一位是具有东方色彩的"侠女"梅女士。梅女士在男权主义面前打破东方传统的"男尊女卑"的旧思想，表现出了不屈服于日本男权的意识形态。对于日本男性梅女士表现出蔑视和讽刺心理，小说中有这样一段描写：

> 对于我来说，没有比统治上海的这些军人和政客更容易对付的男人了，即使我不去欺骗，不以任何方式引诱他们，他们也会立刻屈服，对我马首是瞻。他们肩上那代表军衔的星章看上去严肃威严，但他们的无能和动物性的缺点在我面前暴露无遗。①

文本中大部分是梅女士的心理与精神状态描写，关于她的外貌介绍的并不多，只有爱穿"旗袍"和"中国鞋"等几个细节描述。因而，梅女士可以看作是一个带有中国式"侠气"气质的独立女性的精神符号。

---

① 武田泰淳「聖女侠女」，「武田泰淳全集」第一卷、東京：筑摩書房1971年版，第188頁（武田泰淳：《圣女侠女》，《武田泰淳全集》第一卷，东京：筑摩书房1971年版，第188页）。

在她的身上不仅体现出维护女权、独立自由的强烈女性主体意识,而且可以感到她带有反对压迫的男性革命者的气息。这一人物性格特征与《虹》中的梅女士颇为相似。茅盾笔下的梅女士是一位接受"五四"时代个性解放思想,在反帝国主义的"五卅运动"中成长起来的新时代革命女性。比起《蚀》中的章静、孙舞阳、章秋柳,梅行素的性格更富有男性的理性和刚强。藤井冠次评价梅行素的性格为"带有行动式男性的风格"。国内学者也认为,梅女士的性格突出的一面,就是在她身上具有男性的刚强。作者在写她身上的男性气质时,侧重于写她有"征服环境、征服命运"的刚性:她不仅具有绚丽的时代美,而且带有璀璨的艺术美;她不仅具有女性的温柔之美,而且还具有男性的刚强之美。① 无论是猥琐而自私的教师还是"新派"的军阀政客梅女士都可以从容地蔑视,在《虹》的第8章中有这样写道:

> 她自从跑出了"柳条笼",真所谓所向克捷:她征服环境,她又征服自己本性上的缺陷;她吸引着多少男子向她攒攻,她谈笑自若地将他们踢开;没有一个人能打动她的心,也没有一个人的心胸不被她看穿。②

对引领她走向革命道路的梁刚夫仍表现出刚毅独特的个性。梅女士来到上海后寻找新的生活道路,但上海的环境过于复杂,加之自己经验不足无法应对而遭到了梁刚夫的冷遇。此时,梅女士表现出的强势性格是非常鲜明的:

> 真是时代环境不同了!只有过男子们来仰望她的颜色,万料今天是反其道。男人们是那么的不配抬举罢?可又不尽然。梁刚夫有

---

① 参见陆文采、王建中《论"时代女性"梅行素》,《辽宁师范大学学报》1992 年第 3 期。

② 茅盾著,钟桂松主编:《茅盾全集》第二卷,黄山书社 2014 年版,第 207 页。

点古怪：不全是性情上的冷峭，也有行动上的不可测。就为的是站在这个刚毅的人格前，所以她自己形成脆弱。也就为的是看不透人家的秘奥，所以她不能抓住他，却反受到冷落。这里就伏着创伤的症结！

梅女士在对镜子端详自己的面孔，还是那样惨白。又像是找得了她的第二个自己，她本来的自己愤恨地诅咒了：也用更傲然的蔑视对待梁刚夫罢！给他看了点利害以后就永远丢开他！[①]

《虹》第10章描写了梅女士在上海南京路参加游行的情景，将整个剧情推向了高潮。细读后会发现，文本中多处描写了梅女士在反帝运动中表现出的侠义式男性革命者气概。比如当她看到昨日的街头标语或被撕去，或被大雨打烂，市民依旧过着太平无事安分守己的生活后，心中激起了愤恨的烈火："这班驯良的受帝国主义豢养惯的奴才只合丢在黄浦江里！她又想起自己会骑马会开枪，为什么要拿来这纸条子和浆糊罐头。"[②] 当来到南京路看到老闸捕房排列着全副武装的万国商团和骑巡保护捕房时，徐绮君对梅女士说这让她想起《水浒传》梁山泊好汉打劫法场的情景，梅女士回答道："我们要打劫整个上海的心，要把千万的心捏成为一个其大无比的活的心！"[③] 除此之外，文中多处使用"狂吼""怒吼""怒喊"等带有侠义之感的词描写了动员号召抗议群众的梅女士。在《圣女侠女》中，武田泰淳多次描写了梅女士行侠仗义的情节，比如喝斥审问路人的日本哨兵；玛利亚在遭遇困境时用武功徒手相救；与抢劫衣物的瘪三搏斗等，"女豪杰（女豪傑）"、"侠义心（狭義心）" "怒斥（怒鳴る）"等带有侠义色彩的词也多处可见。很明显，中日两位梅女士无论在人物形象方面还是在人物性格方面都具有极为相似之处。

---

① 茅盾著，钟桂松主编：《茅盾全集》第二卷，黄山书社2014年版，第212页。
② 茅盾著，钟桂松主编：《茅盾全集》第二卷，黄山书社2014年版，第284—285页。
③ 茅盾著，钟桂松主编：《茅盾全集》第二卷，黄山书社2014年版，第286页。

1939 年从中国战场回到日本的武田泰淳对于战争的体验记忆深刻。作为中国文学研究者以侵略者的身份来到中国让他倍感耻辱。次年，当他阅读翻译茅盾《虹》时，对梅行素在来到上海后表现出的强烈民族意识和坚定的反抗日本帝国主义精神而为之震撼。但遗憾的是，在战时日本军国主义言论的严格管控之下，武田泰淳未能将《虹》的后三章翻译出来，只在"后记"中简介了梗概。无论是译文还是"后记"，译者有意规避政治性敏感词语的痕迹非常明显，用词颇为谨慎。松井博光分析了未译后三章的原因，他认为，前七章描写的是一部五四运动中女性的精神成长史，觉醒的梅女士敏感而坚强，虽然可以作为一部独立的作品存在，但这违背了作者的意图。译者之所以没有翻译后三章是为逃避政治审查的缘故，因为翻译描写中国女性勇敢投身于"五卅"反日运动的精神史内容是不可能逃避日本当权者的眼目的。① 因此，对于反战作家武田泰淳来说，因战时原因而未能译完《虹》是一个遗憾，而此遗憾直到1948 年通过《圣女侠女》中对梅女士的刻画描写才得以弥补。

二　《圣女侠女》中玛利亚的人物原型与羸弱男性的描写

《圣女侠女》中另一位女主人公玛利亚是一个精通汉语，受过高等教育的知识女性。玛利亚生性软弱、放荡不羁，对于男性毫不设防，逆来顺受。日本学者藤井省三考证："武田发表了他称为以上海体验为原型的系列小说——上海的故事，其中一篇《圣女侠女》的主人公'玛利亚'就是以室伏克拉拉为模特儿的。"② 室伏克拉拉（1918—1948），（日文名：室伏クララ，以下简称：克拉拉）是日本自由评论家室伏高信（1892—1970）的长女，1940 年她来到中国，曾翻译过包括张爱玲的《烬余录》等多部中国文学作品，并在南京汪精卫政府的林伯生手下做宣传

---

① 松井博光「薄明の文学——中国のリアリズム作家・茅盾」，東京：東方書店 1979 年版，第 67 頁（松井博光：《黎明的文学——中国现实主义作家・茅盾》，东京：东方书店 1979 年版，第 67 页）。

② 刘绍铭、梁秉钧、许子东编：《再读张爱玲》，山东画报出版社 2004 年版，第 220 页。

工作，对中国文学文化持有浓厚兴趣。1945 年与武田泰淳同居，1948 年春因肺结核客死于上海。克拉拉主张女性要有自由追求恋爱的权利，应该从封建封闭的"家"制度中彻底解脱出来，以达到妇女解放之目的，她来到南京上海之后勇敢地实践着自由恋爱，对象不仅有日本人还有中国人。① 克拉拉在她的最后遗作《Akiko 的一人之死》② 中描写了妻子 Akiko（日文名：あきこ）在与强势暴力的丈夫共同生活中逐渐身心疲惫，她的内心充满了对封建价值观和制度的反抗，然而在顽固的封建家庭中她的挣扎最终以失败而告终，小说充分地表达了克拉拉对于女性解放的诉求与愿望。另外值得一提的是，根据室伏高信的作品《苇：小说第二部》可知，"克拉拉"取自于德国无产阶级妇女解放领袖之一：克拉拉·蔡特金（ClaraZetkin，1857—1933）③。茅盾在早期发表了多篇有关妇女解放的文论，1920 年他最早把对日本妇女解放运动产生过巨大影响的瑞典思想教育家爱伦·凯（EllenKey，1849—1926）④ 介绍到了中国，妇女解放思想也深刻融入了《蚀》《虹》《子夜》等小说作品的创作中。武田泰淳在《虹》的解题中评价说，"梅女士相当于当下中国的娜拉，或包法利夫人的存在"。武田泰淳从梅行素，或者说从克拉拉身上找到了中日

---

① 室伏高信在散文集《人生逍遥：驱逐记》中回顾了室伏克拉拉短暂的一生。详细参见室伏高信《人生逍遥：驱逐记》，东京：第四书房 1950 年版，第 92—100 页（室伏高信「人生逍遥：追放記」，東京：第四書房 1950 年出版、第 92—100 頁）。另，根据室伏高信的记载，克拉拉在恋爱与性方面虽然追求自由，但并非是《圣女侠女》中玛利亚那种堕落放荡的形象。武田泰淳对玛利亚的塑造很大程度上带有虚构夸张成分。

② 室伏クララ「あきこはあきこひとりの死を死ぬ」，「占領期雑誌資料大系」，東京：岩波書店 2010 年版（室伏克拉拉：《Akiko 一人之死》，《占领区杂志资料大系》东京：岩波书店 2010 年版）。

③ 室伏高信：「葦：小説 第二部」，東京：育生社 1942 年版（室伏高信：《苇：小说第二部》，东京育生社 1942 年版）。

④ 爱伦·凯，瑞典著名女性主义理论家，社会问题研究及儿童教育家，其著作《儿童的世纪》《恋爱与结婚》《母性的复兴》等在大正时期通过《青鞜》等杂志被介绍到日本。1906 年大村仁太郎，1916 年原田实分别翻译了德语版和英语版的《儿童的世纪》，对日本妇女解放运动产生了巨大影响。1920 年茅盾在《妇女杂志》第 6 卷第 3 号上首次在国内正式介绍爱伦·凯，同时也介绍了爱伦·凯在日本引起的反响。茅盾早期妇女解放思想的形成与接受日本对爱伦·凯的译介研究关系密切。关于爱伦·凯在中日的接受，详细参见白水纪子《〈妇女杂志〉所展开的新道德论：以爱伦·凯为中心》，吴俊编译《东洋文论日本现代中国文论》，浙江人民出版社 1998 年版，第 507—529 页。

妇女解放思想的契合点，并在 1948 年克拉拉客死上海之后创作了《圣女侠女》，这或许是武田泰淳为追求妇女解放的克拉拉而创作的一部祭奠之作吧。

《圣女侠女》中"女强男弱"的描写与《虹》有明显相似之处。在《圣女侠女》中，梅女士作为第一人称的"我"对于男性是审视、支配和批判的。男性的形象在文本中成为一种羸弱劣势的存在。在文本中有一段讲述了玛利亚与岸遭到瘪三抢劫衣物后被梅女士解救的情节。在梅女士的眼中岸的表现不是勇敢而是虚伪和狼狈，文中这样写道：

> 岸跑向了玛利亚。但他的动作并不是竭尽全力。他丝毫没有保护自己女人的气魄。他只考虑自己的安全是第一，以敷衍的速度跑向了玛利亚。我边跑边想，以岸的步调和身手估计两下子就被瘪三打败了。一个瘪三转头挥手打向了岸的脸部，眼镜飞出，岸便轻而易举地跟跄倒地。[1]

岸在梅女士面前表现的唯唯诺诺，卑躬屈膝，在被解救之后岸依然对自己的无能毫无愧疚之感，麻木与轻薄表现得淋漓尽致。茅盾在《虹》中对男性的描写亦是如此，柳玉春的轻浮俗气，李无忌的反动，徐自强的浅薄，最为突出的是疾病缠身、性格懦弱的韦玉。可以说，除梁刚夫外，在梅行素的眼中他们不是卑劣，就是软弱，不是浅薄，就是无能。茅盾虽然对中国旧小说持以针砭时弊，但并非全盘否定。在中国现代小说作家中，茅盾对古代小说中女强男弱的文学描写观的继承是尤为突出的，这也成为茅盾作品的特点之一，这一特点在之后的《霜叶红似二月花》中体现得最为典型。

武田泰淳在战后创作了大量以女性为描写对象的作品，除《圣女侠

---

[1] 武田泰淳：「聖女侠女」，「武田泰淳全集」第一卷，東京：筑摩書房 1971 年版，第 194—195 頁（武田泰淳：《圣女侠女》，《武田泰淳全集》第一卷，东京：筑摩书房 1971 年版，第 194—195 页）。

女》外,《才女》(1946 年)、《十三妹》(1965 年)、《秋风秋雨愁煞人:秋瑾女士传》(1967 年)中均是以"侠女"为主题的作品,可以说构建了武田作品中的"侠女谱系",其故事背景、人物塑造都与中国有紧密关系。茅盾与武田泰淳在小说创作中是否还存在有更为深层的关联性,这有待于我们未来进一步去考证研究。

第三节 "二战"后《虹》在日本的研究与评价

"二战"后,《子夜》《腐蚀》《蚀》和《霜叶红似二月花》及茅盾代表作短篇小说成为日本学界研究的重点,而《虹》的研究却备受冷落。虽然在 1960 年代至 1980 年代,小西升、三宝政美、是永骏等在一定程度上推进了《虹》的研究,但迄今为止,笔者所见《虹》在日本有参考价值的文献仅数篇。以今日学术眼光来看,日本学者们的研究成果缺乏一定的深度和广度,但如果放置于同时代研究历史中,一些研究成果还是具有一定程度的参考性及启发意义的。因此,笔者有必要对"二战"后《虹》在日本的研究与评价情况展开详细的评述。

一 三宝政美、小西升对《虹》未完成缘由之探究

从 1941 年开始至 1959 年,《虹》在日本的研究基本处于空白状态。其评价文献唯一仅见 1949 年竹内好在著作《鲁迅杂记》的《茅盾传》一章中简略提及:"1928—1930 年在日逗留期间,茅盾创作了第二部长篇小说《虹》和《陀螺》等二三部短篇小说。《虹》是一部以一个女性为主人公,描写了从五四到五卅期间的社会运动历史,反映体现了处在革命运动中'人'的本质问题,在茅盾的各部初期作品中显示了其艺术上的卓越。"① 进入 1960 年代后,日本对《虹》的研究开始有所推进。1960

---

① 竹内好「魯迅雜記」,東京:世界評論社 1949 年版,第 191 頁(竹内好:《鲁迅杂记》,东京:世界评论社 1949 年版,第 191 页)。

年 4 月吉田富夫在《茅盾文学概述——以〈腐蚀〉为中心》中介绍茅盾
各长篇小说时简要评价为："《虹》（1929 年执笔）中描写了在'五四'
运动到'五·三〇'运动时代变革影响下，为追求理想的年轻女性的内
心烦闷。末尾处民众游行的描写是对'因群体而引发的时代变革'这一
主题的形象化叙事。"① 1965 年 5 月三宝政美在《茅盾的日本逗留时
期——小说·随笔通览》一文中分析了《虹》的创作动机和中途搁笔原
因。关于创作动机，三宝政美认为："《读倪焕之》中明确表明了《虹》
的创作内在动机，叶绍钧的长篇小说《倪焕之》发表后茅盾与其产生了
共鸣，他开始在创作方法上模仿，并对其超越作为了目标。""更值得注
意的是，《倪焕之》连载完成后不久茅盾创作了随笔《虹》。我不认为它
与小说《虹》同名是一种偶然。把在空中架起的希望寄托在小说《虹》
中，这是他切实的愿望和梦想。"② 三宝政美分析了茅盾在《虹》创作中
途搁笔的原因，认为"大革命失败后幻灭的侵袭""病和移居京都"并非
是搁笔的真正原因，应以作者创作思想变化为切入点展开分析，追溯其
原因的根本。茅盾在《茅盾自选集》的序文《我的回顾》中说，"那时
我离开剧烈斗争的中国很远，我过着隐居似的生活。我没有新题
材。……最后一个原因是我那时候对于那些'旧题材'的从新估定价值
还没有把握。自家觉得写了出来时大概仍是'老调'，还不如不写"③，
三宝政美围绕茅盾的此段回忆做出了如下解说：

　　此段内容中隐含了茅盾不得不搁笔的真正原由。当茅盾谈到写

---

　　① 吉田富夫「茅盾文学序説——『腐蝕』を中心として」，京都大学文学部中国語学中国
文学研究室編「中国文学報」第 12 号，1960 年 4 月，第 152 頁（吉田富夫：《茅盾文学概
述——以〈腐蚀〉为中心》，京都大学文学部汉语学中国文学研究室编《中国文学报》第 12 期，
1960 年 4 月，第 152 页）。

　　② 三宝政美「茅盾の日本滞在時代——小説・随筆とおして見たる」，「集刊東洋学」第
13 号，仙台：中国文史哲研究会出版，1965 年 5 月，第 77 頁（三宝政美：《茅盾的日本逗留时
期——小说·随笔通览》，《集刊东洋学》第 13 期，仙台：中国文史哲研究会出版，1965 年 5
月，第 77 页）。

　　③ 唐金海、孔海珠等编：《茅盾专集》第 1 卷上，福建人民出版社 1983 年版，第 356 页。

出来的都是"老调"时，以大革命时代为题材的处女作已经具体存在于作者脑海中了。另外从"从新估定价值之云云"来看茅盾对自我思想性进行了深入思考，这一点是非常重要的，因为可以认为这是他面临创作与思想课题的开始。①

三宝政美通过引用《〈茅盾选集〉自序》中"一个作家的思想情绪对于他从生活经验中选取怎样的题材和人物常常是有决定性的：这一道理我最初不承认，待到憬然猛省而深悔昨日之非，那已是《追求》发表一年多以后了"。这段内容作为了以上结论的佐证。《虹》的搁笔对于茅盾来说成为他在创作道路上的一面难以跨越的高墙，但作为作家这也是他的必经之路，可以说搁笔实属无奈的矛盾之举。三个月之后，茅盾创作了短篇小说《陀螺》，这部小说的创作离不开茅盾在艺术上的艰苦探索。三宝政美认为："此部作品拥有之前六篇短篇小说中没有的新意。第一，脱离了以会话为中心的叙述和解说性的笔调，同时从记叙性和平面化的人物刻画转变为抓住人物特点的生动描写手法。第二，通过细读文本我们首次看到作品中'横截面'式的表现手法。"② 关于《虹》搁笔的原因，邵伯周在著作《茅盾的文学道路》中便有所提及，认为茅盾搁笔的原因是因作者视野的局限性而导致的，"作者当时为什么不写完呢？健康情况不允许是一个主要原因。可我认为：创作'虹'的时候作者思想认识已有显著的转变，可是要对1927年的事变作出正确的评价还没有把握，因而对自己的主人翁在'事变'以后会怎样，或者她将在斗争中成长，但在这斗争中成长起来的新的面貌又将怎样，作家的认识还是模糊

---

① 三宝政美「茅盾の日本滞在時代——小説・随筆とおして見たる」，「集刊東洋学」第13号，仙台：中国文史哲研究会出版，1965年5月，第78頁（三宝政美：《茅盾的日本逗留时期——小说·随笔通览》，《集刊东洋学》第13期，仙台：中国文史哲研究会出版，1965年5月，第78页）。

② 三宝政美「茅盾の日本滞在時代——小説・随筆とおしてみたる」，「集刊東洋学」第13号，仙台：中国文史哲研究会出版，1965年5月，第79頁（三宝政美：《茅盾的日本逗留时期——小说·随笔通览》，《集刊东洋学》第13期，仙台：中国文史哲研究会出版，1965年5月，第79页）。

的，因而不易再写下去，也应看作是原因的一方面吧!"关于"《陀螺》采取了'横切面'"的解析，邵伯周认为："'陀螺'在题材和思想倾向上虽然和'创造'等篇没有什么两样，但在技术上却有了一些新发展。作者开始采取横切面的写法，情节更为集中，摆脱了从前那种'无以剪短似的'拘束局促了。"① 而邵文中并未对《陀螺》在创作手法上的特殊性给予任何解说。《陀螺》是茅盾对早期小说创作手法中存在缺陷的一次反思与纠正之作，虽然这种技术性的改良和进步不足以弥补《虹》搁笔后在茅盾心中留下的遗憾，但他对于文学创作的探求和自我思想的不断进化之精神是值得我们去评价的。茅盾完成《陀螺》后到离开日本前便停止了一切创作，关于这一现象三宝政美认为：

> 这种沉默意味着什么呢？自然想到的是对于《虹》的搁笔考验，茅盾以真挚之情去面对。《虹》的跋中证明了这一点。在所有的沉默之中，仍然创作一部短篇，至少可以说明茅盾至今仍未忘记《虹》的搁笔一事。在跋中写道："当时颇不自量绵薄，……"，所谓"棉薄"我认为是茅盾对于自我思想性欠缺的一种深刻反省。面对考验，以坚忍不拔的意志砥砺前行，左联文学在茅盾的未来的道路中开花结果，其最初青涩的果实是 1930 年秋创作的那些历史小说。②

小西升在《茅盾〈子夜〉——关于创作方法》一文中从《子夜》创作动机的角度也提出了与三宝政美类似的观点。他认为：茅盾创作《子夜》的理由有两个，一是《虹》在创作过程中其创作方法已走进了死胡同，二是为讨论 1920 年代后期至 1930 年代初期中国社会性质的需求。茅盾在创作《蚀》和《虹》时遵从了"左拉式"的"生理性条件"和"社

---

① 邵伯周：《茅盾的文学道路》，长江文艺出版社 1959 年版，第 30 页。
② 三宝政美「茅盾の日本滞在時代：小説・随筆とおしてみたる」，「集刊東洋学」第 13 号，仙台：中国文史哲研究会出版，1965 年 5 月，第 79—80 页（三宝政美：《茅盾的日本逗留时期：小说・随笔通览》，《集刊东洋学》第 13 期，仙台：中国文史哲研究会出版 1965 年 5 月，第 79—80 页）。

会性条件"而描写刻画了小说人物，只赋予了社会和肉体的人物形象被抽去了灵魂。而《虹》只局限在了"家"和"小资产阶级"的世界，在分析人物"社会性条件"方面，茅盾并未以代表中国社会缩影的上海为背景展开描写。然而在 1930 年代初中国思想界围绕中国社会性质展开的论争之历史背景之下，《虹》不足以构架文学形式的"社会分析"之重任。因而，《虹》的搁笔既是茅盾转变早期小说创作方法上的一次重要转折点，更是他作为作家顺应中国社会历史变革的一种必然。[1]

《虹》搁笔之后的《陀螺》可被视为从描写现实生活、小资产阶级、知识分子转向历史短篇小说的过渡之作。三宝政美从茅盾创作思想和创作手法的转变视角深入细致地分析了《虹》搁笔的内在原因，而小西升不仅基于创作手法的转变，更是站在 1930 年代中国社会文化变革的历史角度对茅盾中途搁笔的原因进行了分析论述。他们的研究方法和观点是值得我们借鉴和进一步深入讨论的。

二 女性、革命与文本中的"虚实"：小西升、是永骏对《虹》的解读

1968 年小西升在《熊本大学教育学部学报》第 16 期发文《茅盾的〈虹〉》。小西升在此文中把《虹》分为了"成都期间""泸州期间"和"上海期间"三个部分，通过文本细读解说评价了中国知识女性从"五四"到"五卅"革命运动中自我觉醒独立的过程。小西升以《虹》和有岛武郎长篇小说《一个女人》[2]为对比的研究方法出发分析阐释了中日现代女性知识分子在时代变迁中自我觉醒意识表现的异同，这是此篇文献

---

[1] 小西昇「茅盾『子夜』——創作方法について—」，「熊本大学教育学部紀要」第 20 号，1972 年 2 月（小西升：《茅盾〈子夜〉——关于创作方法》，《熊本大学教育学部学报》第 20 期，1972 年 2 月）。

[2] 有岛武郎长篇小说《一个女人》又名《叶子》，发表于 1919 年。此作品分为前后两篇，共 49 章，从创作到完成历时 8 年。在前篇，主人公叶子是一个拥有进步思想，追求独立的激进女性。而后篇她因时而愤怒，时而沉默，彻底变成了一个歇斯底里的女人。这部作品发表后在日本文坛引起了巨大轰动，被一度誉为日本近代文学史上的《安娜·卡列妮娜》。

的论述重点。

《一个女人》的主人公叶子是一个具有觉醒意识，个性强烈和向往自由并反抗传统道德的新女性，但叶子并不像梅行素最终走向了革命道路，她通过逃避的态度和堕落的婚姻生活寻求女性的独立，最终心怀悔恨，在孤独凄惨中结束了自己的生命。相对于叶子的颓废与堕落，梅行素却以融入群体、走向革命的方式诠释了女性通往独立道路的精神与勇气。从成都到上海，梅女士所走过的道路并非积极乐观的，她最终还是从"个体"被动地陷入了"群体"的纠葛，这也是中国式女性的悲剧。小西升对意图寻求走向个体独立的中国现代女性的特征予以了如下解说：

> 带有封建性质的中国女性变为小市民式的女性，小市民式的女性变身为进步的中国女性。然而，这种进步并不是对未来持以华丽的理想与梦想的一种前进，而是她们不堪封建性、小市民性的现状，选择了逃避式的前进。这种前进不是面朝前的，而是面朝后的；不是探求未来之善的，而是憎恨当下之恶的。梅行素这种前进的方式正体现在茅盾本人身上：揭露1927年中国社会的《蚀》三部曲、揭露1930年中国社会的《子夜》、揭露1941年中国社会的《腐蚀》，茅盾正是以憎恨当下之恶的方式在前进。[1]

中国女性为寻求自由独立摆脱了封建家长制的牢笼，但因社会和历史的制约最终还是以悲剧收场，含恨死去的"叶子"与走向革命道路的"梅女士"虽然结果不同，但其悲剧的本质是一样的。小西升通过解读比较《虹》和《一个女人》阐释了中日女性在寻求独立和自我觉醒道路上所表现的异同。在此文中，小西升并非对文本做出了过多解读，他更侧重于阐释女性解放思想在东方文化体系中所体现出的局限性这一问题上。同时期的国内茅盾研究者邵伯周、叶子铭等均认为"《虹》是一部一改

---

① 小西昇「茅盾『虹』」，「熊本大学教育学部紀要」第16号，1968年2月，第17页（小西升：《茅盾〈虹〉》，《熊本大学教育学部学报》第16期，1968年2月，第17页）。

《蚀》三部曲悲观色彩的作品"。而小西升却认为《虹》并非是一部一改悲观消极色彩的作品，他并不认可作者的乐观主义革命精神，虽然梅女士具有娜拉、林丹太太那种争取女性独立的精神，但她的结局是包法利夫人式的时代悲剧。这一观点与武田泰淳在《虹》日译本《解题》中对于梅女士的评价结论是相同的。

1996 年，是永骏在《论〈虹〉——试探茅盾作品的"非写实"因素》一文中解析了《虹》文本叙事中的虚实描写。此文在 2012 年 1 月以《论〈虹〉》为题被收录于是永骏的茅盾研究专著《论茅盾小说——幻想与现实》中。

是永骏认为，茅盾在《虹》中并未过多描写社会历史的变迁，在这部作品中体现出的所谓"写实主义"并非是"真实地描写社会原貌"，作品中隐含了作者本人的异性观、婚姻观等意识，因此《虹》中体现的"写实"是："像福楼拜的《包法利夫人》那样，作者的实存是深深地隐藏在作品深处并回响起来的'基调'。"[1] 这种"基调"正是《虹》的真实面目。

武田泰淳在《虹》日译本的"解题"中认为"茅盾把自己的热情深深地隐藏在内心，像冷静的蚂蚁一样执着地描写中国女性的生活"，而是永骏对此观点不予苟同。首先，关于《虹》的文体，茅盾在描写梅女士性格及心理特征时常常介入其中，屡次对于人物性格进行了说明，这是与茅盾早期提出的创作理论相违背的，因为《虹》的创作素材是秦德君所提供的。因此，是永骏指出："这种'介入评论'、'传闻'的手法几乎与茅盾原来的写实手法无关，而且茅盾介入说明梅女士的性格时的文笔与其说是'写实'的不如说是'非写实'的，即以主观任意的腔调断定梅女士的性格，算是'浪漫派'的手法了。"[2] 其实早在 1940 年藤井冠

　　① 是永骏「茅盾小説論—幻想と現実—」，東京：汲古書院 2012 年版，第 52 頁（是永骏：《论茅盾小说——幻想与现实》，东京：汲古书院 2012 年版，第 52 页）。

　　② 是永骏「茅盾小説論—幻想と現実—」，東京：汲古書院 2012 年版，第 54 頁（是永骏：《论茅盾小说——幻想与现实》，东京：汲古书院 2012 年版，第 54 页）。

次就提出过类似的观点，他认为作者只是设定了一位女性角色来演绎这场剧，借用她的肉体，赋予美貌和机敏并带有像虹一样鲜明性格的人物出现在现实中。① 是永骏在这一结论基础上展开了更加深入地阐释与解析，他通过文本细读和史料考证的方法对《虹》中所隐含的"虚"与"实"描写展开的辨析与论说是值得我们关注的。

纵览中日《虹》的研究史亦可看出，自 1950 年代至 21 世纪初《虹》的研究在两国均处于冷门境地，在研究内容上两国是存在一定差异的。国内最早于 1959 年邵伯周《茅盾的文学道路》、叶子铭《论茅盾四十年的文学道路》② 等著作以及 1963 年刘绶松的《论茅盾的〈蚀〉和〈虹〉：〈茅盾文集〉（一）读后之一》③ 等著作论文中基本是围绕《虹》的革命思想、分析创作艺术缺陷等问题展开研究的。1980 年代后，我国对于《虹》的研究有所深入与推进，研究视角基本集中在分析作品人物性格、论述革命现实主义意义上。而日本学者并未对《虹》中存在的艺术缺陷给予过多的分析与评说。和《子夜》《蚀》的研究一样，他们更强调发掘文本中所蕴含的文学艺术价值和历史价值，探幽异国生活体验对茅盾小说创作思想的影响，深究茅盾在中长篇小说创作手法上的嬗变内在因素等。日本学者在研究方法上更加侧重于把《虹》放置于茅盾小说整体框架中，通过文本细读和回归作者自身所处历史语境中加以解读与阐释。对比同时期国内研究，日本学者为数不多的研究成果是具有新意和参照价值的。遗憾的是，因论文文献未能及时被翻译介绍，导致中日学界在《虹》的研究领域未能形成对话、争鸣和互相借鉴之关系。在日本人看来，以"中国女性知识分子小资产阶级集体走向革命道路"为主要文本叙事的《虹》在艺术气韵和大规模描写社会现实技法上不及《子夜》，历

---

① 藤井冠次「『大過度期』を廻って」，中国文学研究会编《中国文学》第 61 号，1940 年 5 月、第 88 頁（藤井冠次：《围绕〈大过渡期〉》，中国文学研究会编《中国文学》第 61 期，1940 年 5 月，第 88 页）。

② 叶子铭：《论茅盾四十年的文学道路》，上海文艺出版社 1959 年版。

③ 刘绶松：《论茅盾的〈蚀〉和〈虹〉：〈茅盾文集〉（一）读后之一》，《文学评论》1963 年第 2 期。

史跨度和古典艺术风韵也比无法超越《霜叶红似二月花》，加之"抗日""反帝"的故事情节描写也很难引起读者，尤其是战时读者的兴趣和共鸣。另外，除武田泰淳这部不完整的日译本外，至今再无其他版本出现，进而导致日本学者对《虹》在研究上的不足、不深、不细，这在日本茅盾小说研究史上不得不说是一种遗憾。

第四章

茅盾 1940 年代长篇小说在日本的译介与研究

——以《腐蚀》《霜叶红似二月花》为例

茅盾作为一位伟大的无产阶级作家，抗日战争爆发后便投身于轰轰烈烈的抗日救亡运动中，以抗日救亡文化人身份奔波于祖国大江南北。同时，茅盾依然不忘以作家身份用犀利而现实的笔触描绘 20 世纪广阔的历史画面，抗日战争期间先后创作了《第一阶段的故事》《腐蚀》《走上岗位》《霜叶红似二月花》等中长篇小说作品以及大量的短篇小说、散文等，这些作品连同二三十年代创作的丰硕成果构建起了茅盾史诗般的文学宝库，成为中国现代文学中重要的组成部分之一。

在抗日战争时期创作的长篇小说作品中，《腐蚀》和《霜叶红似二月花》可称为此时期的力作。这两部作品一经出版立即引起了强烈反响，其影响力和文学价值是其他抗日战争时期小说作品所不能及的。《腐蚀》发表后先是在香港地区和东南亚引起很大反响，之后在抗日根据地和解放区广泛流传，甚至成为解放区干部的学习材料和必读书。茅盾曾说，在长篇小说中："《子夜》是国外版本最多的，而《腐蚀》则是国内版本最多的。"①《霜叶红似二月花》在 1942 年 8 月至 11 月的《文艺阵地》连载之后同样引起了读者和评论界的瞩目，次年 10 月广西桂林《自学》杂

---

① 茅盾著，钟桂松编：《茅盾全集》第三十六卷，黄山书社 2014 年版，第 472 页。

志和读书俱乐部专为此作召开座谈会，诸报纸杂志评论文章多达十多篇，文字研究资料甚至超过了《子夜》。然而，国内学界关于茅盾抗日战争时期小说作品在日本翻译研究的具体情况却知之甚少。

1947 年小野忍在《随笔中国》杂志中发表的《茅盾文学——其一关于〈腐蚀〉》一文成为《腐蚀》在日传播的滥觞之作；1954 年他在 1951 年完成的译稿基础上加以校勘后发表出版了首部《腐蚀》的日译单行本，1961 年再次修改并出版发行了单行本；1978 年市川宏再度将《腐蚀》完整翻译发表。1960—1970 年代日本学者从文体结构、意识流手法、叙事风格等方面对《腐蚀》展开了解读、阐释与评介，其结论观点与国内学界形成了互动互补之关系。《腐蚀》在日本的译介与研究体现了在异国文化体系中茅盾努力发掘人性的复杂性、尊重艺术规律的现实主义作家之精神。《腐蚀》对堀田善卫在 1951 年创作的短篇小说《齿轮》产生了深刻影响，两部作品在故事背景、叙事风格等方面具有互文性。

20 世纪五六十年代，《霜叶红似二月花》在日本中国现代文学研究界产生了一定反响，日本学者对此作的评价认同甚至超过了《子夜》。《霜叶红似二月花》的日译本迄今为止共发现有 4 个版本，分别是 1958 年奥野信太郎译（河出书房新社版及筑摩书房版）、1962 年竹内好译和 1980 年立间祥介译。日本学者从"母性""男性""女性"描写特征、意识流等角度对《霜叶红似二月花》进行了解读评价，虽然其研究成果数量不多，但中日学者之间却形成了争鸣与对话的关系，体现了《霜叶红似二月花》中所隐含的特殊文化与文学价值。本章将以《腐蚀》和《霜叶红似二月花》为例，围绕茅盾战时长篇小说在日本的译介研究情况展开详细地考证、梳理与评析。

第一节　国民党政治黑幕小说的特殊意义：
《腐蚀》在日本的传播与接受

《腐蚀》是茅盾"皖南事变"后流亡于香港所创作的一部日记体小说。1941 年 5 月至 9 月连载于香港《大众生活》，为考虑香港读者的阅读兴趣，《腐蚀》是在选材和写作方法方面将读者的接受放在首要位置，因而一发表便受到读者广泛欢迎。因政治形势原因，中国在 1946 年掀起了评论《腐蚀》的高潮，东北书店在 12 月专为《腐蚀》举办了座谈会，1950 年被改编成电影搬上银幕。不仅在中国内地、香港地区及新加坡地区，《腐蚀》接受的浪潮也同样席卷了日本。小野忍在 1954 年和 1961 年两次翻译了《腐蚀》并出版发行了单行本，1978 年市川宏又再度将《腐蚀》翻译发表。《腐蚀》并不及《子夜》《蚀》那样在日本受到研究者和读者的广泛关注，其研究文献数量也较为有限。迄今为止，笔者所收集发现日本相关《腐蚀》有价值的研究参考文献共 11 篇。《腐蚀》的日译本是如何生成的、各译本的流变、译者及研究者的具体解读评价、《腐蚀》对日本作家堀田善卫创作短篇小说《齿轮》产生的影响等问题有必要在本节中展开进一步地详细梳考、评说与解析。

一　多部《腐蚀》日译版本的生成及评介

小野忍在 1951 年 1 月参照修改菊池租译稿的基础上完成了《腐蚀》的翻译。① 关于小野忍 1951 年的译稿，笔者查阅日本国立国会图书馆馆藏目录后未发现任何相关信息。可以推测，此版本在当时很有可能未被出版发行。因 1951 年版本中存在误排问题，译者进行了重新编排并重译，

---

① 松井博光一笔带过地交代了关于 1951 年小野忍修正补充菊池租《腐蚀》译稿的情况，详细参见松井博光《黎明的文学——中国现实主义作家·茅盾》，东京：东方书店 1979 年版，第 256 页。

1954 年 6 月筑摩书房出版发行了小野忍新版的《腐蚀》日译单行本。小野忍在《解说》中概述了"皖南事变"历史背景和《腐蚀》的故事梗概，并且评论了作品的创作特点，他认为："《腐蚀》的特点是通过描写被社会环境所支配的人物内心世界来揭露社会现实，在暴露外界的同时，揭示了人物的内心世界。"①茅盾在《腐蚀》中使用近似于"意识流"手法描写人物内心世界是小说创作中一次新的尝试，虽然文体、题材和结构不同于《蚀》《子夜》等前期作品，但它依然是一部现实主义小说中的经典之作。小野忍分析说："学习乔艾斯和沃尔夫可能言过其词，但使用了近似于内心独白的手法却是事实。《腐蚀》和欧洲风格的心理小说不同，因为茅盾在这里并不是以描写人物内心世界为目的的。……对于作者来说，将赵惠明及小昭等人物放置于险恶环境中来揭露社会现实是最大目的。如果简单认为《腐蚀》是暴露文学，那恐怕忽视了作品最突出的特征，走批判现实主义道路是作者迄今未曾改变的一贯态度，这一态度在以中国历史重大时刻为背景并具有时代气息的《腐蚀》中清晰地体现出来。"②20 世纪四五十年代国内对于《腐蚀》的解读一般是一种在认识价值层面上的政治解读，小野忍的解读与之形成鲜明对比，他更把目光聚集在了茅盾作为作家在《腐蚀》中所体现出的文学艺术创作价值和现实主义思想的延续上。小野忍的评价还为不了解中国政治历史背景的日本读者从文学艺术的角度阅读和理解作品提供了参考。

从严格意义上来讲，1954 年版《腐蚀》并非完全是小野忍所译，而主要是由时任福冈县立图书馆馆长菊池租负责翻译的。小野忍只是在菊池租译本的基础上进行了校对与修改，他在《解说》中回忆了《腐蚀》的翻译过程：

①　茅盾作　小野忍訳「腐蝕」，東京：筑摩書房 1954 年版，第 301 頁（茅盾著，小野忍译：《腐蚀》，东京：筑摩书房 1954 年版，第 301 页）。

②　茅盾作　小野忍訳「腐蝕」，東京：筑摩書房 1954 年版，第 302 頁（茅盾著，小野忍译：《腐蚀》，东京：筑摩书房 1954 年版，第 302 页）。

　　我有很多关于翻译此书的回忆。战败后的次年春季，从上海回国的武田泰淳先生有这本书的原著，我便借来阅读了。当然，我并非初次接触这部小说，战争期间，我曾在杂志上读到过一部分，但当时我未读懂小说中的深刻意义。这不仅是因只读了一部分的缘故，还与战时我们被置于局外人的状况不无关系。不管怎样，战后通读了单行本之后给我留下了深刻印象。同道中人经历八年战争后读到茅盾这部新作也叹为观止，大家都认为有翻译的价值。然而在占领下的日本翻译出版中国文学的新作是几乎不可能的。最后以当时比较流行的梗概形式将此作介绍到了日本。我担任了翻译，在当时如泡沫一样出现又立刻消失的杂志上刊登了梗概。后来得知，战败后菊池祖先生（现任福冈县立图书馆馆长）在上海已完整翻译了《腐蚀》。那时日本被占领时代已过去，传来了允许翻译中国作品的通知，被封闭的道路又重新开通了。因曾介绍过这部小说，所以认定我为负责人，委托我修改、加工译稿。所以，《腐蚀》的翻译不单是我一个人的工作，本应以合译名义发表，但遵照了拘谨的菊池先生的愿望最终还是以我个人的名义发表了。[①]

　　回忆中所提到的"以当时比较流行的梗概形式将此作介绍到日本"是指1947年4月小野忍在《随笔中国》杂志中发表的《茅盾文学——其一关于〈腐蚀〉》一文，他在文中通篇详细介绍了《腐蚀》的故事情节及人物关系，因而此文成为《腐蚀》在日本传播的滥觞之作。小野忍首次阅读《腐蚀》并非通过《大众生活》杂志，而是来自于香港的《时代文学》，他在文中开头对《时代文学》刊载《腐蚀》的情况进行了说明：

　　　　1941年夏，民主联盟前身民主政团联盟以"调解国共关系，促进民主团结"为目的在香港成立。当时在香港集中了很多作家。隶

────────────

① 茅盾作　小野忍訳：「腐蝕」，東京：筑摩書房1954版，第309—310頁（茅盾著，小野忍译：《腐蚀》，东京：筑摩书房1954年版，第309—310页）。

属于民主政治联盟的各类机关杂志创刊。《时代文学》同样以政治为目的，作为民主作家的杂志而问世。茅盾长篇小说《腐蚀》第一章回首次刊登在《时代文学》创刊号上。这本杂志共出版几期不得而知。我所能看到的只有 3 期。1941 年夏创刊，年末太平洋战争爆发后可能还出版过数期，但《腐蚀》只刊载到第 3 期便终止了。[①]

《时代文学》，月刊，民国三十年（1941）六月一日创刊。周鲸文、端木蕻良主编，时代批评社发行。出版地香港。同年九月一日终刊，共出 4 期。[②] 茅盾是此刊的主要撰稿人之一。除《大众生活》外，"《腐蚀》同时还在邹韬奋主编的《大众文萃》第一、第二辑（1941 年 6 月香港）的《文艺阵地》栏目中连载"[③]，而刊载于香港《时代文学》月刊这一历史细节至今未被学界提及。

《时代文学》办刊期间，小野忍正赴任于"南满铁道株式会社"上海分社，从事江浙地区城市工商业风俗习惯调查工作。《时代文学》杂志并未在上海出版发行，可推断，小野忍应该是通过友人得到的这本杂志。然而《腐蚀》中以"皖南事变"为背景描写的国民党特务内幕情节对于不了解历史时局的日本读者来说晦涩难懂，因此并未立刻将其展开译介。但可以肯定的是，《时代文学》中刊载的《腐蚀》还是给小野忍留下了较为深刻的印象，直到 1946 年当他完整地阅读了武田泰淳从上海带回的单行本之后便萌生了将其翻译介绍给日本读者的想法。

小野忍在《解说》中提道："战败后菊池租先生（现任福冈县立图书馆馆长）在上海已完整翻译了《腐蚀》。"而关于菊池租的资料非常有限，难以判断他翻译完成《腐蚀》的具体时间，但通过零碎的文献资料亦可

①　小野忍：「茅盾の文学─その一『腐蚀』について─」，日華文化会编「随筆中国」第 1 号，1947 年 4 月，第 28 页（小野忍：《茅盾文学——其一关于〈腐蚀〉》，日华文化会编《随笔中国》第 1 期，1947 年 4 月，第 28 页）。

②　陈建功编著：《百年中文文学期刊图典上》，北京文化艺术出版社 2009 年版，第 280 页。

③　陈蓉：《〈腐蚀〉的出版及版本变迁》，《新疆教育学院学报》2020 年 6 月第 1 期，第 86 页。

笔者所藏 1947 年小野忍介绍
《腐蚀》梗概的原文

笔者所藏 1954 年版小野忍译
《腐蚀》封面

大致做出推断。据所查日文资料可知：菊池租（1904—1984），毕业于九州帝国大学，1937 年曾担任日本在华运营的北京近代科学图书馆总务主任，1941 年 12 月辞职，1943 年担任国际文化振兴会满洲支部科长，1944 年任职于该会上海资料室主任，日本战败后在上海曾与堀田善卫和武田泰淳来往密切。堀田善卫在 1945 年 3 月被派遣到上海进行文化活动，8 月在上海得知了日本投降消息后不久被国民党宣传部征用，1946 年 3 月调入国际文化振兴会上海资料室，成了菊池租的下属，1946 年 12 月底回国。根据曾任上海三联书店副经理许觉民（1921—2006）① 回忆《腐蚀》在上海出版经过可知：1941 年 9 月《大众生活》刊完《腐蚀》后本计划由上海生活书店出版发行单行本，不料同年 12 月太平洋战争爆发，上海生活书店正处于"租借"内而被日军查封，《腐蚀》单行本的出版未能实现。日本投降后，1946 年年初生活书店和进步人士韩近庸合资在上海凤

---

① 许觉民（1921—2006），江苏苏州人，文学评论家、作家。1937 年初进入上海生活书店工作。1949 年后，历任上海三联书店副经理，上海军管会新闻出版处办公室副主任、中国社会科学院文学研究所所长等职。

阳路开办了华夏书店。① 在处于国民党地区的复杂政治环境中《腐蚀》于1946年夏在上海华夏书店出版了单行本，上市后风靡一时，引起了轰动。由于国民党政令不统一，因而侥幸可以出售，但到1947年春华夏书店被迫停业，近千册的《腐蚀》被国民党销毁。② 陈蓉在《〈腐蚀〉的出版及版本变迁》③ 一文中进一步证实了许觉民关于上海华夏书店成立及《腐蚀》出版的回忆基本符合历史事实。故菊池租完整阅读《腐蚀》的时间应为1946年。关于菊池租具体回国时间无从查起，根据日本学者高纲博文考证："1946年4月中旬，上海日本侨民遣送工作告一段落，'为了继续自治会的工作，促进残留日侨的相互和睦'，组织残留日侨世话人会取代已解散的日侨自治会。此后，除了国际婚姻的日本女性，因战犯嫌疑等被拘留的日本人及其家属和被国民党政府留用者外，上海日本侨民全部回国。据《上海留用日侨名册》记录，至1947年3月15日，留用者657名，家属844名，共计1501名。"④ 堀田善卫于1946年12月底返回日本，作为上下级关系，菊池租回国时间应和堀田善卫相差无几，即1946年12月底或1947年年初。综上可以推断，菊池租在上海翻译完成《腐蚀》的时间为1946年下半年的可能性较大。

1946年《腐蚀》单行本在上海因畅销被续印多次，国民党将《腐蚀》视为禁书，并意图查禁销毁，但这不仅没有阻碍出版发售，反而引起了读者阅读黑幕小说的好奇心。尤其是对于驻留上海的日本读者，他们以一般心理审视《腐蚀》的认知价值，了解《腐蚀》中描写的国民党特务某些在外国人看来神秘的内幕，同时也有助于全面了解中国社会政治的另一面。堀田善卫回到日本后以在上海经历为题材，先后发表了

---

① 茅盾在回忆录中说："《腐蚀》在《大众生活》上连载之后，上海华夏书店在十月份赶印了单行本。"这一说法明显有误，回忆录中所说的"华夏书店"应该是其前身"上海生活书店"。

② 参见许觉民《雨天的谈话》，湖南教育出版社2007年版。

③ 参见陈蓉《〈腐蚀〉的出版及版本变迁》，《新疆教育学院学报》2020年6月第1期。

④ 高纲博文：《近代上海日侨社会史》，陈祖恩译，上海人民出版社2014年版，第296—297页。

《祖国丧失》《齿轮》《历史》等小说作品。其中，《腐蚀》对他在 1951 年创作的短篇小说《齿轮》以及《子夜》对 1952 年创作的长篇小说《历史》产生了不可忽视的影响。

　　1960 年小野忍再度对 1954 年版本进行了修改。岩波书店于 1961 年 2 月出版发行了单行本，到 2002 年为止共印刷出版 4 次。和旧版本不同的是，书名《腐蚀》下面加入了副标题"一个女人的手记"，卷首附有 1956 年日本记者内山嘉吉在中国文化部门前为茅盾拍摄的个人照。新版本的翻译根据《茅盾文集》第五卷（1958 年版）为底本并对旧版译本加以了删改。

笔者所藏 1961 年版《腐蚀》

日译单行本封面

版权页印有具体出版

发行日期及版次

　　小野忍在《解说》中除简介作者创作历程和文本内容外，仅见简要评价："在中国，通过被社会环境所支配的人物内心世界来描写社会环境的手法曾被鲁迅用于《狂人日记》中。然而遗憾的是，此手法在《狂人日记》中并非表现得淋漓尽致。《腐蚀》可以说更进一步加强了此手法的使用。"① 《腐蚀》在《大众生活》发表后立刻受到读者欢迎，茅盾本计划写到小昭牺牲就结束，但应读者要求便笔下再生节枝，最终"给了赵惠明一条自新之路"。小野忍认为："之后的续写并无不自然之处，是因为作者在主人公身上注入的同情贯穿了整篇。作品中的人物感情和作者重叠在一起便是我上文中所述之意。《子夜》是'调查研究的艺术'，相对应的《腐蚀》是一部融入了作者复杂感情之作。"② 小野忍的阅读感受不同于一般评论所认为的《腐蚀》属于"暴露文学"，或在出版初期被视为揭露国民党特务的"黑幕小说"，他更强调将《腐蚀》放置于茅盾长篇小说整体构架中探究各作品之间相互交叉的共同点，同时这也成为他在 1961 年翻译《子夜》的诱因之一。

　　时隔 17 年后，市川宏以《茅盾文集》第五卷（1958 年版）为底本，并参照小野忍 1961 年版译本再次完整翻译了《腐蚀》。译文被收录于 1978 年学习研究社出版的《世界文学全集 45——老舍・茅盾》③ 卷中，卷首附加有多张茅盾各时期照片及堀田善卫的回忆录《茅盾和我》，卷末收录了译者评论解说文《茅盾》并附有茅盾年谱。市川宏的《腐蚀》译本以图文并茂的形式更给予了读者了解茅盾的直观感受。在译文最后附有译者的作者介绍文《茅盾》，为了让日本读者能够更加深入地了解《腐蚀》的时代背景，市川宏详细介绍了国民党特务机关组织和"皖南事变"的历史经过，并追加解说了主人公"赵惠明"隶属国民党"军统"的政治身份。遗憾的是，文中未见市川宏对《腐蚀》的解读内容及有价值的相关评价。

---

　　① 茅盾作　小野忍訳：「腐蝕（ある女の手記）」，東京：岩波書店 2002 年版，第 422 頁（茅盾著，小野忍译：《腐蚀（一个女人的手记）》，东京：岩波书店 2002 年版，第 422 页）。

　　② 茅盾作　小野忍訳：「腐蝕（ある女の手記）」，東京：岩波書店 2002 年 2 月版，第 423 頁（茅盾著，小野忍译：《腐蚀（一个女人的手记）》，东京：岩波书店 2002 年版，第 423 页）。

　　③ 五木寛之（ほか）編：「世界文学全集 45——老舎・茅盾」，東京：学習研究社 1978 年版（五木宽之等编：《世界文学全集 45——老舍・茅盾》，东京：学习研究社 1978 年版）。

二　《腐蚀》在日本的研究综述

《腐蚀》日译本出版发行后并未像《子夜》和《蚀》一样在日本学界引起广泛地研究与评述。迄今为止有参考价值的相关研究文献仅见数篇。小野忍、吉田富夫、阪口直树、是永骏等主要研究学者分别从人物性格心理描写、文本史料考证、小说文体构造等方面展开了解读分析。而在有限的研究成果中，日本学者为我们进一步研究阐释《腐蚀》的文学价值提供了一些思路和参考。

关于"赵惠明"人物性格特点与《腐蚀》续写的关系是日本学者研究的重点之一。1960 年，吉田富夫最早对《腐蚀》展开了较为深入地解读与阐释。他在《茅盾文学概述——以〈腐蚀〉为中心》一文中细致分析了人物心理和人物性格之间的关系及特点，进一步阐释了《腐蚀》在茅盾小说作品中所体现的特殊价值及意义。关于人物性格他认为："赵惠明对于自我罪恶感的认知并非出自于自身，她将自我设定为'被害者'，内心深处是一个自私的利己主义者（egoistic）。"① 赵惠明成为国民党特务组织中的一员是因为她缺乏对自我内心中"利己主义"的反省，因此"茅盾描写'赵惠明'并非是对于一个失足青年的同情，而是揭示了她内心世界中'良心'与'利己自私'的相互纠葛的本质，批判了屈服于'利己主义'的本性"②。赵惠明因小昭之死而弃暗投明，最终决定带 N 逃离国民党特务统治下的重庆，12 月 30 日日记中的赵惠明"利己自私"的性格消失不见，然而 2 月 9 日日记中赵惠明矛盾的心理描写又再一次体现了她"利己主义"的复发。吉田富夫以"赵惠明"为个体出发对其人物心理和性格做出了"利己（加入特务组织）—良心发现（携 N 逃

---

① 吉田富夫「茅盾文学序説——『腐蝕』を中心として」，京都大学文学部中国語中国文学研究室編「中国文学報」第 12 号，第 144 頁（吉田富夫：《茅盾文学概述——以〈腐蚀〉为中心》，京都大学文学部汉语中国文学研究室编《中国文学报》第 12 期，第 144 页）。

② 吉田富夫「茅盾文学序説——『腐蝕』を中心として」，京都大学文学部中国語中国文学研究室編「中国文学報」第 12 号，第 145 頁（吉田富夫：《茅盾文学概述——以〈腐蚀〉为中心》，京都大学文学部汉语中国文学研究室编《中国文学报》第 12 期，第 145 页）。

脱）—利己（矛盾心理的纠葛）"循环式的解析，进而阐释了茅盾给予赵惠明自新之路不仅是应当时读者的要求，也是对赵惠明利己主义心理及性格分裂特点描写的一个延续。

吉田富夫此文发表之后，日本学者在关于续写是否合理这一问题上产生了争论。相浦杲《茅盾的〈腐蚀〉》①（1972）、丸尾常喜《〈腐蚀〉论》②（1973）中均认为《腐蚀》前半部与后半部在结构上存在破绽，影响了人物艺术构建的统一性，因为"作者应读者要求之后的续写影响了人物性格发展的规律，进而导致人物性格分裂和前后结构的断层"。小野忍、松井博光对此提出了相反的观点，认为："后半部的续写不会感到不自然之处，因为茅盾在全篇中贯穿了对主人公的同情之心。"③　而锅山千鹤（日文原名：鍋山ちずる）在《关于〈腐蚀〉的功能》（1982）一文中则从意识流的角度做出了解析："赵惠明并不存在性格上的分裂，而是前后心境意识变化的表现。"④　锅山千鹤所指出的"心境意识的变化"并非赵惠明加入特务组织之后形成的，而是她与生俱来的一种"矛盾意识"，在之后的人生轨迹中更进一步加深了这种意识的潜在性。"小昭之死"成为她意识变化的最直接契机，进而致使她做出了救出 N 的决定，赵惠明特殊的"矛盾意识"为后半部续写起到了"功能"作用。是永骏在《〈腐蚀〉的文体和构造》一文中详细分析了《腐蚀》文体构造特点之后则认为《腐蚀》的续写最根本原因是特殊文体结构的需要。他首先把茅盾小说的创作方法、人物出场和故事情节的特征概括为 3 点，即："（1）根据感觉的投射和连锁式行为构建故事场景（状况），（2）错综复

---

①　相浦杲「茅盾の『腐蝕』」，「鳥居久靖先生華甲記念集：中国の言語と文学」，1972 年12 月（相浦杲：《茅盾的〈腐蚀〉》，《鸟居久靖先生华甲纪念集：中国语言和文学》，1972 年12 月）。

②　丸尾常喜「『腐蝕』論」，「北海道大学文学部紀要」第 21 冊，1973 年（丸善常喜：《〈腐蚀〉论》，《北海道大学文学部学报》第 21 册，1973 年）。

③　茅盾作　小野忍訳：「腐蝕（ある女の手記）」，岩波書店 2002 年版，第 423 頁（茅盾著，小野忍译：《腐蚀（一个女人的手记）》，岩波书店 2002 年版，第 423 页）。

④　鍋山ちずる「『腐蝕』の機能について」，中国文芸研究会編「野草」第 30 号，第 40頁（锅山千鹤：《关于〈腐蚀〉的功能》，中国文艺研究会编《野草》第 30 期，第 40 页）。

杂的人物出场，（3）故事情节缓慢逐层式展开。"① 其中（3）在《腐蚀》中得到了充分体现，"失去小昭后，赵惠明与母亲在意识上合为一体，因此和母亲的羁绊是解开赵惠明意识的关键。……围绕二人的羁绊的故事情节可概括为：记忆中母亲的面容→小昭死后母子意识上的一体化→K，萍的自我分裂唤醒母亲之死的回忆，故事情节随人物意识的流动以渐层性的情节展开方式组合在了一起。……因此，所谓赵惠明的'自新之路'的本质是逐层展开式文本构造的再延续"。② 阪口直树在长文《〈腐蚀〉的背景——茅盾和国民党"特务组织"》（1993 年）中通过茅盾 1939 年滞留兰州时期的回忆录还原了"赵惠明"和"N"的人物原型及二人逃离重庆前往甘肃情节的现实素材来源。③ 基于此，"《腐蚀》的续写及'N'这一人物的出场存在必然性"。如果按照回忆录推断赵惠明携 N 应该逃往了甘肃陇东，然而故事结尾并未交代清楚，至此留下了悬疑。但"现实（在兰州所遇两名女性）和虚构：《腐蚀》前半部的赵惠明（重庆）及后半部的赵惠明和 N（即将逃往甘肃），最终形成了一个虚实结合的圆形结构"④。

其次，关于《腐蚀》如何应用心理描写技法的问题也是日本学者研究的重点。1954 年小野忍在《北斗》创刊号发表的《腐蚀》译本书评中评价说："《腐蚀》的心理描写与我们概念中所认知的十九世纪以来作为西欧文学根基的'心理描写'相差甚远。茅盾将西欧文学中的'心理描

---

①　是永骏「茅盾小説論—幻想と現実—」，東京：汲古書院 2013 年版，第 92—93 页（是永骏：《论茅盾小说——幻想与现实》，东京：汲古书院 2013 年版，第 92—93 页）。

②　是永骏「茅盾小説論—幻想と現実—」，東京：汲古書院 2013 年版，第 92—93 页（是永骏：《论茅盾小说——幻想与现实》，东京：汲古书院 2013 年版，第 92—93 页）。

③　《腐蚀》中的赵惠明和 N 并非完全虚构。茅盾在回忆录《从东南海滨到西北高原》中提到两名神秘女子。其中一位经常身穿男装，另一位长相貌似学生，和茅盾一同结伴的金秉英怀疑二人是军统。这两位神秘女子虽然在茅盾回忆录中是匆匆过客，并未详细描述，但"神秘"二字反复出现与茅盾在《腐蚀》写作动机中曾表明的"带有神秘色彩"相吻合。另外，赵惠明携 N 逃离重庆前往甘肃兰州这一细节也与这段回忆录相互吻合。因此，《腐蚀》中的赵惠明原型来自于"穿男装"的神秘女子，N 的原型来自于学生模样的女性的可能性比较大。

④　阪口直树「『腐蝕』の背景—茅盾と国民党『特務組織』」，神户：中文研究会篇「未明」第 11 号，1993 年 3 月，第 149 页（阪口直树：《〈腐蚀〉的背景——茅盾和国民党"特务组织"》，神户：中文研究会编《未名》第 11 号，1993 年 3 月，第 149 页）。

写’移植到中国本土，他的这种尝试是否成功呢？我想融入到中国文学中之后必定会产生变化，在此之后的《霜叶红似二月花》中也运用了心理描写手法，但最终西欧式的‘心理描写’手法在他的作品中并不适用。”① 吉田富夫则认为：“西方意识流的创作手法是否成功地运用到《腐蚀》姑且先放置一边。……我想要说明的是，日记体形式与意识流手法（虽然并不成熟）相结合克服掉了《子夜》《蚀》等前期作品中人物概念化和僵硬化的缺陷。”“主人公的心理世界在作者的想象力中无限扩大并自由阔步前行。这成为了成功塑造赵惠明鲜活形象的最直接原因。”《腐蚀》体现出了它特殊的价值意义，因为“《腐蚀》中茅盾尝试运用深入人物内心世界的心理描写手法。其经验成为之后在《霜叶红似二月花》中创作出柔软而厚重的人物形象的最大动力之一”②。是永骏对小野忍的观点进行了反驳，他认为：“评析《腐蚀》的心理描写不可以脱离茅盾描写中国社会的现实主义创作手法。从他的创作来看，人物的心理（内在的现实）是构成整体现实的部分要素之一，随情节不断推进而暴露于众。”③

　　综上所述，日本研究者的研究视角与国内形成了明显的不同。《腐蚀》作为茅盾 1940 年代代表作品，精练的语言和娴熟的技法不仅不逊于，甚至超越了《蚀》《虹》乃至《子夜》。然而由于整个中国现代文学界对四十年代文学的研究角度和研究水准普遍基于批判模式，对《腐蚀》的评析基本多集中于社会、政治观念的层面。事实上《腐蚀》在文体结构、意识流手法、叙事风格等方面仍存在广阔的阐释空间。日本学者于 20 世纪 60 年代至 90 年代有限的研究成果使得我们认识到：《腐蚀》的续

① 小野忍「茅盾著『腐蝕』」，中国文学会编「北斗」創刊号，1954 年 10 月，第 39 頁（小野忍：《茅盾著〈腐蚀〉》，中国文学会编《北斗》创刊号 1954 年 10 月版，第 39 页）。

② 吉田富夫「茅盾文学序説——『腐蝕』を中心として」，京都大学文学部中国語中国文学研究室编「中国文学報」第 12 号，1960 年 4 月（吉田富夫：《茅盾文学概述——以〈腐蚀〉为中心》，京都大学文学部汉语中国文学研究室编《中国文学报》第 12 期，1960 年 4 月）。

③ 是永骏「茅盾小説論—幻想と現実—」，東京：汲古書院 2013 年版，第 88 頁（是永骏：《论茅盾小说——幻想与现实》，东京：汲古书院 2013 年版，第 88 页）。

写不仅是茅盾为满足读者愿望和主编要求，其人物性格、心理描写手法、文体结构及茅盾本人的经历也是不可以忽视的重要因素。日本学者的研究也进一步证明了新中国成立之后茅盾拒绝修改《腐蚀》的原因不仅为了政治宣传小说、坚持人道主义，更是为了不损害《腐蚀》所蕴含的艺术完整性，体现了茅盾努力发掘人性的复杂性、尊重艺术规律的现实主义作家精神。

三　《腐蚀》对堀田善卫创作短篇小说《齿轮》的影响

堀田善卫一生中曾与茅盾有过 5 次会面经历，1946 年春在上海某杂志座谈会上旁听时初次见到茅盾，但当时二人并未面对面交谈，1956 年在印度新德里举办的亚洲作家会议上二人初次面谈，之后在 1957 年和 1961 年日本文学代表团两次访华之际及 1962 年开罗举办的第二次亚非作家会议中均以官方形式与茅盾会谈交流。由于中苏关系交恶、1960 年代中期的特殊政治环境等国内外复杂形势，二人之后再无见面。1980 年中国作家代表团访问日本，堀田善卫本想通过此次机会向巴金询问茅盾的情况，遗憾的是，与巴金先生的会谈因时间原因而被迫取消。

堀田善卫不止一次在茅盾回忆文中评价茅盾作品。关于认识茅盾的契机他回忆说：

茅盾的《大过渡期》（《蚀》的日译本）和西欧文学一起被介绍到日本，对于热衷于研究西欧文学的我来说是一种庆幸。然而作为中国现代文学的固有形态，与其说是庆幸，或许倒不如说是令人气愤之事。《大过渡期》可以说是一部社会小说，或用现在的说法它是一部"全体小说"的开山之作。全篇贯穿了描写社会整体的构思，与当时倾向于心理描写的西欧文学有很多本质不同，这种描写手法出现在现代中国文学中，首先这便引起了我的注意。①

小田岳夫翻译了《动摇》与《追求》，1936 年东京第一书房以《大过渡期》为书名出版发行了单行本。作为深受欧美文学文化影响的堀田善卫当看到《大过渡期》与安德烈·马尔罗、蒙泰朗、朱利安·格林等西欧作家一并出现在日本时，对热衷于研究西方文学的他来说是一种惊讶之感。之后，堀田善卫开始关注茅盾的作品，1946 年离开上海之时所携带的书籍中就有《腐蚀》等作品，② 1953 年模仿《子夜》的手法创作并发表了长篇小说处女座《历史》。他评价《子夜》时说："通过吴老太爷的葬礼，不仅描写了重要出场人物，还精确全面地描写了古老的中国和半殖民地化的上海现状以及农村和城市的时代背景。其创作技巧是值得长篇小说作家学习的。"③ 由此可见，堀田善卫与茅盾之间的数次交往不仅是因公务，更是出于他对茅盾作品产生的共鸣与持以的崇敬之情。

堀田善卫在创作长篇小说《历史》时刻意模仿了《子夜》的"横截图"式的开关技巧和"一树千枝"的结构。然而早在 1951 年他在创作短篇小说《齿轮》时便有意将《腐蚀》的故事历史背景和创作构思纳入了作品中。他曾毫不讳言地提道："短篇小说《齿轮》的创作来源于《腐蚀》的启发"④，小野忍也指出："在此我要举例一个例证：战败后堀田善卫先生在上海阅读了《腐蚀》后，将这部小说的构思纳入了他的作品

---

① 堀田善衛「回想・作家茅盾」、「現代中国文学 2——茅盾」、東京：河出書房新社、1970 年出版、第 382 頁（堀田善卫：《回想・作家茅盾》，《现代中国文学 2——茅盾》，东京：河出书房新社 1970 年版，第 382 页）。所谓"全体小说"是指从生理、心理和社会三方面全面把握人物形象进行创作的一种小说形式。最早提出这一概念并应用于创作实践的是日本作家野间宏。

② 此回忆根据小野忍在座谈会"广场的孤独与共同的广场——堀田善卫芥川奖纪念庆祝会记录"，参见《近代文学》1952 年 5 月号。

③ 堀田善衛「回想・作家茅盾」、「現代中国文学——2 茅盾」、河出書房新社、1970 年 10 月出版、第 386 頁（堀田善卫：《回想・作家茅盾》，《现代中国文学 2——茅盾》，河出书房新社 1970 年版，第 386 页）。

④ 堀田善衛「広場の孤独・解説」、「広場の孤独」、東京：中央公論社 1951 年版、第 89 頁（堀田善卫：《广场的孤独・解说》，《广场的孤独》，东京：中央公论社 1951 年版，第 89 页）。

《齿轮》里。"①

短篇小说《齿轮》（日文原题目「歯車」）创作完成于 1951 年 5 月。同年 10 月和短篇小说《广场的孤独》一并由中央公论社出版发行了单行本。《齿轮》是一部扣人心弦、情节跌宕起伏的小说。男主人公伊能是一个滞留在上海的日本人，日本战败后他被征用于中国国民党秘密警察性质的文化机构"XX 文化运动委员会"。而女主人公，伊能的直属上司陈秋瑾是国民党"军事委员会调查统计局"，即"军统"的特务，任务职责是"黑衣社系对日及对共特务工作机关"的"特务工作人员"，略称为"特工"。陈秋瑾在小说中所属的"黑衣社"系实际是指蒋介石直系秘密结社的"蓝衣社"系。小说是以伊能和陈秋瑾二人为代表的特务人员在日本战败后的上海进行的谍报活动而展开叙述的。作品为我们展示了特殊时期暗流涌动、魑魅魍魉的上海政治风云。

陈秋瑾的身份和经历与《腐蚀》中深陷于重庆"军统"的赵惠明非常相似。陈秋瑾和学生时代的同窗魏克典以及初恋情人小黄最初都属于共产党派系，他们共同组织了抗日救亡运动。"皖南事变"爆发之后三人被捕，出狱后陈秋瑾便转向投奔国民党，陈克典和小黄一时去向不明。直到战争结束的某一天，陈秋瑾在上海 G 书店偶遇魏克典，在和魏克典接触之时，陈秋瑾被特务张爱玲尾随跟踪。在魏克典谈话中陈秋瑾透露出了她数年来目睹国民党"军统"内部的黑暗与肮脏，表达了内心中的厌恶与懊悔。

和《腐蚀》不同的是，《齿轮》并非是一部日记体小说，作者以第三人称视角叙述了整个故事的发生。在《齿轮》的第一部分中陈秋瑾向伊能叙述了陷入"军统"之后的个人苦闷，其中穿插的心理独白描写模仿了《腐蚀》中赵惠明式的内心表述风格，比如陈秋瑾面对特工过着嗜血式的生活时，她内心独白道：

---

① 茅盾作　小野忍訳：「腐蝕」，東京：筑摩書房 1954 年版，第 310 頁（茅盾著，小野忍译：《腐蚀》，东京：筑摩书房 1954 年版，第 310 页）。

从事这种特务工作，不知道什么时候，这世上最起码的道德观，甚至是非善恶的判断标准也会荡然无存。所谓的政治组织，越是精密越可怕，人们只相信血，并且好像见不到血就不会觉得自己做过事情一样。①

当陈秋瑾从魏克典的谈话中得知初恋情人小黄被秘密杀害后便萌发了携带伊能与魏克典逃离上海的念头，然而在严密的特务组织监视下，她的逃离并未成功。此细节描写与《腐蚀》中赵惠明在小昭死后洗心革面的心理变化也具有相似之处。

堀田善卫在作品中给人物的命名也颇具玩味。比如，陈秋瑾暗喻了为女权而奋斗的"秋瑾"。虽然她不像秋瑾在伸张女权道路上终其一生，英勇就义，但在陈秋瑾身上还是可以读出她未泯的革命思想和较有个性的独立气质。魏克典（简称：克典）的原型来自于堀田善卫在上海时期所结识的"对日文工会"上海分会秘书及主任委员罗克典。罗克典籍贯广东，1935 年留学日本东京帝国大学，1937 年卢沟桥事变之后回国参加抗日战争，在重庆国民党中央宣传部对敌宣传委员会从事对日情报工作和日俘教育工作。作品里还描写了"军统"局长戴慄遭遇空难而死的情节，此处的戴慄暗指"军统"头子戴笠。另外，《齿轮》还模仿《腐蚀》中以英文字母作为人名的特点，比如政治保卫局派遣员 C、保卫局总部长 K、陈秋瑾前夫 Z 等。总之，《齿轮》在故事背景和出场人物设定等方面均带有《腐蚀》的印记。

《齿轮》中另外一位主人公伊能作为一个被征用到"XX 文化运动委员会"机构的日本人，在战败之后，国家的丧失与民族的颓败使得伊能在上海成为一名"无国籍"人士。伊能的人物塑造原型来源于堀田善卫作者本人在上海期间的经历。1945 年 12 月国民党中宣部直属机构"对日

① 堀田善衛「歯車」，現代日本文学大系「堀田善衛、遠藤周作、井上光晴集」，東京：筑摩書房 1972 年版，第 28 頁（堀田善卫：《齿轮》，现代日本文学大系《堀田善卫、远藤周作、井上光晴集》，东京：筑摩书房 1972 年版，第 28 页）。

文工会"在上海成立分会。为维持生计，堀田善卫成为文工会的一员，专职负责期刊《新生》的编辑工作，在之后作品《于上海》中详细回忆了在上海 1 年零 9 个月的生活。《于上海》的序章《回忆·特务机关》中写到了"我"的一位朋友发高烧，深夜去宣传部办公室取药品的场景：

> 办公室里，桌子已经被收拾干净，铺有木地板的房间很宽敞。屋里杂七杂八、堆积着各种物品，几乎快要顶到天花板。看到这些物品便知它们属于生活在上海的日本人，基本所有日常用品都可以在这里找到，它们堆积成山，让人眼花缭乱。①

此段回忆描写与《齿轮》中第三部分开头描写非常相似。主人公伊能早上去办公室上班，该办公室是从以前日本人所经营的药品公司收回来的房子。伊能进入房间后便看到了以下场景：

> 宽敞的办公室里，桌子上堆满了各式各样的衣服和布匹，凡是能穿戴的应有尽有，这些衣服堆积如山，几乎要接触到房顶。衣服上还带有刺鼻的奇怪味道。红色的女式和服、破旧的蚊帐、被洗褪色的白裙子、西装、鞋、衬衣等，这些都被乱七八糟地堆放在一起。一看就明白，这些是从撤退日本人那里没收来的物品。②

回忆录《于上海》与《齿轮》中所描写的场景如出一辙，《齿轮》中的伊能从事的工作与形象和堀田善卫本人有着非常微妙的重叠。在序章《回忆·特务机关》中我们似乎感觉不到作者深陷于特务组织而产生的紧迫感和恐怖气氛，然而如果把《齿轮》的相关描写与回忆录对比去

---

① 堀田善衞「上海にて」，東京：筑摩書房 1959 年版，第 20 頁（堀田善卫：《于上海》，东京：筑摩书房 1959 年版，第 20 页）。

② 堀田善衞「歯車」，現代日本文学大系「堀田善衞、遠藤周作、井上光晴集」，東京：筑摩書房 1972 年版，第 28 頁（堀田善卫：《齿轮》，现代日本文学大系《堀田善卫、远藤周作、井上光晴集》，东京：筑摩书房 1972 年版，第 28 页）。

解读的话，其写实性就会立刻表现出来。

　　总之，堀田善卫作为工作在国民党中宣部旗下最有影响力的对日文化工作机构人员，在1946年战败初期，当他阅读了《腐蚀》中描写国民党特务机构的内幕后，自身的经历与文本中的情景产生了共鸣。军统特务陈秋瑾的形象塑造可以说是堀田善卫对"赵惠明"战后的一次再延续性描写，她身上体现了民族国家意识的觉醒与寻求独立自主的精神。男主人公伊能则是作者自我在小说文本中的投射，他被刻画了在经历战败后因对祖国前途的迷茫而陷入虚无精神困境的日本知识分子的形象，通过伊能在中国的经历与异国文化的接触，反映出了如何在与异文化体系的对话中重建战后日本知识分子主体性这一问题。

第二节　《霜叶红似二月花》在日本的
翻译与研究

　　《霜叶红似二月花》（以下简称《霜叶》）是茅盾战时长篇小说的重要代表作。《霜叶》于1942年8月在《文艺阵地》第7卷第1期连载之后，立刻引起了读者及评论界的反响。1943年5月桂林华华书店出版发行单行本之后，在评论界和学界激起了对作品文本全方位的分析解读热潮，这一现象在茅盾作品研究史上具有开拓性意义。因战争等原因，单行本在国内上市之初并未立刻传播到日本，但不代表日本中国现代文学研究者不对此给予关注。1949年9月，竹内好首次简介了《霜叶》的故事梗概，之后相继出现了4个日译版本，分别是1958年奥野信太郎译（2个版本）、1962年竹内好译和1980年立间祥介译，其数量在茅盾各小说日译版本中算是偏多的。竹内好多次评介了《霜叶》，甚至对其认可程度超过了《子夜》。遗憾的是，从1970年代开始《霜叶》在日本的研究几乎陷入了停滞状态。日本学界的研究数量不多，但某些研究成果仍需要给予关注与评析。这对我们未来进一步解读研究《霜叶》是有一定参考价值和启发意义的。因此，笔者在本节中有必要将对《霜叶》在日本的译介与研究情况展开详细地考证与述论。

一 一部现代版的《红楼梦》:《霜叶红似二月花》的四个日译版本及其评价

1949 年竹内好在著作《鲁迅杂记》中对《霜叶》给予了高度评价:"战争后期创作的《霜叶》是他（茅盾）真正发挥才能并达到的顶峰之作。如果把《子夜》作为茅盾前期代表作的话，那么它可称为茅盾文学的总结之作。而《霜叶》不仅囊括了茅盾至今的一切成果，同时艺术质量也凌驾于一切作品之上，是一部以飞跃高层次世界为目标的宏大作品。"① 同年 9 月在杂志《中国研究》的"最近名作素描"栏目中以《茅盾〈霜叶红似二月花〉》②（作品名被译为《霜葉は二月の花より紅なり》）为题简介了故事梗概，成为《霜叶》在日传播的开端。在此之后，他在评论文章《茅盾》③ 一文中再次予以了高度评价，并对今后茅盾能够实现续写《霜叶》给予了较高的期望。

奥野信太郎以华华书店版为底本首次完成了《霜叶》的日译。1958 年该译本被收录于河出书房新社出版的《现代中国文学全集第三卷·茅盾篇》中。此外，同年筑摩书房出版的《世界文学大系 62·鲁迅茅盾》卷中也收录了此译作，此外还加入了茅盾本人照片、译者论文《吴奔星的茅盾论》、松井博光编《茅盾年谱》以及小川环树翻译的《脱险杂记》。奥野信太郎在书后《茅盾》一文中说明了翻译目的:"在这部作品

① 竹内好著「魯迅雑記」，世界評論社 1949 年版，第 194—195 頁（竹内好：《鲁迅杂记》，世界评论社 1949 年版，第 194—195 页）。

② 竹内好「茅盾『霜葉は二月の花より紅なり』」，東京：現代中国学会編「中国研究」第 9 号，1949 年 9 月，第 7—21 頁（竹内好：《茅盾〈霜叶红似二月花〉》，东京：现代中国学会编《中国研究》第 9 期，1949 年 9 月，第 7—21 页）。

③ 竹内好「茅盾」，東京：近代文学社「近代文学」第 51 号，1951 年 9 月（竹内好：《茅盾》，东京：近代文学社《近代文学》第 51 期，1951 年 9 月）。

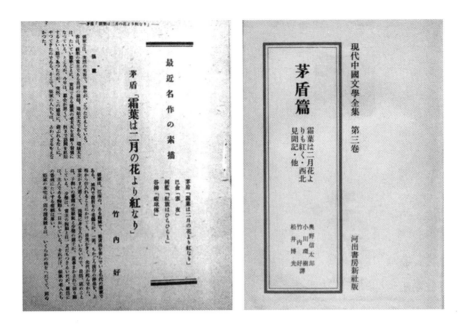

笔者所藏竹内好《茅盾〈霜叶红似二月花〉》原文及

1958年奥野信太郎译《霜叶红似二月花》河出书房新社版本

中，茅盾把各人物性格、各事件巧妙地组合在一起，提高了作品的故事
性，这是值得我们日本读者关注的。茅盾常对照新旧文学创作发表作品，
即为新、即为旧，新旧内部孕育着矛盾与碰撞，各种性格人物为之而不
断产生苦闷。……在这部作品中包含着种类繁多的问题，当这些问题被
提及时我们应予以关注。"[1] 另外，奥野信太郎还简要提及了1955年秋在
北京会见茅盾时询问关于续写《霜叶》一事。这足以证明，日本学界在
1950年代对茅盾能按计划完成《霜叶》的续写给予了非常高的期望。值
得一提的是，此卷中还收录了奥野信太郎撰写的《吴奔星的茅盾论》一
文，此文专门评价了吴奔星于1954年发表的茅盾研究专著《茅盾小说讲
话》，并且在文章末尾附加了佐藤一郎翻译的《茅盾小说讲话》第一节内
容。1954年上海泥土社出版的吴奔星《茅盾小说讲话》是新中国成立后

---

① 奥野信太郎「茅盾」、「世界文学大系62・魯迅茅盾」、筑摩書房1958年版，第452頁
（奥野信太郎：《茅盾》，《世界文学大系62・鲁迅茅盾》，筑摩书房1958年版，第452页）。

首本深入探讨茅盾作品的专著。遗憾的是，作者因被划为"胡风集团嫌疑分子"，此著作在中国大陆自然不能出版销售，致使长期不被大陆学界所认可。然而这本专著却在日本引起了中国现代文学研究学者们的广泛关注，并给予了与原作出版几乎同步的详细评价。1962 年竹内好再次翻译了《霜叶》，译本被收录于河出书房新社出版的《世界文学全集 47卷·鲁迅茅盾》中。关于作品名的翻译，因原标题过于冗长，竹内好便将其简略化，直接译为了《霜叶红》（日文名：「もみじは赤い」）。

在 20 世纪五六十年代期间，日本研究者渴望通过阅读《霜叶》中描写的挣扎于"五四"历史转型期的个体生命与民族思想文化纠葛，来审视和反思日本战败后所面临的民族精神困境及在西方政治话语主导下所造成的文化断层。同时对国内茅盾研究前沿倾注了非常高的关注，以学术的慧眼加以甄别和汲取，为日本茅盾研究提供了较为全面的可参考文献。

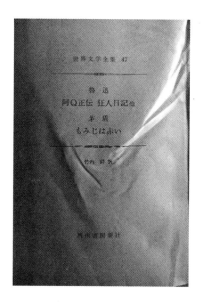

笔者所藏《霜叶红似二月花》1958 年奥野信太郎
译筑摩书房版本及 1962 年竹内好译版本

1980 年日本汉学家立间祥介再次完整翻译了《霜叶》，岩波书店出版发行了单行本。他在书后的《解说》中高度评价了这部作品：

　　茅盾已在《蚀》《虹》中描写了关于大动乱时期青年知识分子的生存方式。然而《霜叶红似二月花》比他上述作品的主题更加具有深度，构思更加宏大。以宏伟的构思为前提，边品味书名边阅读会感到意犹未尽。但如果作为描写面对大革命来临之时人们各式各样生活姿态的作品去阅读的话，那么可以认为是一部完整的作品。尤其是在这部作品中，描写女性最为成功。我想这也许与《蚀》《虹》同样是以女性为主人公而刻意描写之缘故吧。茅盾虽然创作了很多短篇小说，但他更善于创作长篇小说，而且是一个高效的作家。他初期作品《蚀》等人物塑造教条化较为明显，但《霜叶》中已无此缺陷。我认为此作可与《子夜》并列为茅盾代表作。①

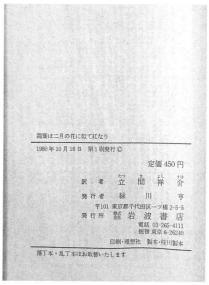

笔者所藏1980年版立间祥介译本的封面及版权页

---

　　①　茅盾作　立間祥介訳「霜葉は二月の花に似て紅なり」，岩波書店1980年版，第357—358頁（茅盾著，立间祥介译：《霜叶红似二月花》，岩波书店1980年版，第357—358页）。

　　日本学者在 1980 年代重译《霜叶》是具有一定的历史文化背景的。首先，中国进入新时期之后，随着社会思想观念的进步，文化文学研究得到了飞跃式发展，各种思潮在中国文坛中如潮水般涌入，"文化""寻根""伤痕"等学术话语频繁出现，这种观念不仅对中国现代文学研究产生了巨大影响，同样也对传统意义上的茅盾研究带来了冲击。此时期茅盾研究在数量上达到了前所未有的高峰，尤其在"文学寻根"与"文化苏醒"的学术背景之下，带有中国传统文化色彩的《霜叶》在国内外的研究与推介更是迎来了一个前所未有的机遇。其次，进入 1980 年代，"全球化"的世界格局致使日本无论在文学创作还是理论研究方面均呈现出多元化态势，日本文艺思潮再次陷入东西方文化激烈碰撞之中，西方后现代主义纷沓而至，涌入日本。当面对如何接受西方文学文化这一问题时，日本批评界深刻认识到：接受并不等于近代式的盲目"拿来"与"互动"，"本土意识"也并非战时保守式的故步自封，而是要各取所长，形成平等对话关系。因此，从 1970 年代末开始，日本出现了对古典作品的现代阐释热潮。他们的研究对象不仅有日本平安朝物语文学和近世的西鹤小说，而且西方 19 世纪到 20 世纪的小说、中国古典名著及现代小说也成为其阐释的焦点。奥野信太郎最早提出了《红楼梦》与《霜叶》之间存在关联性："作品中位于小城市的旧式家族与《红楼梦》贾家的情形具有相似之处。张老太太的形象让人感觉像史太君。其次作品中对很多女性内心波动的描写也间接地让人感觉到了多少受到了《红楼梦》的影响，这让我们充分认识到茅盾对乾隆时期长篇小说持以的浓厚兴趣。"① 竹内好在评价《子夜》时也认为："《子夜》有意识地模仿《儒林外史》，而《霜叶红似二月花》却有意识地吸取了《红楼梦》的风格，两部作品均获得了巨大成功。"② 小野忍也提出了同样的观点，他认为："值得我们

---

① 奥野信太郎「茅盾」、「世界文学大系 62・魯迅茅盾」，東京：筑摩書房 1958 年版，第451—452 頁（奥野信太郎：《茅盾》，《世界文学大系 62・鲁迅茅盾》，东京：筑摩书房 1958 年版，第 451—452 页）。

② 茅盾作　竹内好訳「夜明け前—子夜」，東京：平凡社 1963 年版，第 397 頁（茅盾著，竹内好译：《黎明之前——子夜》，东京：平凡社 1963 年版，第 397 页）。

注意的是，作者采用了一种新的尝试，采用了近似于《红楼梦》的文体，同时在表现时代民族色彩方面也取得了成功。"① 因此，在日本学者及读者眼中，《霜叶》即等同于一部现代版的《红楼梦》。从 1970 年代末开始，中日两国则掀起了《红楼梦》的研究高潮，1980 年 7 月 30 日"中国红楼梦学会"宣告成立，1981 年 4 月，日本著名红学家松枝茂夫、伊藤漱平访问了中国。② 在此背景下，带有《儒林外史》风格的《子夜》与具有《红楼梦》文体风格和民族艺术色彩的《霜叶》，这两部结合了中国传统与现代风格的长篇史诗巨作作为茅盾代表作品必然受到了日本学界及读者的强烈关注。

二 日本学者对作品中"母性包容"及 "男性无能"描写的解读

《霜叶》中的张婉卿被塑造为"既具有东方女性文化的阴柔资旨，又富于雄强的素质"的艺术形象。关于张婉卿以母性情怀包容接纳生命陷入颓废状态的丈夫黄和光这一情节描写，中日学界产生了不同的解读观点。

1961 年竹内实发表了首篇关于《霜叶》的专题研究论文《霜叶红似二月花》。他认为《霜叶》的艺术魅力体现在特殊的场景之美，作者的对于"爱"的思想更接近于劳伦斯："劳伦斯认为，人们作为自然生命之物来接受真正的爱，尊重爱的纯洁，让它成为温暖内心的火焰。茅盾把这种存在于肉体之中的生命之暖赋予了生活在民国初年的男女二人中。"③ 是永骏也提出了相似的观点，认为："黄和光和婉小姐的结合可以说是胜

---

① 小野忍「道標：中国文学と私」，東京：小沢書店 1979 年版，第 163—164 頁（小野忍：《路标：中国文学和我》，东京：小泽书店 1979 年版，第 163—164 页）。

② 关于松枝茂夫、伊藤漱平此次访华详情，可参见《日本红学家松枝茂夫、伊藤漱平应邀访华》，《红楼梦学刊》1981 年第 3 辑。

③ 竹内実「霜葉は二月の花より紅なり」，東京大学中国研究室編「中国の名著」，東京：勁草書房 1961 年版，第 369 頁（竹内实：《霜叶红似二月花》，东京大学中国研究室编《中国的名著》，东京：劲草书房 1961 年版，第 369 页）。

过肉欲的生命之爱。"① 国内学者对日本学者的观点加以了吸收，认为：
"《霜叶红似二月花》中描写的婉卿对待性无能丈夫的那些场景，流露母
性的温柔情怀，是很能揭示人性的美丽的。"② 而何希凡、韩素梅等却持
以相反观点，认为："对黄和光的母性之爱属于缺乏主体品格的伦理道
德规范"③、"婉小姐虽然在生活面貌上显得趋幕时尚，但内在精神上即
难冲破传统社会的樊篱，更难冲出传统伦理规范铸就的自我精神围
城，……"④ 李玲在《存在的不完满性与茅盾〈霜叶红似二月花〉的性
别建构——兼论〈霜叶红似二月花〉的个体生命存在主题》一文中从性
别批判的角度提出了新的见解，她认为：《霜叶》中描写的并不是女权对
于男权的屈服，也并非女性对于男性的不合理纵容，而是生存强者对于
弱者的人道主义关怀，体现了女性牺牲自我时所产生的崇高精神；关爱
男性的软弱，扬弃传统的男尊女卑，体现了女性之强，《霜叶》中构建了
不同于传统作品中男女主体间的关系，同时也显示了阶级意识和传统等
级观念的存在。⑤

　　茅盾对张婉卿的母性式的宽容及黄和光病态肉体的塑造还有一个重
要的因素就是他对传统小说中"男弱女强"描写观的继承。茅盾小说中
的男性大多被刻画为软弱、多病或性无能的形象。《追求》中史循是茅盾
小说中"无能"（或"性障碍"）男性系谱中最初的人物形象，之后从
《虹》中的韦玉、《水藻行》中的秀生、《烟云》中的陶祖泰再到《霜叶》
中的黄和光，他们均被描写成"无能"或"性障碍"特质的男性形象。
关于茅盾小说中"无能"男性的描写引起了日本学者的研究兴趣。是永

---

　　① 是永骏：《中国现代小说的结构与文体》，《茅盾研究》第 2 辑，文化艺术出版社 1984
年版，第 324 页。
　　② 钱理群、温儒敏、吴福辉：《中国现代文学三十年》（修订本），北京大学出版社 1998
年版，第 234 页。
　　③ 韩素梅：《霜叶红于二月花——评茅盾小说〈霜叶红似二月花〉》，《广西师院学报》
2001 年 4 月第 22 卷第 2 期，第 58 页。
　　④ 何希凡：《〈霜叶红似二月花〉与茅盾的矛盾》，《中国现代文学研究丛刊》2002 年第 4
期，第 184 页。
　　⑤ 参见李玲《存在的不完满性与茅盾〈霜叶红似二月花〉的性别建构——兼论〈霜叶红
似二月花〉的个体生命存在主题》，《扬子江评论》2011 年第 5 期。

骏曾指出："性爱意识在《霜叶红似二月花》里似乎升华到了某种美感。此外他在《水藻行》里写出男方性爱方面的无能，也在《霜叶红似二月花》里追求同样的题材。"① 之后白井重范则系统性地解析评价了茅盾小说中的男性人物描写特征，他评价《霜叶》中的男性人物时说："和早期小说中'无能'男性不同的是，黄和光的'无能'跨越了器质性、心理性、社会性的领域，他在茅盾小说'无能'男性中可被视为最典型的一位。……《霜叶》中主要男性人物怎样面对各自的'无能感'，成为这部作品最大的主题。"② 诚然，茅盾在早期接受了近代西方妇女解放思想，但古典小说及生活经历对他的创作更是产生了深远的影响。我国古代小说中塑造了不少超越男性才华的女性形象，《红楼梦》中薛宝钗、林黛玉的诗才、王熙凤的精明干练，《镜花缘》中令男性望尘莫及的"一百才女"。这些作品都充分体现了女强男弱的文学观。《霜叶》的创作深受《红楼梦》的影响，茅盾在《霜叶》中突出描写女强男弱在很大程度上诠释了对《红楼梦》特殊文化现象的复制与再现，这也成为《霜叶》能够在日本被多次译介与研究的重要因素之一。

　　茅盾小说常被称之为"中国社会的客观描写"，然而作为社会剖析派，他并非是对"现实"的完全复制，作者的个体意识及生活经历常以不同的形式隐含于文本之中。茅盾小说中的男性"无能之感"同样是自我意识的真实映射。从"五四"到"五卅"；从大革命失败后的宁汉合流再到抗日战争爆发后的"皖南事变"，茅盾深刻体会到了作为知识分子在历史变革和民族危难面前的无力之感。对无力之感的抗争实际上也是中国现代知识分子文化的隐喻。周蕾认为："二十世纪初的中国知识分子，给两种无能感压迫着：一是意识到他所熟悉的'文学'已不能再维护他的权力；二是作为一个'中国人'，目睹自己的'文化'在西方的冲击

---

　　① 是永骏：《〈霜叶红似二月花〉和其〈续稿〉的叙事世界》，《茅盾研究》第 7 辑，文化艺术出版社 1999 年版，第 25 页。

　　② 白井重範「『作家』茅盾論——二十世紀中国小説の世界認識」，東京：汲古書院 2012 年版，第 298—299 頁（白井重范：《论〈作家〉茅盾——二十世纪中国小说的世界认知》，东京：汲古书院 2012 年 7 月版，第 298—299 页）。

下，变得支离破碎，他却爱莫能助。"① 茅盾作为作家、革命家，在他以史诗般的宏伟构思反映辛亥革命之后中国近代历史全部过程的创作中隐含了"无能"男性的系谱，小说创作与作家的自我意识构建了密切之关系。1974 年茅盾秘密写作完成了《霜叶》的《续稿》，原著《霜叶》共14 章，《续稿》以大纲和梗概的形式写到第 18 章。在"文化大革命"特殊的历史环境中，茅盾计划续写《霜叶》是为和当时政治局势保持距离，回避政治上的风险，这与原著有着相同的创作背景。意味深长的是，在《续稿》中黄和光被安排到日本治疗性无能，他去日本后戒掉了鸦片，治疗成功后还与婉卿调情。在《续稿》中黄和光彻底从"无能"当中解放了出来。是永骏对《续稿》成稿过程、《霜叶》与《续稿》二者的关联性及茅盾晚年的创作意识进行了分析，他认为："《霜叶红似二月花》的原著所追求的根本性的主题并未在《续稿》中显现出来。相反却呈现了作者的隐秘的政治意识和性爱意识，并最终回归到中国文学的传统语境当中，原书的书名只不过表现茅盾的创作构思而已。实际上，《续稿》里的虚构世界超越了原来的构思，展开了新的层次。这种展开令人深思，作者的叙事意识有时超越一切束缚，自律地开辟新颖的叙事世界。"② 黄和光的"无能"消解之后与张婉卿在日本带有浪漫色彩关系的构建可否认为隐含了作者在特殊历史时期对于男性知识分子在民族历史变革的巨流之中赋予的希望，同时也可看作是作家本人在晚年对 1929 年那段流亡日本经历的一种艺术式解禁。今后，当我们再进一步探幽茅盾从青年到晚年在作家创作意识及文艺思想上发生的嬗变，深入观察茅盾晚年在"文学"与"政治"之间纠葛下所表现出的精神状态与内心世界时，日本学者的研究或许为我们开启了一扇崭新的窗口。同时，中日之间在《霜叶》的研究中产生的交流与互动更加体现了两国学界进入新时期之后在

---

① 周蕾:《妇女与中国现代性：东西方之间阅读记》，台北：麦田出版有限公司 1995 年版，第 208 页。

② 是永骏:《〈霜叶红似二月花〉和其〈续稿〉的叙事世界》，《茅盾研究》第 7 辑，文化艺术出版社 1999 年版，第 44 页。

同处于东方文化文学语境下达成了紧密的学术共识，形成两国之间不同于西方国家的研究特色，也更加反映了以《霜叶》为代表的具有传统民族文学艺术特色的茅盾小说在不同的历史时期展现出了史诗般的文学、文化、社会与历史价值。

第五章

中国乡村景观的觅寻

——茅盾短篇小说在日本的译介与研究

短篇小说《水藻行》创作完成于 1936 年 2 月 26 日，1937 年 5 月 1 日发表在日本《改造》杂志第 19 卷第 5 期（5 月号）的首页，这是茅盾创作生涯中唯一一篇在国外发表的小说作品。关于《水藻行》的译者至今存在不同观点，目前主要有鲁迅译、山上正义译和鹿地亘及胡风合译三种说法。而关于这三种说法学界迄今为止尚未做出系统的辩解与判断。对于日本大型杂志社《改造》来说，能得到中国文坛巨匠茅盾的赐稿可谓求之不得。社长山本实彦在作品刊登之前便开始运作宣传，4 月底便出现了小田岳夫、本多显彰等评论家发表的数篇报刊评论。5 月 1 日登载之后又相继出现数篇评论。通过这些评论足以证明《水藻行》在战前中日文学文化交流上体现出了不容忽视的非凡意义。

《水藻行》的翻译发表开启了茅盾短篇小说在日本译介研究的先河，《春蚕》《秋收》《林家铺子》《小巫》等作品在之后均被翻译成了日文。这些短篇小说在研究深度和广度上虽不及茅盾的长篇小说，但日本读者通过这些作品直观地了解到了 1930 年代中国农村经济情况和挣扎于帝国主义与民族资本主义统治下的中国农民形象。在茅盾短篇小说中，《春蚕》和《林家铺子》是受关注较多的两部作品。因两部作品完成时间相隔较近，同时都是以中国农村经济为题材的，所以日本学界常将两部作品放在一起展开评价。根据笔者统计：迄今为止共发现 4 个《春蚕》的日译版本，即 1939 年曹钦源译、1955 年尾坂德司译、1956 年竹内好译、1991 年宫尾正树译，此外还有 1956 年相浦杲翻译的由《春蚕》改编的连环画 1 部；①《林家铺子》共有 3 个日译版本，即 1955 年尾坂德司译、1956 年竹内好译、1958 年松井博光译。《春蚕》并未直接描写日本帝国主义在中国进行的疯狂掠夺，但蚕农的悲惨命运却与 1932 年日本帝国主义发动"一·二八事变"，进犯上海，及国内买办资本主义的双重压迫不无关系。《春蚕》作为一部描写日本帝国主义经济入侵中国蚕丝市场的作品，它在战时被翻译介绍证明了此作品在日本具有一定的艺术影响力。

第一节　中日现代文学交流史的一座桥梁：《水藻行》翻译与发表史实考辨及其评价

《水藻行》是茅盾平生唯一一篇首先在国外发表的小说，也是茅盾所有小说中罕见的不突出时代性、阶级性而侧重表现伦理纠葛、发掘人性复杂性的作品。它最早于 1937 年 5 月以日文发表于日本东京的《改造》月刊本期头条。小说发表后在日本引起较大反响，《读卖新闻》《报知新闻》等重要媒体刊登了报道或评论文章，令日本文学批评界对茅盾和中国现代文学刮目相看。关于《水藻行》翻译与发表的经过及相关史实，如今尚存在一些疑惑点，目前茅盾研究界认识尚不一致。本节将对中日两方面的相关史料予以搜集整理，以事理逻辑予以分析，并作出比较明确的判断；关于《水藻行》在日本发表前后日本各大报刊媒体的具体评价情况展开翻译整理与评论。

---

①　相浦杲在日本汉语学习杂志《汉语》（东京编辑委员会编，东京邦光书房出版，1956 年 7 月至 11 月，第 13 期至第 17 期）中以中日文双语形式连载介绍了任明耀改编，王白水创作的《春蚕》连环画，直观易懂地为日本汉语学习者展现了《春蚕》的艺术世界。

一　《水藻行》翻译与发表史实考辨

关于《水藻行》的日译者，目前主要有鲁迅译、山上正义译和鹿地亘及胡风合译三种说法。持"鲁迅译"说的主要是查国华和孙中田：他们在合编的《茅盾研究资料》① 之《茅盾著译年表》中首次提出，查国华分别在其 1985 年出版的《茅盾年谱》② 及 2001 年出版的《茅盾全集·附集》之《茅盾生平著译年表》③ 中重复此说。但此说明显谬误：《鲁迅全集》中无任何相关记载，而茅盾本人在 1983 年发表的《抗战前夕的文学活动——回忆录［二十］》④ 中，已言明并非鲁迅所译。孙中田、查国华《茅盾研究资料》出版时茅盾这篇回忆录尚未发表，孙、查二位当时肯定没有看到。而此后出版的查国华所编两个年表对前误也未更正，估计他未注意到茅盾回忆录里的这段文字。

茅盾的这段表述是：

> 大约在三六年二月中旬，我收到鲁迅的一封信，上面写道：日本改造社的山本实彦先生打算在《改造》杂志上介绍一些中国现代文学作品，要我帮他选一些，我已经答应了。他提出要有你的一篇，你看是挑一篇旧作给他，还是另外写一篇新的？是旧作，选好了告诉我一声就行了；是新作，就把原稿寄给我，也许我能把它译成日文。鲁迅愿意翻译我的作品，我当然十分感激，连忙回信表示要赶写一篇新的，而且是专门写给外国读者的。这篇东西就叫《水藻行》，写成于二月二十六日。……我把《水藻行》的原稿交给鲁迅的时候，鲁迅正生着病。他抱歉地说："你看，我又犯了气喘病，不过快要好了。稿子先放在我这里罢。"到了四月份，鲁迅的健康似已恢

① 孙中田、查国华编：《茅盾研究资料（下）》，中国社会科学出版社 1983 年版。
② 查国华：《茅盾年谱》，长江文艺出版社 1985 年版，第 203 页。
③ 《茅盾全集·附集》，人民文学出版社 2001 年版，第 132 页。
④ 茅盾：《抗战前夕的文学活动——回忆录［二十］》，《新文学史料》1983 年第 3 期。

复，可是进入五月，病又突然加剧，一直绵延到九月才渐见好转。大约在八月份，鲁迅有一次告诉我："山本实彦来信催问你的文章，我却还没有翻译，只好把原稿寄给山上正义，请他代为译成日文。山上正义翻译过《阿Q正传》，他的中文程度是不错的。"我对于鲁迅这种细致周到认真负责的精神只有感动。①

而在茅盾这段回忆录发表前一年，庄钟庆在《茅盾作品在国外》一文中，已提出《水藻行》译者是山上正义。庄文发表时，庄钟庆先生也并未读到茅盾这段回忆录。笔者导师阎浩岗教授为此专门向庄先生求证其资料来源，庄先生表示已记不清了，他印象中当时应该是从《参考消息》或《光明日报》得到的信息。后来肖舟、欧家斤先后撰短文，依据茅盾回忆录，认为《水藻行》日译者是山上正义。日本学者是永骏在与中国学者顾忠国合写的文章中亦持此说。该文除了依据茅盾回忆录，还特别提到丸山升《一个中国特派记者：山上正义和鲁迅》一书所述丸山发现山上正义日记记载了山上翻译《水藻行》的事。笔者查阅丸山升这本日文书，发现确有这样一段：

> 山上正义翻译了茅盾的短篇小说《水藻行》，刊登在了三七年五月号的《改造》上。杂志中未标注译者姓名，这次我是通过日记才得知是他所译。②

这样，作者茅盾和译者山上正义共同声称《水藻行》日文译者是山上正义，本来此事可有定论了，但近些年一些公开发表的文章或出版的书籍中，又有人提出《水藻行》另有译者，即鹿地亘和胡风。最早是1986年《新文学史料》所刊晓风《胡风年表简编》：

---

① 茅盾：《抗战前夕的文学活动——回忆录［二十］》，《新文学史料》1983年第3期。
② 丸山昇「ある中国特派員：山上正義と魯迅」，東京：中公新書1976年8月，第176頁（丸山升：《一个中国特派记者：山上正义和鲁迅》，东京：中公新书1976年版，第176页）。

1936 年 34 岁

……受鲁迅之托，为鹿地口译中国左翼作家茅盾、柏山、周文等的小说，并对每个人都写了小传，在日本《改造》月刊上发表。还代选《鲁迅杂文集》，为鹿地口译并注释。①

1999 年出版的《胡风全集》第 10 卷所附《胡风生平年表》② 再用此说。以上资料均来自胡风家人，胡风家人之外持此说的是张梦阳。张先生在其 2016 年出版的《鲁迅全传：苦魂三部曲之三·怀霜夜》中写道：

鲁迅经过考虑，就把翻译工作交给了鹿地。鹿地不懂中文，由胡风讲解，他了解以后写成日文。胡风选了柏山写苏区生活的《岩边》，艾芜的《山峡中》，欧阳山的《明镜》，沙汀的《老人》和周文的《父子之间》。茅盾特别卖力，新写了一篇，共六篇。胡风为每个人写了小传，加在作品正文前面。果如鲁迅所担心的，这些作品并没有受到日本读者的欢迎。登了六篇，改造社就停止了这项工作。③

张梦阳所著《鲁迅全传》是文学性传记，所写此段并未标注资料出处。2020 年 5 月 25 日晚间作者恩师阎浩岗教授曾为此专门请教张先生，张先生说自己刚从美国归来，疫情隔离期间，正在赶写多卷本长篇小说，无力顾及其他："《鲁迅全传·苦魂三部曲》全根据我存鲁迅研究资料，茅盾之文我没有见，也不可能出于此处。由浩岗先生自己查吧。"④ 虽然不论是胡风家人还是张梦阳先生，均未提及《水藻行》篇名，但茅盾在

---

① 晓风：《胡风年表简编》，《新文学史料》1986 年第 4 期。
② 《胡风全集》第 10 卷，湖北人民出版社 1999 年版，第 572 页。
③ 张梦阳：《鲁迅全传：苦魂三部曲之三·怀霜夜》，华文出版社 2016 年版，第 416—417 页。
④ 张梦阳先生 2020 年 5 月 25 日 20：56 微信回复。

《改造》发表的小说仅此一篇，所说茅盾小说即指《水藻行》无疑。笔者查阅日本《改造》月刊目录，发现该刊 1936—1937 年间刊发中国现代小说共 7 篇，即：

萧军《羊》，1936 年 6 月号；

彭柏山《悬崖边》，1936 年 7 月号；

周文《父子之间》，1936 年 9 月号；

欧阳山《明镜》，1936 年 10 月号；

艾芜《山峡中》，1936 年 11 月号；

沙汀《老人》，1937 年 1 月号；

茅盾《水藻行》，1937 年 5 月号。

既然关于《水藻行》为鹿地亘、胡风合译之说迄今为止史料来源均为胡风家人，张梦阳先生采取此说时并未读到茅盾回忆录及丸山升关于山上正义日记的相关文字，我们可以推测张先生的资料依据也是胡风家人的记述。从事理逻辑来说，"山上正义日译《水藻行》"说史料依据来自当事人：作者茅盾和译者山上正义，而胡风家人关于"鹿地亘、胡风合译《水藻行》"说并未具体交代事情来龙去脉，也未对上述两个当事人的说法以具体可靠史料予以辩驳，那么我们认为还是山上正义为《水藻行》日译者的说法更为可信。

鲁迅在世时特别是鲁迅生命中的最后一年茅盾曾与胡风有过密切接触，茅盾也曾一度引胡风为同道，从事理逻辑上说，在鲁迅因病不能亲自翻译的情况下，精通日语的胡风依鲁迅嘱托帮助鹿地翻译茅盾小说，是完全有可能的，而且其余六篇均为胡风和鹿地以胡风口译、鹿地笔录的方式翻译的。后来胡风与茅盾交恶，茅盾在回忆录中故意不提胡风，也不是不可能。但以茅盾比较严谨的作风，他在回忆录中可以选择回避某些人和事，却不太可能杜撰事实，硬栽给山上正义一项功绩，因反感胡风而让付出心血的鹿地亘随之"牺牲"。更何况，日本学者丸山升与此恩怨无干，山上正义更是早在 1938 年就去世了；丸山升亲眼见到了山上正义的日记，他说山上的日记明白写着是他山上正义翻译了《水藻行》，只是没有写明是茅盾直接将原稿寄给的《改造》，还是经由山上寄给的《改造》。丸山升不曾读到鲁迅相关日记，所以甚至不知这确是《改造》主动向茅盾约稿。所以他说"也可能是当时比较热心翻译介绍中国现代文学作品的《改造》要求茅盾赐稿的，但是，详细情况不明"①。胡风家人认为《水藻行》是胡风与鹿地合译，应该是从其余六篇小说的翻译情况推断的，并未认识到茅盾及《水藻行》的特殊性。

在日本编辑和批评家眼里，茅盾与萧军、彭柏山等人不同：茅盾不仅是已成名的大作家，而且是与鲁迅同样级别的中国文坛领军人物。所以，《改造》不仅将茅盾小说置于该期头条（而川端康成的作品刊于其后），而在该期《改造》的"编辑之音"里，还有这样一段：

能够得到中国文坛最伟大作家茅盾先生直接寄来的力作甚是一件欣快之事。继鲁迅之后茅盾先生背负起了中国文化振兴之重任。②

而其他六位青年作家，日本读书界并不知其姓名，所以要委托鲁迅或胡风推选，并撰写小传予以介绍。而《改造》刊载《水藻行》时，并未附上作者小传，只在篇首影印了作者原文手迹。因为他们认为，茅盾已无须乎介绍了，他们对茅盾的"赐稿"只有感谢。

根据鲁迅日记和茅盾回忆录及丸山升相关记述，茅盾撰写和发表《水藻行》的经过是这样的：1936 年 2 月 11 日，鲁迅出席内山完造举行的午宴，同席有日本改造社负责人山本实彦。山本实彦向鲁迅提出约稿，要求介绍一些中国现代文学作品发表在《改造》上。山本实彦特别向鲁迅提到要约茅盾一篇。鲁迅当晚即给茅盾写信说明此事，并询问是选茅盾旧作，还是专门新写一篇。茅盾回复说要写新作发表，而且是专门写

---

① 丸山昇「ある中国特派員：山上正義と魯迅」，東京：中公新書 1976 年 8 月版，第 176 頁（丸山升：《一个中国特派记者：山上正义和鲁迅》，东京：中公新书 1976 年版，第 176 页）。

② 中国文壇の最も大なる存在である茅盾氏の直接寄稿の力作を得たることは寔に欣快事だ。氏は魯迅なき後の中国文華を背負ってゐる。

给外国读者看，以纠正外国读者因赛珍珠《大地》而形成的对中国农民的错误认识。茅盾对此事非常重视，用了半个月时间，于当月26日完成，写成后就交给了鲁迅。鲁迅本想亲自翻译成日文，但因病情加重，一直拖下来。此时，鲁迅委托胡风与鹿地挑选和翻译青年作家作品的工作正在进行中，其中萧军和彭柏山的作品已于当年6月和7月在《改造》发表。到了8月前后，山本实彦给鲁迅写信催要茅盾小说，鲁迅鉴于自己无法亲自翻译，便想起给他翻译过《阿Q正传》的山上正义，将茅盾原稿寄给了山上正义。山上正义译完后，将茅盾原稿和自己的译稿一并给了《改造》杂志社。这样，茅盾《水藻行》与此前刊发于《改造》的其他六篇中国现代小说走的是不同的途径。

《水藻行》在《改造》发表之前，日本方面就进行了宣传"预热"。作为改造社的社长，为了商业竞争，特别善于经营，重视宣传造势。日本学者荻野修二指出：

> 山本实彦为了扩大销路而采取各种办法。他要求《改造》不但要比得上《中央公论》，而且凌驾于《中央公论》之上。这里，我把山本实彦采用的办法列举如下：
>
> ①因为他要收集有声望的、有权威的撰稿人的稿件，所以他决定付给他们比《中央公论》高得多的稿酬。
>
> ②他自己前往撰稿人那里，恳求原稿，表现了尊重作者的礼貌。他还主动去做校对等编辑工作，跟职员一样地贩卖。
>
> ③他提前发行日。《改造》发行得比《中央公论》还早几天。
>
> ④他尽量充分地利用广告。他用报纸的一版刊登了绚烂多彩的、令人瞠目的广告。据说，他第一次使用了"绝赞""弹压"等新词汇。①

---

① 荻野修二：《关于昭和时期的一个知识分子山本实彦的生涯——以〈改造〉杂志为中心》，马兴国主编《中日关系研究的新思考：中国东北与日本国际学术研讨会论文集》，辽宁大学出版社1993年版，第143—144页。

笔者所藏《改造》杂志
1937 年 5 月号目录

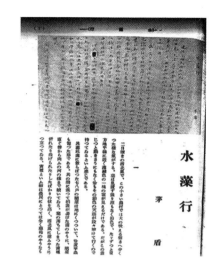

笔者所藏《水藻行》译文原文，
首页附有茅盾手记

向茅盾约稿，山本实彦正是按照"收集有声望的、有权威的撰稿人的稿件"的原则进行的。约稿之后，久久不见茅盾手稿寄来，他便向鲁迅催稿；收到手稿和译稿之后，他在完成于 1937 年 3 月 26 日的《人与自然》之《茅盾·海婴及其他》一章中，迫不及待且带些炫耀地附上了茅盾《水藻行》原稿首页的照片。而且在 4 月份和 5 月初连续布置了四篇评介文章：（1）4 月 26 日，《帝国大学新闻》发表小田岳夫的《无高潮之力：茅盾〈水藻行〉》；（2）4 月 28 日，《读卖新闻·文艺时评》发表本多显彰的《日本式的感觉——理性的立场》；（3）4 月 29 日，《报知新闻·文艺时评》发表神西清的《茅盾描绘的南画——本月作品的最高峰》；（4）5 月 6 日，《读卖新闻·评论壁》发表新宿兵卫的《日中之文学的握手》。他们一致认为《水藻行》是当时最重要的作品。这样的声势，势必对日本读者造成巨大感官和精神的冲击。

时隔 54 年之后，1991 年 6 月，日本的伊藤德也再次翻译了《水藻行》。作品名由山上正义直译的《水藻行》（「水藻行」）改为意译的《割水草的男人》（「藻を刈る男」）。此译作收录在《水藻行——茅盾短篇集》中。在题解中，白水纪子在书后《解题》中对这部作品的翻译过程进行了说明：

> 　　《水藻行》是中日战争爆发前两个月，三七年五月发表于《改造》杂志上的。中国比日本晚一个月后发表在杂志《月报》。创作时间是三六年二月，比《烟云》要稍早一些。这是一部以日本读者为对象而创作的，并先于中国在日本发表的特殊作品。关于这部作品的日文翻译，最初预定由鲁迅负责，因病而未实现，后由鲁迅委托山上正义翻译了这部作品。山上是《阿 Q 正传》的早期译者，另外他作为联合通信社（之后的同盟通信社）的中国特派记者与中国文化人士有着广泛的交际。他在完成特派记者工作之后回到日本不久便完成了这部作品的翻译，其中对话部分使用了农民式的语言，使得译文具有强力之感。①

此说正可作为本文的佐证和补充。

二　《水藻行》发表前后日本报刊的相关评论

《水藻行》在《改造》杂志上的发表推进了中日文学与文化的深入交流。在《改造》1937 年 5 月号出版发行前，1937 年 4 月 26 日小田岳夫在《帝国大学新闻》上发表了题为《无高潮之力——茅盾〈水藻行〉＝改造》一文，此文是迄今所发现的中日最早评价《水藻行》的文献。小田岳夫对《水藻行》第二章最后一段的描写进行了解读，他评价说：

---

　　① 宮尾正樹、白水紀子、伊藤徳也訳：「藻を刈る男：茅盾短篇集」，東京：JICC（ジック）出版局 1991 年 6 月版，第 234—235 頁（宮尾正樹、白水紀子，伊藤徳也編訳：《水藻行：茅盾短篇集》，东京：JICC 出版局 1991 年版，第 234—235 页）。

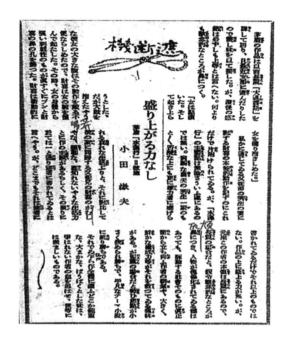

笔者所藏小田岳夫《无高潮之力——茅盾〈水藻行〉=改造》

原文（《帝国大学新闻》1937.4.26）

　　这段描写了财喜对于秀生的妻子产生的本能性的冲动。但这并非是《水藻行》的中心要点之处。病弱的农民秀生一家生活艰辛，被阶级所压迫，与他同住的财喜活力健壮，过着无家室的生活，这似乎是这部作品的主题，可以说是一流作家所作，作品并没有什么高潮之处。作者擅长创作长篇小说，虽然他的长篇小说存在概念化、人物傀儡化的弊端，但正面揭露了社会现实，作者的雄心壮志，宏大而鲜明的构思等弥补了作品的不足。而短篇故事情节趋于平坦，视野狭窄，主题平淡无奇。《水藻行》整体洋溢着一种厚重而粗犷的艺术风格，作者给了我们读者与世无争的美感。①

---

　　①　小田嶽夫「盛り上がる力なし—茅盾『水藻行』＝改造」，「帝国大学新聞」，1937年4月26日（小田岳夫：《无高潮之力——茅盾〈水藻行〉＝改造》，《帝国大学新闻》1937年4月26日）。

1936 年 8 月小田岳夫通过翻译《动摇》和《追求》向日本读者介绍了中国国民大革命前后的社会现实，他对《蚀》给予了较高的评价。相比较，《水藻行》无论在历史跨度、社会深度、人物思想及革命叙事的广度与深度等方面都远不及《蚀》，《水藻行》完全是一部让人感到"无高潮之力"的平淡无奇之作。实际上，小田岳夫当时并未完全接受或理解《水藻行》中隐含的独特美学价值和其特有的现实主义思想。茅盾在《水藻行》中通过描写刻画人物的心理，反映了农民阶层性道德观念，塑造了开放性和乐观性的农民形象，进而意图告诉日本读者"中国农民并非是赛珍珠《大地》中所描写的那样"。茅盾曾说："《水藻行》是一篇农村题材的小说，但不同于我的同类作品。我没有正面去写农村尖锐的社会矛盾，只把它放在背景上。我着力刻画的是两个性格、体魄、思想、情感截然不同的农民。"① 小田岳夫评价的"平淡无奇""无高涨之力"也正是因为《水藻行》自身主题和描写风格的特殊性，这种特殊性的存在也正是体现了《水藻行》是一部专为迎合日本读者而创作的具有日本式美感的作品。

1937 年 4 月 28 日本多显彰在《读卖新闻》的"文艺时评"一栏中发表长文《日本式的感觉——理性的立场》。本多显彰（1898—1978），1923 年毕业于东京帝国大学（东京大学的前身）文学部英语专业，东京女子高等师范学校教授，主要从事劳伦斯、莎士比亚等英国作家作品的翻译与研究，在近代日本文学界有着广泛的评论活动。本多显彰在从日本人的理性与感性的角度解读评价了《水藻行》，文中有这样一段评论：

读完茅盾的《水藻行》后我豁然开朗。这部作品中体现出的那种敏锐之感使人内心平静。作品中描写了已婚男子（秀生）与侄子财喜在凛冽寒风中打捞水草的故事。主人公财喜开朗豪爽的性格与广漠无边的周围环境完全合为一体，二者水乳交融，让我们感到一种空旷而

---

① 茅盾：《抗战前夕的文学活动》，《新文学史料》1983 年 8 月，第 5 页。

悠久之美。试想，同样的题材如果是日本作家，特别是典型的日本作家来描写的话效果会怎么样？船中两个似敌似友的男主人公漂流在江面上，或许会描写他们的相貌特征，或许会刻画他们内心中的矛盾和复杂表情，或许表达冬季寒冷之意。然而，除了五感的感觉之外，并未过多地描写客观环境。广漠无边的背景变成了敏感但又狭窄的感觉，经过个人感觉加工之后，代替整体的是这种感觉的夸大。对于个体事件跌宕起伏的感叹可能会频频出现，但就人物性格与个体事物之间的关联来讲，给人的印象往往是被淡化的。①

笔者所藏本多显彰《日本式的感觉——理性的立场》

原文（《读卖新闻》1937 年 4 月 28 日）

---

① 本多顕彰「日本的感覚—知性の立場—」，「読売新聞」1937 年 4 月 28 日（本多显彰：《日本式的感觉——理性的立场》，《读卖新闻》1937 年 4 月 28 日）。

　　关于"文学中的感性"本多显彰在此文中解释说："日本人是感性的民族""日本文学是感性的""在文学领域中敏锐的感觉大多建立在感性的基础之上，而并非深思熟虑的结果。无论感觉多么敏锐，那都不是思考的结果，感觉越敏锐越受到尊重，而敏锐的思考在文学领域中反而会遭到批判"。关于《水藻行》这部作品本多显彰认为它和茅盾其他作品不同，这是一部感觉敏锐并具有日本式文学风格的优秀作品。本多显彰评价《水藻行》是一部"带有日本式感觉的文学作品"是别有新意的，这不仅体现了茅盾在《水藻行》中对人物景色描写的特殊性，也体现了他在短篇小说创作上超凡的艺术天赋和灵活多变的手法。巧合的是，《改造》1937 年 5 月号的卷尾同时刊登了川端康成《雪国》的其中一节，名为《手毬歌》。《手毬歌》和《水藻行》同样是具有"日本式感觉敏锐"的作品。我们可以想象，当日本读者阅读这两部作品时必定会对艺术上存在的异同展开一番比较。

　　具有"日本式感觉"艺术特色的《水藻行》引起了日本读者的强烈共鸣，它在抗日战争爆发前夕进一步推动了中日文学与文化的交流。1937 年 4 月 29 日，日本俄国文学研究学者、翻译家、小说作家、文艺评论家神西清（1903—1957）在《报知新闻》"文艺时评"栏中刊文《茅盾描绘的南画——本月作品的最高峰》。该文列举了同年 4 月《改造》和《日本评论》中刊载发表的作品目录，川端康成的《手毬歌》也被列入在内。神西清给予了《水藻行》非常高的评价：

　　　　我读了中国作家茅盾的《水藻行》（改造）。虽然这部作品描写的是中国江南一带的贫农生活，但在素材的选用上却带有浓厚的南画风格，字里行间流露出征服自然之美和浓厚的乡土情怀。塑造的不是碎片化的、概念化的，而是带有人文主义精神的人物形象。如果说《大过渡期》是一副具有欧式风格的画卷，那么《水藻行》就是带有东方风格的"南画"。我认为它在本月诸篇作品中达到了最高峰水平。①

神西清在 4 月份日本各大杂志刊载的数篇文学作品中单独对《水藻行》予以的特别评价，其原因在于出自中国作家茅盾之手的《水藻行》完美融入了中日文化艺术特色。他把《水藻行》比作"东方风格的'南画'"，所谓"南画"是指江户中期，深受中国明清绘画影响的画派画的统称，代表着中日文化和艺术审美的融合。神西清以"茅盾描绘的南画"为文章题目说明《水藻行》的艺术风格符合日本人的审美标准，"南画"也隐喻了《水藻行》是一部融合了中日文学文化之美的经典之作。

《水藻行》和《手毬歌》一并在《改造》5 月号的刊载标志了抗日战争前夕中日文学交流的持续与深入以及茅盾小说作品在日本所具有的强大影响力。1937 年 5 月 6 日，新宿兵卫在《读卖新闻》的"评论壁"一栏中刊文《日中的文学式握手》。新宿兵卫在文中评论了作品和当下的中日文学现状：

> 在茅盾的《水藻行》（改造五月）之前，我已经愉快地阅读了《大过渡期》，对中国现代社会小说给予了重新评价，因此满怀希望读了这部作品，然而它并不像我期待的那样有趣。可能因为茅盾是长篇小说作家的原因吧。《水藻行》并没有《大过渡期》那种气势磅礴、扣人心弦之感。短篇小说作家毕竟还是鲁迅最为杰出。日本的大型杂志这样介绍中国现代作家的作品，我们应该表示欢迎。中国作家把文学杂志寄送给日本的改良派作家们，想以此来建立两国之间的文学交流，但因各种限制和约束原因未能实现，在此我也不想过多指责。现在总算有杂志（《改造》）刊登中国现代文学作品，通过这种方式建立文学交流，我想这是最值得庆幸的事情了。从已故的鲁迅先生留下的文学先例中就能明白，再没有比通过文学建立起

---

① 神西清「茅盾の描いた南画——今月作品中の最高峰」，「報知新聞」1937 年 4 月 29 日（神西清：《茅盾描绘的南画——本月作品的最高峰》，《报知新闻》1937 年 4 月 29 日）。

的交流更真切更深厚了，文学也是深入了解对方最好的媒介。无论是日中亲善还是国民外交的训令，文学家们应该通过文学相互结识，这样才能使日本现代小说变得更富有生命力，那些民族性的问题、还有一些小问题自然能得到解决。①

笔者所藏神西清《茅盾描绘的南画——本月作品的最高峰》
原文（《报知新闻》1937 年 4 月 29 日）

---

① 新宿兵衛「日支の文学的握手」，「読売新聞」1937 年 5 月 6 日（新宿兵卫：《日中的文学式握手》，《读卖新闻》1937 年 5 月 6 日）。

笔者所藏新宿兵卫《日中的文学式握手》

原文（《读卖新闻》1937 年 5 月 6 日）

　　《水藻行》在《改造》上发表不久便在国内《小说日报》上也发表了，但国内在 1945 年之前却未见一篇有价值的相关研究与评论文献。进入 1980 年代后，《水藻行》开始逐渐被纳入国内茅盾研究界的视野，大多观点认为"《水藻行》是一部描写农民受到阶级压迫而奋起反抗的小说"，也有通过和《大地》比较研究之后认为《水藻行》"使人感觉这里写的就是中国农村的过去和当时的现实，与《大地》所描写的时代背景相当或更加广阔"①。此外，也有学者解读评价了《水藻行》的特殊价值和意义，比如王卫平曾认为：《水藻行》着重揭示了封建伦理道德对农民情欲与精神的束缚、压抑和折磨，以及对它的某些冲破，体现了中国农

①　李继凯：《略说〈水藻行〉与〈大地〉》，《茅盾研究》第 4 辑，文化艺术出版社 1990 年版，第 262 页。

民开放性的伦理道德，塑造了不同于传统小说中的坚强、勇敢，具有崇高精神的农民形象。①

总之，《水藻行》的译介推进了茅盾小说在日本的传播进程，加深了中日文学与文化间的相互交流，反映了茅盾小说在日本文化体系中所释放出特殊美学价值和文学历史意义，同时也为日本读者直接了解中国农村现状与农民精神面貌打开了一扇丰富多彩的文学艺术"窗口"。《水藻行》中所蕴含的这种价值和意义在其他茅盾小说作品中是不多见的。

第二节　茅盾其他短篇小说的日译、评介及研究概况综述

除《水藻行》外，茅盾主要短篇小说代表作品《春蚕》《秋收》《林家铺子》《小巫》等在日本也均被翻译发表。虽然这些作品的影响力不及长篇小说，但日本研究者及读者却通过这些作品直接了解到了1930年代中国农村经济情况和挣扎于半封建半殖民地、买办资本主义和帝国主义统治剥削下的中国农民形象。在茅盾短篇小说中，《春蚕》和《林家铺子》备受日本学界的关注。因这两部作品创作完成时间相隔较近，并都是以中国农村经济为题材的，所以日本学者常把它们合在一起展开解说与评价。据笔者统计，迄今为止所发现《春蚕》共4个日译本版本，《林家铺子》共3个日译本版本。本节中笔者将对这两部作品在日本译介及研究情况展开详细地考证、梳理与述评。

一　《春蚕》《秋收》《林家铺子》《小巫》等在日本的翻译与评介

1937年《水藻行》在《改造》杂志上的翻译发表推动了茅盾农民题材短篇小说在日本的译介。1938年6月小田岳夫发表出版了译著《同行者：

---

① 王卫平：《〈水藻行〉在茅盾农村题材小说中的独特意义》，《锦州师院学报》1987年第1期。

支那现代小说三人杰作集》，此集中收录了萧军的《同行者》《未完成的构图》、郁达夫的《春风沉醉的晚上》《日记九种》、茅盾的《大泽乡》《秋收》，共计6部作品。小田岳夫在"序"中评价这6部作品时说："如果简述每部作品的话，《同行者》是萧军最能表现大陆式悠远之味道的代表作品。《未完成的构图》是窥视萧军一部分私生活并略带有回忆风格的作品。《春风沉醉的晚上》和《日记九种》可谓是郁达夫最具表达中国式感伤风格的生动作品，特别是《日记九种》最具有郁达夫的风格，所以在我国好评如潮。茅盾的两部作品中，迄今为止未详细介绍的以农村为题材之力作《秋收》是最具茅盾风格的精致写实主义之作，《大泽乡》是以历史为题材的作品，其具有的清新之美和简短精巧的风格是不可多得的。"①

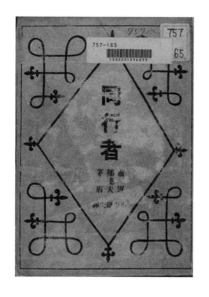

笔者所藏小田岳夫《同行者：支那现代小说杰作集》
封面及目录（竹田书房1938年版）

日籍中国台湾学者曹钦源首次完成了《春蚕》的日译。曹钦源同时也是中国文学研究会成员之一，他和竹内好、武田泰淳、冈崎俊夫等在

---

① 小田嶽夫「同行者：支那现代小说傑作集 序」，東京：竹村書房1938年版（小田岳夫：《同行者：支那现代小说杰作集 序》，东京：竹村书房1938年版）。

战时复杂的政治环境中依然坚守着中国现代文学研究的这块阵地。曹钦源翻译的《春蚕》被收录于 1939 年 11 月由中国文学研究会编辑、东京伊藤书店出版发行的《支那现代文学丛刊》第二辑的《蚕》中。《支那现代文学丛刊》共出版了两辑，第一辑以许地山的《春桃》为书名，共收录冰心、叶绍钧和郭沫若等的作品共计 7 部。① 1939 年中日战争正处于白热化阶段，中国文学研究会能在此条件下翻译出版中国左翼作家作品实属难得。研究会以编者身份在"序"中表示：

> 继第一辑《春桃》之后，第二辑《蚕》能够顺利出版发行对于各位同仁来说是一件可喜之事。第一辑出版后的感想没有在第二辑中重复，更多的是一些新的体会。理想和现实之间不可能完全没有距离，这一点要向所有读者深表歉意。然而，在目前有形无形的客观形势下，从中国现代文学中能够汇集这么多的作品，虽然谈不上是飞跃，但至少向前推进了一大步，今后还要在各界斧正之下继续前行。第一辑中以中篇为主，笔墨厚重，人物性格突出。本辑以短篇为主，题材种类繁多，作家中除郁达夫外均是在七七事变之前持续活跃于文坛的新人中坚作家，呈现出耳目一新并富有多样性的特点。②

第二辑中除《春蚕》外还收录了茅盾《小巫》（曹钦源译）、老舍《大悲寺外》（猪俣庄八译）、沈从文《山道中》（松枝茂夫译）、艾芜《山中送客记》（松枝茂夫译）、艾芜《松岭上》（冈崎俊夫译）、郁达夫《茑萝行》（饭村联东译）、郁达夫《怀乡病者》（小田岳夫译）、欧阳山《杰老叔》（山本三八译）、魏金枝《我家的事》（武田泰淳译）共计 10

① 经过笔者考证，《支那现代文学丛刊》第一辑《春桃》中收录的译作有：许地山的《春桃》（松枝茂夫译）、冰心的《超人》（猪俣庄八译）和《往事》（饭塚朗译）、叶绍钧的《稻草人》（猪俣庄八译）和《古代英雄的石像》（猪俣庄八译）、郭沫若的《黑猫》（冈崎俊夫译）和《自叙传》（吉村永吉译）。

② 中国文学研究会编「蚕」，东京：伊藤書店 1939 年版，第 3—4 页（中国文学研究会编：《蚕》，东京：伊藤书店 1939 年版，第 3—4 页）。

部作品。刊中未见任何关于对《春蚕》文本的解读分析内容。在战时条件下茅盾、郁达夫、艾芜、欧阳山等中国新老作家作品被翻译发表，这与山本实彦在1936年至1937年间通过《改造》杂志对中国作家作品的推介后所引起的巨大反响不无关系。《春蚕》可以被认为是继《水藻行》之后日本中国文学研究者最关注的作品之一。

　　昭和前期（1926—1945），日本对中国现代文学作品的译介虽然形成了一定规模，但除鲁迅之外，对其他作家作品的研究重视程度还远远不够，短篇小说的研究文献更是非常有限。《支那现代文学丛刊》《现代支那文学全集》等介绍中国现代文学书刊的出版销售情况因战争等原因并不理想，在日本作为外国文学的中国现代文学在昭和前期并未形成主流。1949年中华人民共和国成立后，被美国占领下的日本为深入了解新中国，自1950年代开始掀起了一股翻译研究中国文学的热潮。在此背景下，作为茅盾作品重要翻译者之一的尾坂德司不仅在1951年翻译了《子夜》，还翻译了《春蚕》《林家铺子》《儿子开会去了》《脱险杂记》四部短篇小说作品，1955年3月以《茅盾作品集》为书名由青木书店出版发行了单行本。

《中国文学月报》第56期及第58期刊登的
关于《支那现代文学丛刊》出版发行的广告

尾坂德司认为《春蚕》和《林家铺子》是茅盾最杰出的短篇小说。他在"译者后记"中给出了四点原因：

第一，这两部作品中反映的"小商人、中小农现实生活"引人注目。因为是首部把《从牯岭到东京》中的理论用于实践的作品，从而执笔之时融入了处女座《蚀》的那种创作热情。

第二，两篇作品完成于1932年。除长篇小说《子夜》外，茅盾还创作了多篇短篇小说。可以想象，那个时期是他创作最为旺盛之际。

第三，如《子夜》的《自序》中所述，题材过于宏大，所以内容显得空疏。茅盾在创作《子夜》时已经注意到这些缺陷，因此在之后的创作中他把写作焦点集中在了一个家族上。

第四，茅盾深受日本及后来回国后左翼作家的影响。茅盾在《子夜》中描写金融资本家、实业资本家、地主、教授、学生、工人、农民等中国各阶层人物时虽然略显概念化，但人物的行为描写基本符合其所属阶层的特点，这说明茅盾已经掌握了左翼文学的理论。《春蚕》《林家铺子》都揭示了"一·二八事变"上海战事所造成的社会动荡，两部作品分别以1932年2月和6月为背景描写了中国城镇与乡村的破产，将战争的影响与中国错综复杂的社会现实有机地结合在了一起。①

1956年，相浦杲在汉语编辑委员会编，邦光书房出版的杂志《汉语》第13期至第18期连载翻译介绍了由任明耀改编、王白水创作的《春蚕》连环画。此作图文并茂、汉日双语，不仅为日本汉语学习者提供了绝佳的参考资料，也对《春蚕》在日本的传播与影响起到了推动作用。同年1月竹内好翻译完成了《春蚕》，译本被收录于新潮社出版发行的《现代世界文学全集》第42卷中。除《春蚕》外，此卷还收录了数篇描写中国农

---

① 尾坂德司訳「茅盾作品集」，東京：青木書店1955年版，第261—262頁（尾坂德司译：《茅盾作品集》，东京：青木书店1955年版，第261—262页）。

笔者所藏曹钦源译《蚕》（1939 年版）及尾坂德司译
《茅盾作品集》（1955 年版）的封面

村题材的作品，其中有《林家铺子》（竹内好译）、《祝福》（竹内好译）、
《故乡》（竹内好译）、《我在霞村的时候》（冈崎俊夫译）、《李家庄的变
迁》（冈崎俊夫译），此卷可以说完整再现了从辛亥革命到抗日战争胜利
各时期历史变革下的中国农民形象，为日本读者展示了描写第二次世界
大战前后中国农村变革的艺术画廊。在 1950 年代，尾坂德司、竹内好对
《春蚕》和《林家铺子》给予的高度评价恰恰说明了茅盾笔下的中国农村
现状及农民形象在日本读者面前展现出了特殊而不同的一面。

　　进入 1990 年代后，茅盾的短篇小说再度引起日本学者的翻译热潮。
1991 年 6 月东京 JICC 出版局出版发行了《水藻行：茅盾短篇集》，这是
继尾坂德司《茅盾作品集》第二部茅盾短篇小说日译本集。此集中共收
录茅盾短篇小说译作 7 部，即：《诗与散文》（宫尾正树译）、《小巫》
（白水纪子译）、《右第二章》（伊藤德也译）、《春蚕》（宫尾正树译）、
《当铺前》（白水纪子译）、《烟云》（白水纪子译）、《水藻行》（伊藤德
也译）。另外，书后附有白水纪子的《解题》。值得一提的是，作品名一
改 1930 年代的日语汉字直译法，依据文本内容采用了更为简单易懂的意
译法，比如《水藻行》被译为了《割水草的男人》（「藻を刈る男」），

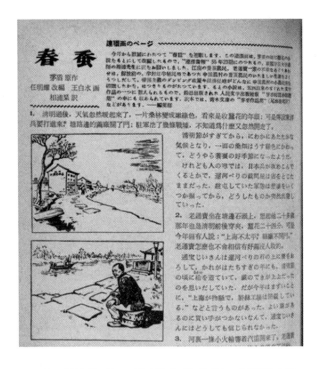

**1956 年《汉语》第 13 期刊载的茅盾原作，任明耀改编，
王白水绘画，相浦杲译的《春蚕》**

《小巫》被译为了《来自上海的情人》（「上海から来た愛人」），《诗与散文》则被译为了《诗一般的恋爱》（「詩的恋愛」）。这种译法对于当代日本读者来说意思清晰明了，简单易读。

白水纪子在《解题》中对《春蚕》给予了简要评价，她认为：

茅盾在创作这部小说的 1932 年曾两次回到故乡乌镇，他观察了农村巨大的变化，另外茅盾年幼时对养蚕知识的了解在《春蚕》创作中产生了很大作用。然而这部作品和单纯描写农村题材的小说有所不同，城市蚕茧市场价格波动左右着农民生活，以资本主义社会结构为背景，从社会科学性角度分析了城市和农村之间的关系。作品中涉及农民根深蒂固的封建迷信和思维方式，展现了试图打破封建传统观念的年轻人们的动态，立体式描写出了中国农村持有的各种问题。在《春蚕》发表四个月前，茅盾创作了以故乡商业衰退为题材的《林家铺子》，这两部作品可以说是茅盾充分发挥了现实主义文学创作手法的杰作。①

笔者所藏《水藻行：茅盾短篇集》
1991 年初版封面

20 世纪 80 年代末到 90 年代初期国内茅盾研究界主要围绕《子夜》文学价值展开了论争，《子夜》的文学价值，甚至茅盾作为"大家"的地位也一度遭到质疑，其短篇小说的研究并未出现较大的进展与突破。然而从日本学界对茅盾短篇小说翻译介绍情况来看，我们至少了解到了 21 世纪时期在域外文化政治语境中茅盾作品并未被停止传播与接受，具有

---

① 宫尾正树 白水纪子 伊藤德也訳「藻を刈る男：茅盾短篇集」，JICC（ジック）出版局 1991 年 6 月版，第 231—232 頁（宫尾正树、白水纪子、伊藤德也訳：《水藻行：茅盾短篇集》，JICC 出版局 1991 年 6 月版，第 231—232 页）。

现实主义意义的短篇小说作品和《子夜》《霜叶红似二月花》等一同成为日本中国文学研究界的关注对象之一。

二　《春蚕》在日本的研究概况

《春蚕》共有 4 个日译版本，是茅盾短篇小说日译本中版本最多的一部作品，但有关《春蚕》的研究文献却只有零星数篇。以下笔者将对《春蚕》在日本的研究情况展开概述与评析。

1935 年 3 月竹内好在《中国文学月报》创刊号《今日之中国文学问题（时事报道）》专栏的"农民文学动向"一节中最早评价了《春蚕》，他认为："中国的革命文学退潮之后，取而代之的是作为文坛主流人物的茅盾，他在《春蚕》中指出了农民文学的方向。在茅盾之前当然也存在农民文学，比如鲁迅的《阿 Q 正传》、丁玲的《水》、魏金枝的《白旗手》等，都是中国代表性的农民文学，虽然这些作品通过特殊事件或形式来表现了农村现状，却没有把最普通的农民阶层中最普通的日常生活作为艺术创作的对象来看待。……《春蚕》表现了与这些作品不同的一面，它细致地描写了生活于贫困之中的农民最为普通常见的日常生活，形象地描写出了农民经济走向破产的过程，这是一篇划时代的作品。"①《春蚕》发表之初国内评论界在"左"倾影响下大多持以批评意见，比如：作者对于农村社会结构，还没有很好的理解；很多描写失去了真实性，作者所写完全披上了知识分子的外衣；作者所描写的故事是罗蒙谛克的。②当然，也不乏对《春蚕》的肯定评价，认为："茅盾这篇《春蚕》是写着最近的事情，而且还把握住了鲜明的 1932 年中国农村社会的大恐慌而写出了。"③竹内好却把《春蚕》放置于中国农民文学整体构架之中评价了其特有的文学价值，这种解读评价方式在当时是不多见的。

①　竹内好「今日の中国文学の問題（時報）」，中国文学研究会編「中国文学月報」創刊号，1935 年 3 月，第 2 頁（竹内好：《今日中国文学之问题（时事报道）》，中国文学研究会编《中国文学月报》创刊号，1935 年 3 月，第 2 页》）。
②　详见凤吾《关于"丰灾"的作品》，《申报》1933 年 7 月 28 日。
③　朱明：《茅盾的〈春蚕〉》，《现代出版界》1933 年第 8 期，第 9—10 页。

同时也体现了以竹内好为代表的中国文学研究会同仁对中国现代文学较为全面性、宏观性地把握与理解。

1995 年池田宪司发表了一份关于中国养蚕制丝历史的学术报告，题为《1930 年左右的中国江南地区蚕丝状况：解读茅盾的〈桑蚕三部曲〉》。池田宪司把《春蚕》《子夜》和《桑树》三部作品并称为"蚕桑三部曲"。短篇散文《桑树》最早发表在 1934 年 9 月 15 日的《申报月刊》第 3 卷第 9 期中，署名横波。国内学界迄今还尚未对此作展开深入详细地分析评价，可以说这是一部被忽略的作品。《桑树》与《春蚕》同样描写了乌镇一带蚕农的悲惨命运。主人公黄财发因蚕茧价格暴跌而血亏，债务累累的黄财发不得不砍掉桑树改种烟片，他不知道烟片是否能让自己摆脱负债危机。对于未来他不敢奢望，而对于过去的那些桑树他既爱又恨，在现实中苦苦挣扎的黄财发表现了中国农民坚毅而矛盾的性格特征。池田宪司对三部作品解读后认为："这些作品并非因社会剖析派作家才可创作出来的。茅盾是一位富有知性与强烈社会意识的作家。在当时的中国，持以自由进步思想的知识分子从自己的立场出发，对包含农民劳动者在内的社会国家现状深感危机。这种民族危机意识巧妙地融入到了'蚕桑'系列作品当中"。"年轻时的茅盾曾表白说他并不喜欢农村，然而却给很多读者留下印象至深的描写农村与农民的作品。没有对农村农民持以关爱与理解的意识就不会创作出这些杰出的作品。这不仅是因对故乡乌镇及周边桑田沃土留下的繁荣印象的影响，也是他内心当中蕴藏的那种具有乡土气息人道主义精神的使然。"①

2013 年白井重范在著作《论"作家"茅盾——二十世纪中国小说的世界认知》的《茅盾小说的世界构造：1930 年代的城市和农村印象》一章中进一步对"农村三部曲"提出另外一种解读观点，他认为：《春蚕》

---

① 池田憲司「1930 年頃の中国江南地区蚕糸事情：茅盾『蚕桑三部作』にみる」，1995 年 4 月，第 10 頁（池田宪司：《1930 年左右中国江南地区蚕丝状况：解读茅盾〈蚕桑三部曲〉》，1995 年 4 月，第 10 页）。此文为作者的一份学术报告，尾页未标注相关出版信息，目前藏于日本国立国会图书馆。

中的人物在故事开始之时所表现的"愚昧性"与鲁迅初期作品中有相似之处。但不同的是，作为"经济人"的"老通宝"们，当生活陷入苦境之时，回归迷信成为他们唯一的精神寄托。1930年代之初的茅盾小说与其说是批判民众对于迷信的依赖，不如说是在直接对农民生活产生影响的"经济之力"面前，占卜、卦算等迷信活动是荒唐而不可信的，农民的勤劳奋斗注定是徒劳的。这与《子夜》中吴荪甫的失败在性质上是相同的。因此，《春蚕》不仅是农村农民叙事的再延续，也是"《子夜》世界"的扩展。茅盾通过《春蚕》对中国农村主体性故事展开了描写，完成了他意图大规模描写中国社会之目的。① 白井重范以茅盾早期小说作品的整体视阈为出发点解析了"农村三部曲"与《子夜》之间存在的相互关联性，进一步阐述了茅盾在小说创作中所体现的"作家精神"，他认为：老通宝之死与《子夜》中吴老太爷之死具有相同意义。老通宝自身被赋予了"经济人"的意味，其名字"通宝"暗指从唐代到民国初期铸造的代表性货币，是当时市面流通的一种"古币"，老通宝是被赋予"旧币"之名的人物，这也决定了他的人物性格和最终命运。而阿多（多多头）则暗指公债市场用语中的"多头"，阿多带领农民走向武装反抗的道路则预示了农民从"经济人"向"政治人"的锐变，他的形象并非茅盾的"借来之物"，而是经过数年间小说创作最终得出的"结论"。《残冬》之后创作的短篇小说《神的灭亡》以及散文《严霜下的梦》中均流露出了推翻强权统治，拥护阶级斗争的意识，从"经济人"向"政治人"的转变不仅诠释了茅盾现实主义式的"作家精神"，也首次完成了大规模描写中国社会之目的。总之，"农村三部曲"的完成足以说明茅盾在小说创作上突破了《子夜》的"经济"范式，进入了一个崭新的纪元。②

---

① 白井重範「『作家』茅盾論——二十世紀中国小説の世界認識」，東京：汲古書院2013年版，第255—281頁（白井重范：《论"作家"茅盾——二十世纪中国小说的世界认知》，东京：汲古书院2013年版，第255—281页）。
② 白井重範「『作家』茅盾論——二十世紀中国小説の世界認識」，東京：汲古書院2013年版，第255—281頁（白井重范：《论"作家"茅盾——二十世纪中国小说的世界认知》，东京：汲古书院2013年7月版，第255—281页）。

　　《春蚕》与《林家铺子》作为茅盾早期短篇小说的代表作，中日学界则呈现出不同的阐释解读观点。国内研究者几乎把目光集中在考证故事描写的真实性问题上。比如吴组缃早在《谈〈春蚕〉——兼谈茅盾的创作方法及其艺术特点》一文中认为：《春蚕》所写老通宝借债买桑叶的情节是一种市场投机行为，纯属"个人处理不当"，因而不合情理、不真实，老通宝的悲剧不具备典型意义。① 之后，宋剑华在《"乌镇"上的政治经济学——论茅盾〈林家铺子〉里的艺术辩证法》② 也通过史料考证后认为《春蚕》《林家铺子》不符合历史事实。与此提出反驳观点的是余连祥，他在《稍叶——吴组缃先生不了解的一种蚕乡习俗》③ 一文中根据所掌握材料提出了反驳观点，认为这一描写并无不妥。解志熙、尹捷、邬冬梅等均认为《春蚕》《林家铺子》所描写的情节基本符合历史事实。反观《春蚕》在日本的研究，研究者们通常把"农村三部曲"搁置于1930 年代中国农民文学和茅盾早期小说的宏大文学史中加以阐释，侧重于分析文本中所蕴含的茅盾作家意识的渗透，探究茅盾个人生命体验与小说创作思想的内在性关联，关于故事情节是否符合历史事实未被纳入他们的研究重点。在日本学者看来，"农村三部曲"和《子夜》《蚀》并非单纯是作为了解中国经济社会的一份"文件"，而更多的是从作品本身的角度去评说与审视其文学性的价值和意义的。值得一提的是，白井重范虽然认为多多头完成了从"经济人"向"政治人"的转化，但他对茅盾笔下"革命农民"的形象并未做出更深一步解读。其实，茅盾在"农村三部曲"中并未赋予阿多这一人物鲜明的政党思想，只是有意无意地对他的革命原因做出了简单模糊的处理。国内学者认为：茅盾对革命暴力的态度比较矛盾。茅盾的乡村叙事特点源于他自觉的创作追求，就是

---

　　① 参见吴组缃《谈〈春蚕〉——兼谈茅盾的创作方法及其艺术特点》，《中国现代文学研究丛刊》1984 年第 4 期。

　　② 参见宋剑华《"乌镇"上的政治经济学——论茅盾〈林家铺子〉里的艺术辩证法》，《东吴学术》2017 年第 3 期。

　　③ 参见余连祥《稍叶——吴组缃先生不了解的一种蚕乡习俗》，《中国现代文学研究丛刊》2009 年第 4 期。

强调文学反映现实的全面性和客观性，文学的主要功能不是直接宣传政治理念、鼓动革命，创作必须以作家本人的生活经验和独立思考为基础。因此，茅盾的乡村叙事除了独特的艺术价值，还具有一定超越政治立场的文献价值。① 松井博光读完《春蚕》和《林家铺子》后也提出了类似见解："那些无法逃脱于现实大环境中的主人公们，我总感到称他们英雄最为恰当些。同样是拼命挣扎，最后都是惨败，并在不明白失败的理由情况下被埋没于现实之中。茅盾这一时期之所以选择那些所谓被埋没的悲剧人物，把现实社会作为时代特征加以描绘，是因为大革命失败的经验在他内心留下深刻创伤之缘故。"② 总之，日本学者更关注于茅盾农村题材小说中所蕴含的"独特的艺术价值"和"超越政治立场的文献价值"，他们的研究视角和研究方法是有必要给予关注的。

---

① 参见阎浩岗《茅盾与 20 世纪中国土地革命叙事》，《社会科学辑刊》2016 年第 5 期。

② 松井博光「薄明の文学——中国のリアリズム作家・茅盾」，東京：東方書店 1979 年版，第 220 頁（松井博光：《黎明的文学——中国现实主义作家・茅盾》，东京：东方书店 1979 年版，第 220 页）。

结　语

茅盾小说在日本的译介研究比较典型地展示了茅盾创作的国际影响和世界意义。由于各自不同的文化背景、知识结构和学术传统，中日学术界的茅盾小说研究在研究方法、研究视角、研究理论等方面形成了各自的鲜明特点。中日在茅盾小说研究方面的成果既有相异的一面，又有相同的一面；既有对话争鸣的一面，也有可资借鉴互补的一面。

最后，让我们以日本历史年号为划分方法，即以昭和前期、昭和中期、昭和后期和平成时期为分界点，对日本茅盾小说研究的历史脉络与各时期特点史作一宏观梳理和简要回顾与总结。

昭和前期（1926—1945）是茅盾小说在日本译介研究的发生期。《蚀》《虹》《子夜》《水藻行》《春蚕》等作品的日译本相继问世，引起了日本学界对茅盾的关注。在为数不多的研究成果中，日本学者以局外人视角把研究重点放在了作品的艺术个性、创作方法、人物心理刻画和作者思想方面，从文学本身角度展开了解读评价，并以其他作品为参照，呈现出较为立体化和系统化的特点。茅盾的西欧式现实主义给了正在探索东西方结合之路的日本文学界以启发、以示范：他们曾经将茅盾看作与川端康成、赛珍珠等诺贝尔文学奖得主相提并论的作家，在刊登他们的作品时，甚至屡次将茅盾置于川端康成与赛珍珠的前面。这让中国国内研究者意识到：茅盾小说在日本的重要性和价值甚至可同鲁迅相颉颃，日本学者对茅盾小说的译介研究同样包含着对近代中国理解的思想资源和理论承载。

　　昭和中期（1945—1966）是日本当代历史中较为特殊的一段时期，也是茅盾研究在日本的高潮期。日本战败后，知识界开始反思战争给日本及国外民族造成的伤害，日本的中国文学研究者们更是充满了对侵略战争的悔恨和强烈的负罪意识。进入 1960 年代，美国占领日本政策发生变化——从推进日本民主化，转向加强推行反共政策。日本在美国高压政策控制下，因"赤色"力量遭到整肃，社会上反抗情绪愈加高涨，爆发了多次大规模抗议活动。随着以苏联为首的世界社会主义阵营势力的不断扩大，日本共产主义运动重新兴起，日共中央加大了对无产阶级文学的推介。在日本国内政治及国际关系格局剧烈变局的背景下，日本人意图通过阅读大规模描写 1930 年代中国社会的现实主义作品，深入了解帝国主义和买办资本主义压迫下中国民族资产阶级、小资产阶级和农民阶级的状况，对小说文本中所蕴含的作家的真实生命体验产生了强烈共鸣。日本读者也渴望通过阅读描写的挣扎于"五四"历史转型期的个体生命与民族思想文化纠葛的茅盾战时小说作品审视反思日本战败后所面临的民族精神困境及在西方政治话语主导下所形成的文化断层。日本研究者因所处研究环境、政治语境和所掌握材料不同，其研究对象、研究方法、研究视野和同时期国内学界产生了很大不同。他们更偏重于从文学的理性角度解构阐释作品中所蕴含的茅盾个人创作思想和艺术价值，侧重于分析人物性格、心理描写手法、文体结构及茅盾本人经历与创作之间所存在的密切关联，力图深入探究茅盾努力发掘人性的复杂性、尊重艺术规律的现实主义作家精神。茅盾小说的译介对日本作家战后小说创作产生了深刻的影响。其中《虹》与武田泰淳短篇小说《圣女侠女》，《腐蚀》《子夜》与堀田善卫短篇小说《齿轮》和长篇小说《历史》之间在人物形象性格描写、人物心理描写、故事背景、文本结构等多个方面具有明显的互文性，这体现了战后日本作家对茅盾作品持以的强烈共鸣及崇敬之情。

　　昭和后期（1966—1989），茅盾小说在日本的译介研究得到进一步扩展与深化。中华人民共和国成立之后的 17 年之间，政治运动给国内茅盾研究的深入开展带来严重阻碍。更为令人遗憾的是，在之后长达十年的"文化大革命"运动中，茅盾研究在中国内地陷入一片空白。然而日本学者却在 1950 年代相关研究的基础上，对茅盾作品、生平、思想等方面进一步展开了拓展性与深化性研究，在深度和广度上都有可观的成就。在小说作品的版本流变、妇女论、茅盾在牯岭时期的生活轨迹等相关史料发掘整理方面更是走在了我们的前列。进入 1980 年代后，日本又一次迎来了茅盾研究的高潮期。与此同时，中国国内自 1980 年代中期开始，随着思想解放运动的全面展开、西方文艺思潮和文学观念如潮水般涌入，文学批评界和文学史研究界出现观念更新和"重写文学史"浪潮，茅盾作为大家的地位及其小说的文学价值遭受质疑。与之相反的是，随着"全球化一体化"的到来，西方后现代主义文化理论纷纷涌入日本，日本文学无论在创作还是在理论上都呈现出多元化态势。日本文学再一次面临如何将西方文学纳入到本土、为我所用之问题。在此背景下，筱田一士将《子夜》选入"二十世纪十大小说"之列，这说明他欲将以《子夜》为代表的现代中国文学作为反观自身的"他者"，在寻求自我重建和主体性的同时，更强调与欧美文明平等对话的文化意识。除《子夜》外，带有《红楼梦》文体风格和民族艺术色彩的《霜叶红似二月花》、具有融合中日文学文化之美的《水藻行》同样也在这一时期成为日本茅盾研究界关注的焦点。值得一提的是，对中国国内长期被视为冷门作品的《多角关系》《少年印刷工》《走上岗位》及倡导现实主义的理论文章《夜读偶记》，在此时期日本也出现了数篇相关研究文献。研究者们分别从艺术描写手法、现实主义文学艺术价值、文本校勘等方面给予了评析。

　　平成时期（1989—2019）随着"全球一体化"的到来，日本迎来了全面的新媒体时代。日本文学研究者在进行文学研究时开始纳入相关学科。然而不断发展并非是对过去的批评及研究方法全面的扬弃，对于曾经造成很大影响的"文本论"，一些批评家开始力图注入新的活力。他们尝试以文本为切入点，在作家思想和历史的动态中综合把握，以小见大，用微观与宏观结合的批评方法建立以文本为中心的"跨文化研究"。在此背景之下，日本茅盾研究进入了小说文本研究多元化阶段。桑岛由美子从创作背景、人物形象方面分析了高尔基文学与《子夜》之间的关联性，解析了 19 世纪末俄国社会史和高尔基文学对茅盾关于"民族资产阶级的末路"和"中国商业资本的命运"问题意识的产生起到了重要的启蒙作用。白井重范则通过比较文学、史料考证、文本细读的研究方法对作品中茅盾"作家精神"的体现、北欧神话与文本的关联等方面展开了研究论述。中井政喜围绕茅盾在 1920 年代初的文学活动中对新浪漫主义和自然主义持以怎样的见解、国民革命失败后茅盾在 1928 年如何参与了革命文学论争等问题展开了探讨。以《霜叶红似二月花》为代表，中日学界研究关于茅盾在"女性""母性"描写问题上产生了对话与争鸣，不仅表现了同处于东方文化体系中两国在对带有东方古典文学风格作品的接受异同，更充分证明了《霜叶红似二月花》与茅盾其他长篇小说相比所具有的独特魅力和璀璨的文化文学价值。

纵览近一个世纪的日本茅盾小说译介与研究历史，可谓成果丰硕、成绩斐然；所涉足的问题广泛，聚焦点具有一定现实意义、社会意义、文化意义和美学意义。虽然总体而言在数量、深度和理论等方面尚远不及中国国内，但茅盾在日本作为一名外国作家能够引起如此关注，作品被大量译介、评价与研究，充分说明茅盾先生所留下的巨大精神财富不仅属于中国，也属于全世界。正如李岫先生曾评价的那样："在半个多世纪的文学活动中，他以杰出的现实主义创作、精辟的文学理论和大量的文学翻译，在文学史上留下了不可磨灭的丰功伟绩。这些精神劳动的巨大成果不仅是中国人民也是世界人民共同的精神财富，是世界文库中瑰丽的珍宝。"①

相比较英语世界国家和俄罗斯，日本对茅盾小说的译介和研究成果最为丰硕，其总体研究明显呈现出"论文文献译本数量最多""研究方法

---

① 李岫：《半个世纪以来国外茅盾研究概述》，载李岫编《茅盾研究在国外》，湖南人民出版社 1984 年版，第 27 页。

和视野具有独特性""研究深度和广度具有前沿性"的特点。从国外各国的茅盾研究状况来看，日本的译介与研究更能全面深刻地反映出茅盾小说在异质文化体系中所释放出的文学价值和意义，更能展示出以茅盾小说为代表的中国现代中长篇小说作品在东方文化文学体系中特殊而不同的一面，更能体现出日本这座"他山之石"对于研究"中国现代文学在国外传播与接受"这一课题中所体现的非凡价值和意义。因此，我们有理由认为：茅盾作为作家的巨大精神财富在日本释放出了璀璨耀眼的光辉，这是中国的骄傲，特别是中国文学界的骄傲。日本茅盾研究理应被中国国内文学研究界特别是茅盾研究界给予更多关注和了解。

参考文献

国内参考文献

1. 专著类文献

1.1　茅盾相关著作类

茅盾:《茅盾文集》,人民出版社 1958 年版。

茅盾:《我走过的道路上》,人民文学出版社 1981 年版。

茅盾:《我走过的道路中》,人民文学出版社 1984 年版。

茅盾:《茅盾全集》,人民文学出版社 1986 年版。

茅盾:《我走过的道路下》,人民文学出版社 1997 年版。

茅盾、韦韬:《茅盾回忆录(上中下)》,华文出版社 2013 年版。

茅盾:《茅盾全集》,黄山书社 2014 年版。

1.2　茅盾研究专著及论文集类

陈幼石、茅盾《〈蚀〉三部曲的历史分析》,社会科学文献出版社 1993
年版。

丁尔纲:《茅盾的艺术世界》,青岛出版社 1993 年版。

丁尔纲、李庶长:《茅盾人格》,河南人民出版社 2004 年版。

黄侯兴:《茅盾——"人生派"的大师》,山东人民出版社 1998 年版。

金燕玉:《封闭与开放——茅盾小说艺术论》,广西教育出版社 1997
年版。

李继凯:《全人视境中的观照:鲁迅与茅盾比较论》,中国社会科学出版社 2003 年版。

李岫：《茅盾研究在国外》，湖南文艺出版社 1984 年版。

李岫、万树玉编：《茅盾和我》，中国广播电视出版社 1996 年版。

刘焕林：《挖掘社会矛盾现象的小说巨匠——茅盾》，广西教育出版社 1997 年版。

钱振纲编：《茅盾评说八十年》，文化艺术出版社 2011 年版。

邱文治：《茅盾小说的艺术世界》，百花文艺出版社 1991 年版。

桑逢康：《茅盾的小说艺术》，北岳文艺出版社 1992 年版。

商昌宝：《茅盾先生晚年》，河北人民出版社 2014 年版。

邵伯周：《茅盾的文学道路》，长江文艺出版社 1959 年版。

史瑶：《论茅盾的小说艺术》，厦门大学出版社 1995 年版。

松井博光著：《黎明的文学——中国现实主义作家·茅盾》，高鹏译，浙江人民出版社 1982 年版。

孙中田：《〈子夜〉的艺术世界》，上海文艺出版社 1990 年版。

孙中田：《论茅盾的生活与创作》，百花文艺出版社 1980 年版。

孙中田、李庆国：《茅盾》，人民文学出版社 1987 年版。

唐金海、刘长鼎：《茅盾年谱》，山西高校联合出版社 1996 年版。

王嘉良：《茅盾小说论》，上海文艺出版社 1989 年版。

王建中、陆文采：《时代女性论稿》，沈阳出版社 1993 年版。

吴奔星：《茅盾小说讲话》，泥土出版社 1954 年版。

吴福辉、李频编：《茅盾研究与我》，华夏出版社 1997 年版。

阎浩岗：《茅盾丁玲小说研究》，人民出版社 2018 年版。

杨扬：《转折时期的文学思想——茅盾早期文学思想研究》，华东师范大学出版社 1996 年版。

叶子铭：《论茅盾四十年的文学道路》，上海文艺出版社 1959 年版。

查国华：《茅盾年谱》，长江文艺出版社 1985 年版。

翟德耀：《走近茅盾》，中国文联出版社 2001 年版。

张邦卫、赵思运、蔺春华主编：《新世纪语境下茅盾研究年鉴 2012—

2013》，现代出版社 2014 年版。

钟桂松：《二十世纪茅盾研究史》，浙江人民出版社 2001 年版。

钟桂松：《茅盾评传》，南京大学出版社 2013 年版。

钟桂松：《茅盾散论》，复旦大学出版社 2001 年版。

钟桂松：《起步的十年——茅盾在商务印书馆》，商务印书馆国际有限公司 2017 年版。

钟桂松：《性情与担当——茅盾的矛盾人生》，复旦大学出版社 2011 年版。

周娇燕：《英语世界的茅盾研究》，中国社会科学出版社 2020 年版。

周景雷：《茅盾与中国现代文学》，中国社会科学出版社 2004 年版。

庄钟庆：《茅盾的创作历程》，人民文学出版社 1982 年版。

庄钟庆：《茅盾研究论集》，天津人民出版社 1984 年版。

《茅盾研究》编辑部中国茅盾研究会编：

《茅盾研究》第 1 辑，文化艺术出版社 1984 年版。

《茅盾研究》第 2 辑，文化艺术出版社 1984 年版。

《茅盾研究》第 3 辑，文化艺术出版社 1988 年版

《茅盾研究》第 4 辑，文化艺术出版社 1990 年版。

《茅盾研究》第 5 辑，文化艺术出版社 1991 年版。

《茅盾研究》第 6 辑，文化艺术出版社 1995 年版。

《茅盾研究》第 7 辑，文化艺术出版社 1999 年版。

《茅盾研究》第 8 辑，新华出版社 2003 年版。

《茅盾研究》第 9 辑，文化艺术出版社 2005 年版。

《茅盾研究》第 10 辑，文化艺术出版社 2006 年版。

《茅盾研究》第 11 辑，新加坡文艺协会 2012 年版。

《茅盾研究》第 12 辑，新加坡文艺协会 2013 年版。

《茅盾研究》第 13 辑，新加坡文艺协会 2014 年版。

《茅盾研究》第 14 辑，华东师范大学出版社 2018 年版。

《茅盾研究》第 15 辑，华东师范大学出版社 2018 年版。

《茅盾研究》第 16 辑，华东师范大学出版社 2021 年版。

《茅盾研究》第 17 辑，华东师范大学出版社 2021 年版。

　　1.3　相关学术著作、学位论文类

［奥］西格蒙德·弗洛伊德著：《精神分析引论》，徐胤译，浙江文艺出版
　　社 2016 年版。

［德］H. R. 姚斯、［美］R. C 霍拉勃：《接受美学与接受理论》，辽宁人民
　　出版社 1987 年版。

［日］竹内好：《近代的超克》，孙歌、李冬木等译，三联书店 2016 年版。

［日］丸山升：《鲁迅、革命、历史》，王俊文译，大学出版社 2005 年版。

［日］小谷一郎：《东京"左联"重建后留日学生文艺活动》，王建华译，
　　上海社会科学院出版社 2012 年版。

阿英：《阿英全集》，安徽教育出版社 2003 年版。

陈建功编著：《百年中文文学期刊图典》，文化艺术出版社 2009 年版。

陈思广：《中国现代文学研究鉴识》，陕西师范大学出版社 2018 年版。

陈童君：《在华日侨文人史料研究——堀田善卫的上海时代》，上海人民
　　出版社 2020 年版。

丁易：《中国现代文学史略》，作家出版社 1955 年版。

［日］高纲博文：《近代上海日侨社会史》，陈祖恩译，上海人民出版社
　　2014 年版。

高旭东：《比较文学实用教程》，北京大学出版社 2011 年版。

高旭东编：《多元文化互动中的文学对话上下册》，北京大学出版社 2010
　　年版。

洪子诚：《中国当代文学史》，北京大学出版社 2008 年版。

胡风：《胡风全集》，湖北人民出版社 1999 年版。

靳丛林：《竹内好的鲁迅研究》，北京大学出版社 2012 年版。

蓝棣之：《现代文学经典：症候式分析》，清华大学出版社 1998 年版。

乐黛云、陈跃红等：《比较文学原理新编》，北京大学出版社 2014 年版。

李德纯：《战后日本文学史》，人民文学出版社 2018 年版。

李怡：《东游的摩罗——日本体验与中国现代文学的发生》，江苏凤凰文艺出版社 2018 年版。

李怡、李俊杰等：《现代文学与现代历史的对话》，羊城晚报出版社 2016 年版。

刘绶松：《中国新文学史初稿》，作家出版社 1957 年版。

刘伟：《"日本视角"与中国现代文学研究——以竹内好、伊藤虎丸、木山英雄为中心》，人民出版社 2011 年版。

刘晓芳、〔日〕木村阳子：《日本近现代文学史》，华东理工大学出版社 2013 年版。

刘勇、李春雨、杨志等编：《中国现当代文学》，中国人民大学出版社 2006 年版。

刘中树、许祖华：《中国现代文学史思潮》，华中师范大学出版社 2009 年版。

鲁迅：《鲁迅全集（1—18 卷）》，人民文学出版社 2017 年版。

孟庆枢：《二十世纪日本文学批评》，吉林人民出版社 2009 年版。

孟昭毅：《比较文学通论》，南开大学出版社 2000 年版。

钱理群、温儒敏、吴福辉：《中国现代文学三十年》，北京大学出版社 1998 年版。

孙玉明：《日本红学史稿》，图书馆出版社 2006 年版。

王金山、王青山：《文学接受研究》，内蒙古大学出版社 2005 年版。

王奇生：《革命与反革命》，社会科学文献出版社 2010 年版。

王向远：《中日现代文学比较论》，宁夏人民出版社 2007 年版。

王晓平：《中国文学在日本》，花城出版社 1990 年版。

王瑶：《中国新文学史稿》，上海文艺出版社 1982 年版。

王玉珠：《茅盾在俄罗斯的接受研究》，博士学位论文，北京外国语大学 2015 年。

吴俊编译：《东洋文论日本现代中国文论》，浙江人民出版社 1998 年版。

吴中杰：《文艺学导论》，复旦大学出版社 2008 年版。

夏志清、刘绍铭等译：《中国现代小说史》，复旦大学出版社 2005 年版。

谢天振：《译介学导论 第二版》，北京大学出版社 2018 年版。

徐静波：《近代日本文化人与上海 1923—1946》，上海人民出版社 2013
　　年版。

许觉民：《雨天的谈话》，湖南教育出版社 2007 年版。

高旭东：《中国现代文学史　上下》，北京师范大学出版社 2017 年版。

阎浩岗：《中国现代小说研究概览》，河北大学出版社 2008 年版。

阎浩岗：《中国现代小说史论》，人民文学出版社 2006 年版。

阎浩岗、魏雪：《“红色经典”的经典化之路》，广东高等教育出版社
　　2020 年版。

阎浩岗：《现当代小说论稿》，人民出版社 2015 年版。

曾朴：《孽海花》，真善美书店 1928 年版。

张梦阳：《鲁迅全传：苦魂三部曲之三·怀霜夜》，华文出版社 2016
　　年版。

中国艺术研究院编：《红楼梦学刊》第 3 辑，文化艺术出版社 1986 年版。

周蕾：《妇女与中国现代性：东西方之间阅读记》，麦田出版有限公司
　　1995 年版。

　　2. 期刊论文类

［日］白水纪子、顾忠国：《关于〈无产阶级艺术〉》，《湖州师专学报》
　　1989 年第 3 期。

［日］白水纪子、顾忠国、刘初霞：《亡命日本时期的茅盾》，《湖州师专
　　学报》1986 年第 2 期。

［日］是永骏：《论〈虹〉——试探茅盾作品的“非写实”因素》，《中国
　　现代文学研究丛刊》1996 年第 3 期。

［日］是永骏：《日本茅盾研究会简介》，《湖州师专学报》1986 年第
　　3 期。

曹书文：《男权意识与女性话语的艺术整合——茅盾小说创作新论》，《河

北师范大学学报》2002 年第 2 期。

陈开明：《二十年代文学的知识妇女主题与茅盾的〈蚀〉和〈虹〉》，《贵州大学学报》1990 年第 1 期

陈思广：《放大与悬置——〈子夜〉接受研究 60 年（1951—2011）述评》，《河北师范大学学报》2013 年第 1 期。

陈思广：《审美之维——1928—2008 年〈蚀〉的接受研究》，《首都师范大学学报》2009 年第 5 期。

陈思广：《未完成的展示 1933—1948 年的〈子夜〉接受研究》，《江汉论坛》2008 年第 5 期。

陈思广、任思雨：《革命的断裂与茅盾的矛盾言说——茅盾长篇小说〈虹〉之未完成探因》，《天津社会科学》2021 年第 2 期。

陈幼石、杜运通：《〈幻灭〉与1927 年大革命》，《天中学刊》1996 年第 2 期。

杜显志：《茅盾小说：社会人生的艺术再现》，《郑州大学学报》1997 年第 3 期。

段从学：《〈子夜〉的叙事伦理与吴荪甫的"悲剧"》，《南京师范大学学报》2015 年第 2 期。

范志强：《一个未被读者接受的文本——茅盾〈第一阶段的故事〉失败原因浅说》，《华北电力大学学报》1997 年第 2 期。

逢增玉：《茅盾的矛盾——思想史视野中的茅盾小说》，《天津大学学报》2009 年第 5 期。

葛飞：《作为畅销书的〈子夜〉与 1930 年代的读者趣味》，《中山大学学报》2017 年第 5 期。

顾忠国：《茅盾研究在日本》，《湖州师专学报》1987 年第 3 期。

何希凡：《〈霜叶红似二月花〉与茅盾的矛盾》，《中国现代文学研究丛刊》2002 年第 4 期

候成言：《关于茅盾在日本移居的考辨》，《浙江学刊》1983 年第 3 期。

胡赤兵：《论茅盾〈子夜〉中的颓废色彩》，《贵州民族大学学报》2015

年第 2 期。

黄灯：《〈子夜〉模式：宏大叙事经典化》，《江汉论坛》2008 年第 6 期。

黄泽佩：《论茅盾的小说创作并非主题先行》，《文艺理论与批评》1996 年第 5 期。

黄子平：《革命·性·长篇小说——以茅盾的创作为例》，《文艺理论研究》1996 年第 3 期。

江腊生：《论〈子夜〉的三个话语世界》，《中国现代文学研究丛刊》2011 年第 4 期。

解志熙、尹捷：《关于〈春蚕〉评价的通信——从吴组缃和余连祥的分歧说起》，《汉语言文学研究》2010 年第 1 期。

金薇、张玉洁：《也谈茅盾的〈虹〉没能续写的原因》，《锦州师院学报》1991 年第 4 期。

靳明全：《论茅盾流亡日本时的创作情绪》，《贵州大学学报》1993 年第 1 期。

孔庆东：《脚镣与舞姿——〈子夜〉模式及其他》，《文艺理论与批评》2005 年第 1 期。

蓝棣之：《一份高级形式的社会文件——重评〈子夜〉》，《上海文论》1989 年第 3 期。

乐黛云：《茅盾早期思想研究（1917—1926）》，《中国现代文学研究丛刊》1979 年第 1 期。

雷超：《茅盾与〈妇女杂志〉第六卷革新》，《中国现代文学研究丛刊》2018 年第 3 期。

黎明：《日本茅盾研究会的会报和学术例会》，《湖州师专学报》1986 年第 3 期。

李城希：《1949 年之后中国现代长篇小说修改的困境及影响——以茅盾及〈子夜〉的修改为中心》，《文学评论》2013 年第 3 期。

李丹：《近代经济史视野下的〈子夜〉文学创作——以南京国民政府早期公债为中心的考察》，《东岳论丛》2012 年第 6 期。

李广德：《茅盾短篇小说〈水藻行〉研究述评》，《湖州师范学院学报》1997 年第 2 期。

李玲：《存在的不完满性与茅盾〈霜叶红似二月花〉的性别建构——兼论〈霜叶红似二月花〉的个体生命存在主题》，《扬子江评论》2011 年第 5 期。

李玲：《异性想象与男性立场——茅盾前期小说中的性别意识分析》，《中国文化研究》2002 年第 2 期。

李晓宁：《论茅盾等人的社会剖析派小说》，《青海社会科学》1996 年第 5 期。

李岫：《评苏、德、日、捷等译本序跋对〈子夜〉的评价》，《中国现代文学研究丛刊》1984 年第 4 期。

李永东：《时代新青年的颓废叙事——重读茅盾的〈蚀〉三部曲》，《吉首大学学报》2008 年第 2 期。

李哲：《经济·文学·历史——〈春蚕〉文本的三个维度》，《文学评论》2012 年第 3 期。

连正、阎浩岗：《昭和前期（1926—1945）日本对〈蚀〉的译介与研究》，《中国现代文学研究丛刊》2020 年第 8 期。

梁桂：《走出批评的误区——关于〈蚀〉的评价问题》，《海南师范学院学报》1998 年第 3 期。

刘焕林：《封闭与开放、横切与直缀相结合——三论茅盾对中国古典小说的继承与发展》，《广西师范大学学报》1995 年第 4 期。

刘焕林：《欧洲神话在茅盾小说中的投影》，《广西师范大学学报》1997 年第 4 期。

刘绶松：《论茅盾的〈蚀〉和〈虹〉：〈茅盾文集〉（一）读后之一》，《文学评论》1963 年第 2 期。

罗维斯：《历史语境的跨越——〈蚀〉三部曲版本校评》，《现代中国文化与文学》2009 年第 2 期。

毛夫国：《再论〈子夜〉的"主题先行"》，《文艺理论与批评》2015 年第 6 期。

欧秀岚：《从兵学文化视点对赵伯韬形象的阐释——纪念茅盾先生诞辰一百周年》，《内蒙古社会科学》1996 年第 6 期。

裴亮：《轨迹与方法：竹内好的茅盾论》，《中国现代文学研究丛刊》2016 年第 11 期。

秦林芳：《历史转型期的文化反思——〈霜叶红似二月花〉思想意蕴新探》，《北京师范大学学报》2001 年第 4 期。

沈惠英：《时间与空间的象征性形象——茅盾初期小说中的象征性研究之一》，《中国现代文学研究丛刊》1997 年第 2 期。

苏心：《"牯岭时刻"与作家"茅盾"的诞生》，《中国现代文学研究丛刊》2021 年第 3 期。

孙中田：《〈霜叶红似二月花〉与 40 年代小说》，《东北师大学报》1996 年第 5 期。

孙中田：《茅盾小说与"红楼"情结》，《沈阳师范学院学报》2002 年第 1 期。

田佳：《改写理论视角下的〈子夜〉英译本研究》，《海外英语》2015 年第 12 期。

妥佳宁：《"高级形式的社会文件"何以妨害审美？——关于〈子夜〉评价史》，《当代文坛》2018 年第 4 期。

妥佳宁：《〈子夜〉对国民革命的"留别"》，《文学评论》2019 年第 5 期。

妥佳宁：《从汪蒋之争到"回答托派"：茅盾对〈子夜〉主题的改写》，《中山大学学报》2017 年第 1 期。

妥佳宁：《作为〈子夜〉"左翼"创作视野的黄色工会》，《文学评论》2015 年第 3 期。

汪晖：《关于〈子夜〉的几个问题》，《中国现代文学研究丛刊》1989 年第 1 期。

王嘉良、徐美燕：《茅盾小说：政治叙事的两重视角与效应》，《天津社会科学》2011 年第 6 期。

王立鹏：《茅盾与中国小说观念的现代化》，《聊城师范学院学报》1997
　　年第 1 期。

王明科：《慧眼中的误读：茅盾小说的经济史视角重释》，《江西师范大学
　　学报》2009 年第 1 期。

王卫平：《茅盾在小说文体建构上的独特贡献》，《辽宁师范大学学报》
　　1997 年第 1 期。

王卫平：《新世纪以来茅盾研究著作评析》，《山东师范大学学报》2020
　　年第 4 期。

王晓春：《真善美的凝结——论茅盾〈蚀〉〈虹〉中"时代女性"的独特
　　性》，《黑龙江社会科学》2000 年第 6 期。

文宗理：《从感性的热烈到理性的冷峻——〈蚀〉与〈子夜〉的比较并
　　兼及茅盾评价》，《山东大学学报》2008 年第 6 期。

吴向北：《姐妹神祇的瞻前顾后——茅盾〈蚀〉三部曲的神话模式解读之
　　一》，《重庆师范大学学报》2002 年第 4 期。

吴向北：《茅盾〈蚀〉神话模式的象征和文学史价值》，《重庆师范大学
　　学报》2011 年第 3 期。

吴向北：《女神的失落与无奈——茅盾〈蚀〉三部曲的神话模式解读之
　　二》，《重庆师范大学学报》2003 年第 2 期。

吴向北：《三十年代上海都市文学——兼谈对茅盾〈子夜〉的新认识》，
　　《中国现代文学研究丛刊》1991 年第 2 期。

吴向北：《神界的末日与重生——茅盾〈蚀〉三部曲的神话模式解读之
　　三》，《重庆师范大学学报》2003 年第 4 期。

吴组缃：《谈〈春蚕〉——兼谈茅盾的创作方法及其艺术特点》，《中国
　　现代文学研究丛刊》1984 年第 4 期。

［日］下村作次郎、［日］古谷久美子合编：《日本茅盾研究参考资料目
　　录》，顾忠国译，《嘉兴师专学报》1984 年第 1 期。

［日］下村作次郎、［日］古谷久美子合编：《日本茅盾研究参考资料目
　　录补正》，顾忠国译，《湖州师专学报》1986 年第 3 期。

向锦江：《茅盾对〈子夜〉一些问题的解答》，《新文学史料》2000 年第
　　2 期。

肖进：《〈子夜〉的删节本和翻印本》，《中国现代文学研究丛刊》2014 年
　　第 4 期。

肖进：《救国出版社与〈子夜〉翻印本》，《上海对外经贸大学学报》
　　2015 年第 2 期。

徐循华：《对中国现当代长篇小说的一个考察：关于〈子夜〉模式》，
　　《上海文论》1989 年第 3 期。

徐循华：《诱惑与困境——重读〈子夜〉》，《中国现代文学研究丛刊》
　　1989 年第 1 期。

徐越化：《〈水藻行〉与〈春桃〉的比较研究》，《湖州师范学院学报》
　　1998 年第 2 期。

徐越化：《试论茅盾小说中的悲剧色彩》，《湖州师范学院学报》1997 年
　　第 1 期。

徐仲佳：《性爱的现代性与文明的再造——茅盾早期性爱思想浅探》，《南
　　京师范大学文学院学报》2002 年第 2 期。

许子东：《重读茅盾的〈创造〉〈动摇〉》，《现代中文学刊》2021 年第
　　1 期。

严淑芬：《从茅盾的〈大泽乡〉谈起》，《北京第二外国语学院学报》
　　1997 年第 1 期。

阎浩岗：《"二沈"小说创作异同论》，《山西大学学报》1998 年第 3 期。

阎浩岗：《个人主义者的悲剧——重读茅盾的〈腐蚀〉》，《首都师范大学
　　学报》2020 年第 1 期。

阎浩岗：《茅盾与 20 世纪中国土地革命叙事》，《社会科学辑刊》2016 年
　　第 5 期。

阎浩岗：《中国社会剖析派的西方渊源》，《东方论坛》2002 年第 5 期。

阎庆生：《艺术心理与政治心理的冲突——茅盾小说理性化倾斜的心理学
　　阐释》，《陕西师范大学学报》2000 年第 3 期。

杨联芬：《茅盾早期创作与女性主义》，《厦门大学学报》2021 年第 3 期。

杨扬：《茅盾研究点滴谈》，《当代文坛》2018 年第 4 期。

杨扬：《陌生的同路人——论五四时期茅盾文学观》，《文学评论》1993
年第 3 期。

杨扬：《五四时期茅盾文学观及其对文学史的影响》，《上海社会科学院学
术季刊》1993 年第 4 期。

叶君：《文学史范畴的"乡土文学"和"农村题材小说"》，《贵州师范大
学学报》2003 年第 6 期。

尹捷：《"划时代的作品"：抽丝剥茧读〈春蚕〉》，《中国现代文学研究丛
刊》2013 年第 3 期。

于季文：《茅盾笔下的"时代女性"的现实认识价值》，《绍兴文理学院
学报》1995 年第 4 期。

余连祥：《从文化背景看老通宝形象的典型性》，《湖州师范学院学报》
1998 年第 2 期。

余连祥：《茅盾小说世界中的女性形象》，《湖州师范学院学报》1997 年
第 2 期。

余连祥：《现代中国的西西弗神话——茅盾小说的悲剧模式》，《湖州师专
学报》1989 年第 3 期。

曾广灿：《〈子夜〉与〈金钱〉》，《齐鲁学刊》1980 年第 4 期。

曾嵘：《茅盾文学在日本——以〈子夜〉对堀田善卫〈历史〉的影响为
例》，《中国现代文学研究丛刊》2017 年第 4 期。

张朋钊：《论"蚀"三部曲中的时代女性》，《河北大学学报》1990 年第
3 期。

赵思运：《茅盾旧体诗词（1949—1976）探幽》，《当代文坛》2018 年第
4 期。

赵婉孜：《托尔斯泰和左拉的小说与〈子夜〉的动态流变审美建构》，
《中国比较文学》2009 年第 2 期。

钟海林：《茅盾小说的经济视角和精神内核》，《陕西师范大学学报》2006

年第 1 期。

周宁、翟德耀：《幻灭与新生——茅盾早期"时代女性"创作心态阐释》，《东岳论丛》2003 年第 6 期。

朱金顺：《〈子夜〉版本探微》，《中国现代文学研究丛刊》2003 年第 3 期。

朱明：《茅盾的〈春蚕〉》，《现代出版界》1933 年第 8 期。

庄钟庆：《茅盾作品在国外》，《新文学史料》1982 年第 3 期。

日本参考文献

1. 相关著作及译著类

小田嶽夫「悩める支那：大過渡期」，東京：第一書房 1936 年版。

小田嶽夫「支那人・文化・風景」，東京：竹村書房 1937 年版。

山本実彦「人と自然」，東京：改造社 1937 年版。

小田嶽夫「同行者：支那現代小説傑作集」，東京：竹村書房 1938 年版。

茅盾著　増田渉訳「上海の真夜中」，東京：改造社「大陸」創刊号，1938 年 6 月。

中国文学研究会編「蚕」，東京：伊藤書店 1939 年版。

茅盾作　武田泰淳訳「虹」，東京：東成社 1940 年版。

室伏高信「人生逍遥：追放記」，東京：第四書房 1950 年版。

茅盾作　尾坂德司訳「真夜中」第一部・第二部，東京：千代田書房 1951 年版。

堀田善衛「広場の孤独」，東京：中央公論社 1951 年版。

竹内好　等「中国革命の思想：アヘン戦争から新中国まで」，東京：岩波書店 1953 年版。

菊池三郎「中国文学入門」，東京：新評論社 1954 年版。

茅盾作　小野忍訳「腐蝕」，東京：筑摩書房 1954 年版。

細井和喜蔵「女工哀史」，東京：岩波書店 1954 年版。

尾坂德司訳「茅盾作品集」，東京：青木書店 1955 年版。

実藤恵秀、実藤遠「中国新文学発達史」，東京：三一書房 1955 年版。

竹内好、岡崎俊夫訳「阿 Q 正伝・李家荘の変遷：他」、現代世界文学全
　　集第 42 巻，東京：新潮社 1958 年版。

竹内好、奥野信太郎、小川環樹訳、「魯迅茅盾」、世界文学大系第 62
　　巻，東京：筑摩書房 1958 年版。

堀田善衛「上海にて」，東京：筑摩書房 1959 年版。

フェドレンコ著、木村浩訳「新中国の芸術家たち」東京：朝日新聞社
　　1960 年版。

実藤遠「中国近代文学史」上巻・下巻，東京：淡路書房新社 1960 年版。

茅盾作　小野忍訳「腐蝕（ある女の手記）」，東京：岩波書店 1961
　　年版。

茅盾作　竹内好訳「夜明け前——子夜」，「中国現代文学選集 4」東京：
　　平凡社 1963 年版。

茅盾作　小野忍、高田昭二訳：「子夜（真夜中）上」，東京：岩波書店
　　1963 年版。

竹内好訳「魯迅　阿 Q 正伝　狂人日記他　茅盾　もみじは赤い」，「世
　　界文学全集 47」，東京：河出書房新社 1962 年版。

茅盾作　竹内好訳「夜明け前―子夜」，「中国現代文学選集 4」東京：
　　平凡社 1963 年版。

尾坂徳司「中国新文学運動史続（抗日戦争下の中国文学）」，東京：法
　　政大学出版局 1965 年版。

小野忍「中国文学雑考」，東京：大安 1967 年版。

茅盾作　小野忍、高田昭二訳「子夜（真夜中）下」，東京：岩波書店
　　1970 年版。

武田泰淳「武田泰淳全集　第 1 巻」，東京：筑摩書房 1971 年版。

堀田善衛「歯車」、現代日本文学大系「堀田善衛、遠藤周作、井上光
　　晴」集、東京：筑摩書房 1972 年。

竹内好「中国を知るために　第三集」，東京：勁草書房 1973 年版。

中野美代子「中国人の思考様式——小説の世界から」，東京：講談社
　　1974 年版。

丸山昇「ある中国特派員：山上正義と魯迅」、東京：中公新書 1976
　　年版。

中野美代子「悪魔のいない文学：中国の小説と絵画」，東京：朝日新聞
　　社 1977 年版。

五木寛之（ほか）編「老舎・茅盾」，「世界文学全集 45」，東京：学習
　　研究社 1978 年版。

小野忍「道標：中国文学と私」，東京：小沢書店 1979 年版。

松井博光「薄明の文学：中国のリアリズム作家・茅盾」，東京：汲古書
　　店 1979 年版。

茅盾作　立間祥介訳「霜葉は二月の花に似て紅なり」，東京：岩波書店
　　1980 年版。

宮尾正樹、白水紀子、伊藤徳也「藻を刈る男：茅盾短篇集」，東京・JI-
　　CC（ジック）出版局 1991 年版。

小谷一郎、佐治俊彦、丸山昇編「転形期における中国の知識人」，東
　　京：汲古書店 1999 年版。

阪口直樹「中国現代文学の系譜：革命と通俗をめぐって」，東京：東方
　　書店 2004 年版。

桑島久美子「茅盾研究：『新文学』の批評・メディア空間」，東京：汲
　　古書店 2005 年版。

是永駿「茅盾小説論—幻想と現実—」，東京：汲古書店 2012 年版。

白井重範「『作家』茅盾論——二十世紀中国小説の世界認識」，東京：
　　汲古書店 2013 年版。

中国文学研究会編「中国文学月報」第 1—9 巻（1—105 号）と「別
　　巻」，東京：汲古書院 1977 年版。

　　2. 相关学术论文及评论类（以下文献的中文翻译详见附录一）

井上紅梅「支那の新作家　茅盾と其評家」，「文芸」3 月号，改造社

1934 年 3 月。

竹内好「今日の中国文学の問題」，中国文学研究会編「中国文学月報」
　　創刊号 1935 年 3 月。

竹内好「茅盾論」，中国文学研究会編「中国文学月報」第 14 号，1936
　　年 5 月。

増田渉「茅盾印象記」，中国文学研究会編「中国文学月報」第 18 号，
　　1936 年 9 月。

増田渉「茅盾と国防文学」，中国文学研究会編「中国文学月報」第 19
　　号，1936 年 10 月。

山本実彦「茅盾・海嬰その他」，「人と自然」改造社 1937 年 3 月。

小田嶽夫「盛り上がる力なし――茅盾『水藻行』＝改造」，「帝国大学
　　新聞」1937 年 4 月 26 日。

本多顕彰「日本的感覚―知性の立場―」，「読売新聞」1937 年 4 月
　　28 日。

神西　清「茅盾の描いた南書　今月作品中の最高峰」，「報知新聞」
　　1937 年 4 月 29 日。

新宿兵衛「日支の文学的握手」，「読売新聞」1937 年 5 月 6 日。

小田嶽夫「茅盾」，「支那人・文化・風景」東京：竹村書房 1939 年。

藤井冠次「『大過度期』を廻って」，中国文学研究会編「中国文学」第
　　61 号，1940 年 5 月。

柳沢三郎「『茅盾論』に対する感想」，中国文学研究会編「中国文学
　　報」第 96 号，1946 年 6 月。

小野忍「茅盾の文学――その一『腐蝕』について」，日華文化会編
　　「随筆中国」第 1 号，1947 年 4 月。

竹内好「茅盾の見聞雑記」，日華文化会編「随筆中国」第 1 号，1947
　　年 4 月。

島田政雄「茅盾とその文学」，島田政雄著「嵐に立つ中国文化」大阪：
　　国際出版 1948 年 6 月。

竹内好「茅盾伝」，竹内好著「魯迅雑記」，東京：世界評論社 1949 年
　　9 月。

竹内好「茅盾『見聞雑記』後記」，竹内好著「魯迅雑記」，東京：世界
　　評論社出版 1949 年 9 月。

岡崎俊夫「茅盾のソ連見聞録」、現代中国学会編「中国研究」第 8 号，
　　1949 年 9 月。

竹内好「茅盾『霜葉は二月の花より紅なり』」，現代中国学会編「中国研
　　究」第 9 号，1949 年 9 月。

小野忍「中国現代文学の発展—抗戦前後の長編小説—」，現代中国学会
　　編「中国研究」第 9 号，1949 年 9 月。

島田政雄「五年後の中国——"幻想小説"茅盾の『春』から」，「何を
　　すべきか」第 1 号，東京金曜社 1949 年 11 月。

中野重治「茅盾さんへ」，「展望」第 58 号，東京：筑摩書房 1950 年
　　10 月。

相浦杲「茅盾：その人と文学」，立命館文学会編「説林」2（11），京
　　都：白楊社 1950 年 11 月出版。

竹内好「茅盾」，近代文学社編「近代文学」第 51 号，1951 年 6 月。

千田九一「茅盾著　尾坂徳司訳　『真夜中』」，近代文学社編「近代文
　　学」第 57 号，1952 年 3 月。

菊池三郎「茅盾文学——その批判的現実主義の成果と限界」，「中国現
　　代文学史：革命と文学運動」，東京：青木書店 1953 年。

菊池三郎「茅盾の『腐蝕』『清明前後』をめぐって南方文学の話」，
　　「中国文学入門」，東京：新評論社 1954 年。

小野忍「茅盾」、竹内好　岡崎俊夫編「現代中国の作家たち」，和光社
　　1954 年。

小野忍「茅盾著『腐蝕』」，中国文学会編「北斗」1（1），1954 年
　　10 月。

佐藤一郎「中国における近代ロマンの出発点——茅盾の『蝕』をめぐ

って 」，中国文学会編「北斗」1（2），1954 年 12 月。

高田昭二「茅盾の小説（その一）」，「岡山大学法文学部学術紀要」第 4
　号，1955 年 3 月。

高田昭二「茅盾の小説（その二）－『蝕』三部作について－」，「岡山
　大学法文学部学術紀要」第 7 号，1956 年 2 月。

小西　昇「初期の茅盾　その一、二」，「中国文芸座談会ノート」第
　6—7 号，1955 年 10 月。

飯田吉郎「茅盾の創作的自覚の形成過程」，中国文化研究会編「中国文
　化研究会報」第 5 巻第 1 号，1955 年 11 月。

高田昭二「茅盾『子夜』について」，東京支那学会編「東京支那学報」
　第 2 号，1956 年 6 月。

飯田吉郎「茅盾の創作方法について――主として初期の文学論を手が
　かりとして」，中国文化研究会編「中国文化研究会報」第 5 巻第 1
　号，1956 年 12 月。

高田昭二「茅盾と自然主義―ゾラを中心に―」，東京大学東洋文化研究
　所編「東洋文化」第 23 号，1957 年 2 月。

岡崎俊夫「魯迅と茅盾」，「世界文学大系月報 5」，筑摩書房，1958 年
　7 月。

山田富夫「『子夜』について」，京都大学中国語学文学研究室編「中国
　文学報」第 9 号，1958 年 10 月。

松井博光「茅盾――中国近代史研究の手引」，「大安」第 4 巻第 11 号，
　東京：大安 1958 年 11 月。

高田昭二「茅盾の小説（その三）『煙雲』について」，「岡山大学法文
　学部学術紀要」第 11 号，1959 年 7 月。

高畠穣「茅盾の『夜読偶記』をめぐって」，東京：近代文学社編「近代
　文学」第 14 巻 6 号，1959 年 4 月。

内田道夫「中国における最近の小説論の動向――茅盾の近著を中心に
　―」，仙台：東北大学文学会編「文化 = Culture 」第 23 巻 3 号，1960

年7月。

吉田富夫「茅盾文学序説——「腐蝕」を中心として」，京都大学文学部
　　中国語学中国文学研究室編「中国文学報」第12号，1960年4月。

竹内実「霜葉は二月の花より紅なり」，東京大学文学部中国文学研究室
　　編「中国の名著：倉石博士還暦記念」，勁草書房1961年版。

那須清「茅盾と巴金の文章」，福岡九州大学編「文学論集」第8号，
　　1961年3月。

竹内実「アオ・トウンの反省」，「文学界」第16巻8号，東京：「文藝
　　春秋」，1962年8月。

高田昭二「1932年茅盾と瞿秋白との間に交わされた文芸大衆化に関す
　　る論争について——現代中国文学史への一つの試み」，「岡山大学法
　　文学部学術紀要」第21号，1964年12月。

三宝政美「茅盾の日本滞在時代——小説・随筆を通して見たる」，仙
　　台：中国文史哲研究会編「集刊東洋学」第13号，1965年5月。

久保田美年子「『子夜』論」，「桜美林大学紀要」第6号，1966年3月。

平松辰雄「茅盾の作家としての出発点」，東京：東京教育大学漢文学会
　　編「漢文学会会報」第25号，1966年6月。

高田昭二「文学研究会の性格——現代中国文学史へのひとつの試み」，
　　「岡山大学法文学部学術紀要」第25号，1967年6月。

小野忍「茅盾『腐蝕』」，「中国文学雑考」，東京：大安1967年。

三宝政美「茅盾と克興との間にとりかわされた革命文学論争にあらわ
　　れたいくつかの問題をめぐって——茅盾の日本滞在時代—続—」，仙
　　台：中国文史哲研究会編「集刊東洋学」第17号，1967年5月。

高田昭二「茅盾と長編小説」，東京大学文学部中国文学研究室編「近代
　　中国の思想と文学」，1967年。

小西昇「茅盾『虹』」，「熊本大学教育学部紀要」第2分冊第16号，
　　1968年2月。

藤本幸三「茅盾と革命文学派との関係について」，首都大学東京人文科

学研究科人文学報編集委員会編「人文学報」第 78 号，1970 年 3 月。

是永駿「『蝕』について　茅盾における小説意識の生成」，大阪大学大学院言語文化研究科編「Studium」第 1 号，1970 年 7 月。

是永駿「茅盾から見た魯迅——第一国民革命期を中心として」，中国文芸研究会編「野草」第 1 号，1970 年 10 月。

是永駿「茅盾『子夜』校勘記」，「鹿児島経大論集」第 12 巻 1 号，1971年 6 月。

是永駿「茅盾の自然主義感と文学研究会」，中国文芸研究会編「野草」第 6 号，1972 年 1 月。

相浦杲「茅盾の『腐蝕』」，「鳥居久靖先生華甲記念集」，1972 年 11 月。

是永駿「『子夜』論」，「鹿児島経大論集」第 12 巻 4 号，1972 年 2 月。

小西昇「茅盾『子夜』——創作方法について」，「熊本大学教育学部紀要」第 2 分冊第 20 号，1972 年 2 月。

丸尾常喜「『腐蝕』論」，「北海道大学文学部紀要」第 21 巻 1 号，1973年 2 月。

木村静江「茅盾の文学——『時代性』と五四運動評価を軸として」，東京大学東洋文化研究所「東洋文化」第 52 号，1972 年 3 月。

芦田肇「銭杏邨における『新写実主義』——蔵原惟人の『プロレタリア・レアリズム』との関連での一考察」，東京大学東洋文化研究所編「東洋文化」第 52 号，1972 年 3 月。

南雲智「茅盾の自然主義受容についての一考察」，櫻美林大學文學部中文学科編「櫻美林大學中國文學論叢」第 4 号，1973 年 10 月。

是永駿「茅盾文学における幻想と現実——30 年代初期を中心に」，中国文芸研究会編「野草」第 12 号 1973 年 10 月。

中野美代子「『子夜』論——中国近代小説の限界」，「北海道大学人文科学論集」第 10 号，1973 年 12 月。

是永駿「『蝕』〔茅盾〕の改作」，「鹿児島経大論集」第 14 巻 3 号。

藤本幸三「茅盾雑記——1940 年前後のこと」，首都大学東京人文科学研

究科人文学報編集委員会編「人文学報」第 98 号，1974 年 3 月。

是永駿「茅盾と三十年代」，「野草」第 14・15 号，1974 年 4 月。

中野美代子：「『孽海花』と『子夜』——マニフォールドな認識の拒否
　について」，「中国人の思考様式——小説の世界から」，東京：講談社
　1974 年版。

松井博光「茅盾伝ノート 1——『文学研究会』結成前後」，「櫻美林大
　學中國文學論叢」第 5 号，1974 年 12 月。

南雲智「茅盾の婦人開放論」，「櫻美林大學中國文學論叢」第 5 号，
　1974 年 12 月。

茂木信之「茅盾『蝕』三部作論」，颱風の会編「飆風」第 8 号，1975
　年 10 月。

小林二男「『子夜』について」，首都大学東京人文科学研究科人文学報
　編集委員会編「人文学報」第 112 号，1976 年 1 月。

太田進「茅盾の『第一段階の物語』試論」，中国文芸研究会編「野草」
　第 18 号，1976 年 10 月。

古谷久美子「『蝕』論」，咿啞之会編「咿啞」第 6 号，1976 年 6 月。

茂木信之「茅盾『蝕』三部作論その二」，颱風の会編「飆風」第 9 期，
　1976 年 11 月。

南雲智「茅盾 1922—23 年、通俗雑誌批判の意味するもの」，櫻美林大
　學中國文學論叢」第 6 号，1976 年 12 月。

堀田善衛「茅盾氏のこと」，筑摩書房「ちくま」第 116 号，1980 年
　11 月。

石黒やすえ「現在文学史における『子夜』」，中国文芸研究会編「野
　草」第 27 号，1981 年 4 月。

楊承淑「茅盾と島崎藤村の自然主義文学観の構造——『子夜』と『夜
　明け前』をめぐって」，仙台：中国文史哲研究会「集刊東洋学」第
　46 号，1981 年 10 月。

南雲智「茅盾と短篇集『野薔薇』」東京：日本中国学会「日本中国学

会報」第 33 号，1981 年 10 月。

阪口直樹「『茅盾評論集』の旧版と新版」，中国文芸研究会編「中国文芸研究会会報」第 13 号，1981 年 12 月。

是永駿「沈雁冰の『冰』について」，中国文芸研究会編「中国文芸研究会会報」第 13 号，1981 年 12 月。

清水茂「『多角関係』の手法」，中国文芸研究会編「野草」第 30 号（茅盾特輯）1982 年 8 月。

阪口直樹「茅盾と"文芸工作者宣言"」，中国文芸研究会編「野草」第 30 号（茅盾特輯）1982 年 8 月。

青野繁治「茅盾初期文芸思想の形成と発展（1）」，中国文芸研究会編「野草」第 30 号（茅盾特輯）1982 年 8 月。

鍋山ちづる「『腐蝕』の機能について」，中国文芸研究会編「野草」第 30 号（茅盾特輯）1982 年 8 月。

魏紹昌、沢本香子「茅盾『走上崗位』日本翻刻本前言」，中国文芸研究会編「野草」第 30 号（茅盾特輯）1982 年 8 月。

是永駿「茅盾作品中における『走上崗位』の位置」，中国文芸研究会編「野草」第 30 号（茅盾特輯）1982 年 8 月。

青野繁治「『茅盾訳文選集』（上・下）について」，中国文芸研究会編「野草」第 30 号（茅盾特輯）1982 年 8 月。

藤本幸三「茅盾の『蝕』三部作を読む」，「北海道大学言語文化部紀要」第 3 号，1983 年 3 月。

白水紀子「沈雁冰（茅盾）の社会思想──五四時代」，東京大学中哲文学会編「中哲文学会報」第 8 号，1983 年 6 月。

青野繁治「茅盾初期文芸思想の形成と発展（2）」，中国文芸研究会編「野草」第 32 号，1983 年 12 月。

青野繁治「茅盾初期文芸思想の形成と発展（3）」，中国文芸研究会編「野草」第 34 号，1984 年 9 月。

青野繁治「茅盾の異色短篇小説『有志者』について」，咿啞の会編

「咿啞」第 18・19 合併号，1984 年 12 月。

是永駿「『水藻行』論」，「咿啞」第 18・19 合併号，1984 年 12 月。

青野繁治「茅盾初期文芸思想の形成と発展（4）」，「野草」第 36 号，1985 年 10 月。

是永駿「『動揺』論」，「野草」第 36 号，1985 年 10 月。

太田進「茅盾『走向崗位』校勘記」，同志社大学編「同志社外国文学研究」第 43・44 合併号，1986 年 3 月。

太田進「茅盾『第一段階の物語』再論」，中国文芸研究会編「野草」第 37 号，1986 年 3 月。

是永駿「日本における茅盾研究——その新たな展開」，中国文芸研究会編「野草」第 37 号，1986 年 3 月。

白水紀子「『夜読偶記』——状況整理」，中国文芸研究会編「野草」第 37 号，1986 年 3 月。

筱田一士：「茅盾『子夜』—二十世紀の十大小説（八）—」，東京：新潮社「新潮」，1986 年 9 月。

筱田一士：「茅盾『子夜』—二十世紀の十大小説（九）—」，東京：新潮社「新潮」，1986 年 10 月。

阪口直樹「茅盾『幻滅』とその舞台——武漢三鎮」，中国文芸研究会編「野草」第 41 号，1988 年 2 月。

桑原由美子「茅盾における政治と文学の一側面——『子夜』をめぐる国際的環境」，東京女子大学学会編「史論」第 42 号，1989 年 7 月。

是永駿「茅盾の小説文体と二十世紀リアリズム」，中国文芸研究会編「野草」第 44 号，1989 年 8 月。

是永駿「茅盾文学の光と影（秦徳君手記の波紋）」，「季刊中国：研究誌」第 16 号，1989 年 9 月。

三枝茂人「茅盾の性慾描寫論と『蝕』『野薔薇』における性愛」，京都大学文学部中国語学中国文学研究室編「中国文学報」第 40 冊，1989 年 10 月。

白水紀子「牯嶺における茅盾」，東大中国学会編「中国——社会と文化」第5号，1990年6月。

白水紀子「茅盾とボグダーノフ」，「横浜国立大学人文紀要」第37号，1990年10月。

白水紀子「魯迅・茅盾・胡風——文学遺産の継承をめぐって」，魯迅論集編集委員会編「魯迅研究の現在」，1992年9月。

阪口直樹「『腐蝕』の背景——茅盾と国民党『特務組織』」，神戸：中文研究会篇「未明」第11号，1993年3月。

桑島由美子「茅盾研究の新しい展望：思想・伝統・文化心理の模索と再評価」，筑波大学現代語・現代文化学系編「言語文化論集」第37号，1993年。

桑原由美子「『婦女雑誌』『民国日報・婦女評論』における沈雁冰（茅盾）の女性主義観」，筑波大学現代語・現代文化学系編「言語文化論集」第38号，1994年。

桑島由美子「中国近代文学運動の揺籃と政治社会——五四期茅盾についての一考察」，筑波大学現代語・現代文化学系編「言語文化論集」第39号，1994年。

鈴木将久「メディア空間上海——『子夜』を読む」，東京大学東洋文化研究所編「東洋文化」第74号，1994年3月。

阪口直樹「『子夜』における"買弁"の意味」，中国文芸研究会編「野草」第54号，1994年8月。

是永駿「『霜葉紅似二月花』続稿の世界——解かれた封印」，中国文芸研究会編「野草」第60号，1997年8月。

鈴木将久「『上海事変』の影——茅盾『林家舗子』の方法」，「明治大学教養論集」第317号，1999年1月。

門田康広「茅盾における西欧文学の受容」，「早稲田大学大学院文学研究科紀要」第45号，1999年。

白水紀子「『蝕』三部作の女性像」，小谷一郎，佐治俊彦，丸山昇編

「転形期における中国の知識人」, 汲古書院、1999 年 1 月。

中井政喜「茅盾（沈雁冰）と『牯嶺から東京へ』に関するノート（1）
　革命文学論覚え書（8）」, 名古屋大学大学院国際言語文化研究科編
　「言語文化論集」第 21 巻第 2 号, 2000 年 3 月。

中井政喜「茅盾（沈雁冰）と『牯嶺から東京へ』に関するノート（2）
　革命文学論覚え書（9）」, 名古屋大学大学院国際言語文化研究科編
　「言語文化論集」第 22 巻第 2 号, 2001 年 3 月。

中井政喜「茅盾（沈雁冰）と『牯嶺から東京へ』に関するノート（3）
　革命文学論覚え書（10）」, 名古屋大学大学院国際言語文化研究科編
　「言語文化論集」第 23 巻第 2 号, 2002 年 3 月。

中井政喜「茅盾（沈雁冰）と『牯嶺から東京へ』に関するノート（4）
　革命文学論覚え書（11）」, 名古屋大学大学院国際言語文化研究科編
　「言語文化論集」第 24 巻第 2 号, 2003 年 3 月。

中井政喜「茅盾（沈雁冰）と『牯嶺から東京へ』に関するノート（5）
　革命文学論覚え書（12）」, 名古屋大学大学院国際言語文化研究科編
　「言語文化論集」第 25 巻第 2 号, 2004 年 3 月。

鈴木将久「異郷日本の茅盾と『謎』」,「アジア遊学」第 13 号, 東京：
　勉誠, 2000 年 2 月。

白井重範「『暗黒』と『光明』の相剋——茅盾と北欧神話」, 日本現代
　中国学会編「現代中国 」, 第 75 号, 2001 年。

白井重範「中国文学あれこれ（60）笑えない笑い——茅盾『創造』を
　読む」,「季刊中国」刊行委員会編「季刊中国」第 69 号, 2002 年。

李慶国「茅盾：リアリズム文学の栄光と忌避——北京の近現代文学地
　図（3）」, 茨木：追手門学院大学国際教養学部編「アジア観光学年
　報」第 3 号, 2002 年 4 月。

近藤正義「革命文学論争と茅盾について」, 京都：佛教大学中国言語文
　化研究会編「中国言語文化研究」第 2 号, 2002 年 7 月。

白井重範「茅盾と現実——1930 年前後における茅盾の現実認識に関す

る一考察」，中国研究所編「中国研究月報」第 56 巻第 9 号，2002 年
9 月。

近藤正義「瞿秋白と茅盾の文芸大衆化論争について」，京都：佛教大学
中国言語文化研究会編「中国言語文化研究」第 3 号，2003 年 7 月。

白井重範「茅盾『動揺』の裏側」，東京：国学院大学「国学院雑誌」
第 105 巻第 4 号，2004 年 4 月。

白井重範「茅盾『幻滅』論」，「国学院大学外国語文化学科紀要」2006
年巻，2006 年。

白井重範「『子夜』私論」，「国学院大学外国語文化学科紀要」2006 年
巻，2006 年。

福嶋亮大「ロマンスの脱構築——茅盾『子夜』論」，東京：中国社会文
化学会「中国：社会と文化」第 21 号，2006 年 6 月。

有澤晶子「茅盾による中国神話類型」，東洋大学アジア文化研究所編
「アジア文化研究所研究年報」第 43 号，2008 年。

白井重範「茅盾と銭杏邨——革命文学論戦再考」，「国学院大学紀要」
第 46 巻，2008 年。

白井重範「『厳霜下的夢』をめぐって——『茅盾と北欧神話』補遺」，
「国学院大学外国語文化学科紀要」2008 年巻，2008 年。

白井重範「茅盾『追求』試論——あるいは徒花的ポストモダニティ」，
「国学院雑誌」第 110 巻第 7 号，2009 年 7 月。

白井重範「茅盾小説の世界構造：1930 年代の都市・農村イメージ」，
東京：中国研究所「中国研究月報」第 65 巻第 11 号，2011 年 11 月。

白井重範「中国文学あれこれ（99）不甲斐なさをかみしめる：茅盾小
説における『不能』男性の系譜」，東京：『季刊中国』刊行委員会編
「季刊中国」第 110 号，2012 年秋。

白井重範「茅盾小説の『主題先行』批判をめぐって」，東京：国学院大
学「国学院雑誌」第 114 巻第 9 号，2013 年 9 月。

桑原由美子「書評白井重範『作家』茅盾論——二十世紀中国小説の世

界認識」、東京：日本現代中国学会編「現代中国」第88号，2014年。

白井重範「茅盾『夜読偶記』論：文化部長の戦略」，東京：国学院大学「国学院雑誌」第115巻第11号，2014年11月。

3. 日本茅盾相关研究博士论文（以下文献的中文翻译详见附录一）

佐藤一郎「中国文章論」、慶應義塾大学、平成3年3月。

白永吉「中国抗戦期リアリズム文学論争研究」，早稲田大学，平成7年11月。

鈴木将久「1930年代上海におけるメディアと文学」，東京大学，平成9年1月。

中井政喜「二十年代中国文芸批評論：郭沫若・成倣吾・茅盾」，名古屋大学，平成16年7月。

白井重範「茅盾的『作家精神』の形成と発展に関する研究」，東京大学，平成19年6月。

是永駿「茅盾小説論：幻想と現実」，大阪大学，平成24年9月。

4. 日本茅盾研究论文集（关于《茅盾研究会会报》目录中文翻译详见附录二）

「茅盾研究会会報」第1号—第8号、（日本）茅盾研究会発行、大阪外国語大学中国語学科、是永駿研究室、1984年3月—1989年7月。

附　　录

附录一　日本茅盾研究主要文献（按发表时间顺序）

【注】［日］下村作次郎、［日］古谷久美子、顾忠国(译)《日本茅盾研究参考资料目录》中罗列了从 1932 年至 1984 年日本茅盾研究的文献目录。然而笔者通过日本国立国会图书馆查阅后发现此目录尚存疏漏和误译之处，1985 年至今的研究目录迄今也尚未被翻译整理，因此有必要在《日本茅盾研究参考资料目录》基础上查漏补缺。另，日本《茅盾研究会会报》在附录二中单独列入。表内出版社地址未标明的均默认为"东京"。

作者	文献名称	刊物名、卷号、出版社	发表时间
昭和时期（1926.12—1989.1）日本茅盾研究主要可参考文献目录			
井上红梅	《中国新作家茅盾及其评论家》	《文艺》3 月号，改造社	1934.3
竹内好	《今日之中国文学问题》	中国文学研究会编《中国文学月报》创刊号	1935.3
竹内好	《茅盾论》	中国文学研究会编《中国文学月报》第 14 期	1936.4
增田涉	《茅盾印象记》	中国文学研究会编《中国文学月报》第 18 期	1936.9

续表

作者	文献名称	刊物名、卷号、出版社	发表时间
增田涉	《茅盾和国防文学》	中国文学研究会编《中国文学月报》第 19 期	1936.10
阿部知二	《大过渡期》	《文学界》第 3 卷第 11 期，文学界杂志社	1936.11
山本实彦	《茅盾·海婴及其他》	《人与自然》，改造社	1937.3
小田岳夫	《无高潮之力——茅盾〈水藻行〉=改造》	《帝国大学新闻》	1937.4.26
本多显彰	《日本式的感觉——理性的立场》	《读卖新闻》	1937.4.28
神西清	《茅盾描绘的南画——本月作品的最高峰》	《报知新闻》	1937.4.29
新宿兵卫	《日中的文学式握手》	《读卖新闻》	1937.5.6
小田岳夫	《茅盾》	《中国人·文化·风景》，竹村书房	1939.9
藤井冠次	《围绕〈大过渡期〉》	中国文学研究会编《中国文学》第 61 期	1940.5
柳泽三郎	《对茅盾论的断想》	中国文学研究会编《中国文学》第 96 期	1946.6
小野忍	《茅盾文学——其一关于〈腐蚀〉》	日华文化会编《随笔中国》第 1 期	1947.4
竹内好	《茅盾的〈见闻杂记〉》	日华文化会编《随笔中国》第 1 期	1947.4
岛田政雄	《茅盾和他的文学》	《矗立于风暴中的中国文化》，国际出版	1948.6
竹内好	《茅盾传》	《鲁迅杂记》，世界评论社	1949.6
竹内好	《茅盾〈见闻杂记〉后记》	《鲁迅杂记》，世界评论社	1949.6
冈崎俊夫	《评茅盾的〈苏联见闻录〉》	《中国研究》第 8 期，日本评论社	1949.7
竹内好	《茅盾的〈霜叶红似二月花〉》	《中国研究》第 9 期，日本评论社	1949.9

续表

作者	文献名称	刊物名、卷号、出版社	发表时间
小野忍	《中国现代文学的发展——抗战前后的长篇小说》	《中国研究》第 9 期，日本评论社	1949.9
岛田政雄	《五年后的中国——从茅盾"幻想小说"〈春〉说起》	《应该做什么》第 1 期，金耀社	1949.11
中野重治	《致茅盾先生》	《展望》第 58 期，筑摩书房	1950.10
相浦杲	《茅盾——其人和文学》	《说林》第 2 卷第 11 期，白杨社（京都）	1950.11
竹内好	《茅盾》	《近代文学》第 51 期，近代文学社	1951.9
竹内好	《评〈子夜〉（尾坂德司译）》	《读卖新闻》	1951.11.21
千田九一	《茅盾著尾坂德司译〈子夜〉》	《近代文学》第 57 期，近代文学社	1952.3
菊池三郎	《茅盾文学——其批判现实主义的成果和局限》	《中国现代文学史：革命与文学运动》，青木书店	1953
竹内好、山口一郎等	《革命文学和茅盾的现实主义文学》	《中国革命的思想》，岩波书店	1953.9
菊池三郎	《围绕茅盾〈腐蚀〉、〈清明前后〉谈一谈"南方文学"》	《中国文学入门》，新评论社	1954
小野忍	《茅盾》	《现代中国作家》，和光社	1954.7
小野忍	《茅盾著〈腐蚀〉》	中国文学会编《北斗》第 1 卷第 1 期	1954.10
小野忍	《茅盾——其人和作品》	东京大学东洋文化研究所编《东洋文化》第 17 期	1954.11
佐藤一郎	《中国现代长篇小说的起点——关于茅盾的〈蚀〉》	中国文学会编《北斗》第 1 卷第 2 期	1954.12
高田昭二	《茅盾的小说（其一）》	《冈山大学法文学部学术学报》第 4 期	1955.3
小西升	《早期的茅盾其一、二》	《中国文艺座谈会笔记》第 6—7 期	1955.10
实藤惠秀、实藤远	《茅盾的现实主义》、《茅盾〈腐蚀〉》	《中国新文学发展史》，三一书房	1955.10

续表

作者	文献名称	刊物名、卷号、出版社	发表时间
饭田吉郎	《茅盾创作意识的形成过程》	中国文化研究会编《中国文化研究会会报》第 5 卷第 1 期	1955.11
高田昭二	《关于茅盾的〈子夜〉》	东京支那学会编《东京中国学报》第 2 期	1956.6
高田昭二	《茅盾小说〈小巫〉、〈林家铺子〉及农村三部曲》	《冈山大学法文学部学术学报》第 7 期	1956.12
饭田吉郎	《关于茅盾的创作方法——以他早期的文学论为线索》	中国文化研究会编《中国文化研究会会报》第 6 卷第 12 期	1956.12
高田昭二	《茅盾与自然主义——以左拉为中心》	东京大学东洋文化研究所编《东洋文化》第 23 期	1957.2
冈崎俊夫	《鲁迅与茅盾》	《世界文学大系月报 5》，筑摩书房	1958.7
伊藤敬一	《评〈霜叶红似二月花〉》	中国文学会编《北斗》第 3 卷第 3 期	1958.9
竹内实	《1958 年上半年的中国文艺——读茅盾〈夜读偶记〉》	中国文学会编《北斗》第 3 卷第 3 期	1958.9
山田富夫	《关于〈子夜〉》	京都大学汉语文学研究室编《中国文学报》第 9 期	1958.10
松井博光	《茅盾——中国现代史研究的启蒙》	《大安》第 4 卷第 11 期，大安	1958.11
高田昭二	《茅盾小说（其三）——关于〈烟云〉》	《冈山大学法文学部学术学报》第 11 期	1959.1
松井博光	《评茅盾〈东洋的现实主义〉》	中国文学会编《北斗》第 4 期第 2 号	1959.4
高畠穰	《关于茅盾的〈夜读偶记〉》	《近代文学》第 14 卷第 6 期，近代文学社	1959.6
内田道夫	《中国近期小说的动向——以茅盾近期著作为中心》	东北大学文学会（仙台），《文化》第 23 卷第 3 期	1959.11
吉田富夫	《茅盾文学概述——以〈腐蚀〉为中心》	中国文学会编（京都）《中国文学报》第 12 期	1960.4

作者	文献名称	刊物名、卷号、出版社	发表时间
实藤远	《从茅盾〈蚀〉到〈子夜〉》	《中国现代文学史》上卷，淡路书房新社	1960.8
实藤远	《茅盾的〈腐蚀〉》	《中国现代文学史》下卷，淡路书房新社	1960.11
那须清	《茅盾和巴金的作品》	九州大学教养学部研究会编《文学论辑》第8期	1961.3
竹内实	《关于〈霜叶红似二月花〉》	《中国名著》，劲草书房	1961.10
竹内实	《茅盾的反省》	《文学界》第16卷第8期，文艺春秋	1961.10
细谷正子	《茅盾的〈春蚕〉》	《中国语》第6卷第8期，北辰	1964.7
高田昭二	《1932年茅盾和瞿秋白之间关于文艺大众化问题的论争——对现代中国文学史的一次尝试》	《冈山大学法文学部学术学报》第11期	1964.12
尾坂德司	《茅盾文学的形成》	《续·中国新文学运动史——抗战时期的中国文学》，法政大学出版局	1965.3
三宝政美	《茅盾逗留日本的时代——以小说·随笔为视点》	中国文史哲研究会编（仙台）《集刊东洋学》第13期	1965.5
久保田美年子	《论〈子夜〉》	《樱美林大学学报》第6期	1966.3
三宝政美	《茅盾和毛泽东——从茅盾的〈豹子头林冲〉说起》	《大安》第12卷第4期，大安	1966.4
平松辰雄	《论茅盾作为作家的起点》	东京教育大学汉文学会编《汉文学会会报》第25期	1966.6
高田昭二	《文学研究会的性质——试论中国现代文学史问题之一》	《冈山大学法文学部学术学报》第25期	1967.2
小野忍	《茅盾〈腐蚀〉》	《中国文学杂考》，大安	1967.5
三宝政美	《茅盾与克兴之间在革命文学论争上表现的若干问题——茅盾滞留日本时期研究（续）》	中国文史哲研究会编（仙台）《集刊东洋学》第17期	1967.5

续表

作者	文献名称	刊物名、卷号、出版社	发表时间
高田昭二	《茅盾和长篇小说》	《近代中国的思想和文学》，大安	1967.7
小西升	《茅盾的〈虹〉》	《熊本大学教育学部学术学报》第 29 期	1968.2
高田昭二	《文学研究会的性质——试论中国现代文学史问题之一》	《冈山大学法文学部学术学报》第 29 期	1969.3
藤本幸三	《关于茅盾和革命文学派之间的关系》	首都大学东京人文科学研究科人文学报编《人文学报》第 78 期	1970.3
是永骏	《关于〈蚀〉茅盾小说意识的形成》	大阪大学研究生院语言文化研究科编《Studiolum》第 1 期，大阪外国语大学	1970.7
是永骏	《茅盾眼中的鲁迅——以第一次国民革命时期为中心》	中国文艺研究会编《野草》第 1 期	1970.10
是永骏	《茅盾〈子夜〉校勘记》	鹿儿岛经济大学编《鹿儿岛经大论集》第 12 卷第 1 期	1971.6
是永骏	《茅盾的自然主义观和文学研究会》	中国文艺研究会编《野草》第 6 期	1972.1
相浦杲	《茅盾的〈腐蚀〉》	《中国语和文学》，华甲纪念会	1972.1
是永骏	《论〈子夜〉》	鹿儿岛经济大学编《鹿儿岛经大论集》第 12 期第 4 号	1972.2
小西升	《茅盾〈子夜〉的创作方法》	《熊本大学教育学部学报》第 20 号	1972.2
丸尾常喜	《论〈腐蚀〉》	《北海道大学文学部学报》第 21 期第 1 号	1972.2
木村静江	《茅盾文学的时代性及对"五四"运动的评价》	东京大学东洋文化研究所编《东洋文化》第 52 期	1972.3
芦田肇	《论钱杏邨〈新写实主义〉对茅盾〈蚀〉的评价》	东京大学东洋文化研究所编《东洋文化》第 52 期	1972.3
木下顺二、武田泰淳	《茅盾的继承者（中国文学的背景）》	《日中友好的基点》，河出书房新社	1972.7

续表

作者	文献名称	刊物名、卷号、出版社	发表时间
南云智	《关于茅盾自然主义观的考察》	《樱美林大学中国文学论丛》第4期	1972.10
是永骏	《茅盾文学中幻想与现实——以30年代初期为中心》	中国文艺研究会编《野草》第12期	1973.10
中野美代子	《论〈子夜〉——中国现代小说的界限》	《北海道大学人文科学论集》第10期	1973.12
是永骏	《〈蚀〉茅盾的修改》	鹿儿岛经济大学编《鹿儿岛经大论集》第12卷第4期	1974.1
藤本幸三	《茅盾杂记——1940年前后》	首都大学东京人文科学研究科人文学报编《人文学报》第98期	1974.3
林道生	《茅盾的"艺术"》	首都大学东京人文科学研究科人文学报编《人文学报》第98期	1974.3
是永骏	《茅盾和三十年代》	中国文艺研究会编《野草》第14—15期	1974.4
中野美代子	《〈孽海花〉和〈子夜〉：关于对多重认识的否定》	《中国人的思考方式》，讲谈社	1974.6
松井博光	《茅盾传笔记1——文学研究会成立前后的茅盾》	《樱美林大学中国文学论丛》第5期	1974.12
南云智	《茅盾的妇女解放论》	《樱美林大学中国文学论丛》第5期	1974.12
冈田英树	《4·12政变和作家（1）：叶绍钧和茅盾》	《大阪外国语大学学报》第33期	1975.1
茂木信之	《论茅盾〈蚀〉三部曲》	飓风会编《飓风》第9期	1975.10
小林二男	《关于〈子夜〉》	首都大学东京人文科学研究科人文学报编《人文学报》第112期	1976.1
太田进	《试论茅盾〈第一阶段的故事〉》	中国文艺研究会编《野草》第18期	1976.4

续表

作者	文献名称	刊物名、卷号、出版社	发表时间
古谷久美子	《论〈蚀〉》	咿哑会编《咿哑》第 6 期	1976.6
茂木信之	《论茅盾〈蚀〉三部曲之二》	飚风会编《飚风》第 9 期	1976.10
南云智	《茅盾·1922—1923 年对通俗杂志批判的意义》	《樱美林大学中国文学论丛》第 6 期	1976.12
中野美代子	《"子夜"是黎明还是深夜——中国现代批判现实主义文学》	《没有恶魔的文学：中国小说与绘画》，朝日新闻社	1977.3
小林二男	《茅盾的长篇小说〈锻炼〉》	《季节》第 7 期，季节社	1978.2
下村作次郎	《评〈黎明的文学——中国现实主义作家·茅盾〉》	咿哑会编《咿哑》第 12 期	1979.12
下村作次郎	《茅盾的幻想小说〈春天〉》	咿哑会编《咿哑》第 12 期	1979.12
堀田善卫	《茅盾逸事》	《其库玛》第 116 期，筑摩书房	1980.11
陈舜辰	《茅盾先生二三事》	《朝日新闻》	1981.4.13
石黑安江	《〈子夜〉在现代文学史上的地位》	中国文艺研究会编《野草》第 27 期	1981.4
杨承淑	《茅盾与岛崎藤村的自然主义文学观构造——围绕〈子夜〉与〈黎明之前〉》	中国文史哲研究会编（仙台）《集刊东洋学》第 46 期	1981.10
南云智	《茅盾和短篇集〈野蔷薇〉》	日本中国学会编《日本中国学会报》第 33 期	1981.10
阪口直树	《〈茅盾评论集〉的旧版与新版》	中国文艺研究会编《中国文艺研究会会报》第 13 期	1981.12
是永骏	《关于沈雁冰的"冰"》	中国文艺研究会编《中国文艺研究会会报》第 13 期	1981.12
太田进	《幻想长篇小说〈走上岗位〉》	中国文艺研究会编《中国文艺研究会会报》第 32 期	1982.2
是永骏	《茅盾〈走上岗位〉评论抄》（翻译）	中国文艺研究会编《中国文艺研究会会报》第 32 期	1982.2
泽本香子	《茅盾的〈走上岗位〉》	中国文艺研究会编《中国文艺研究会会报》第 33 期	1982.4
清水茂	《〈多角关系〉的艺术手法》	中国文艺研究会编《野草》第 30 期（茅盾特辑）	1982.8

续表

作者	文献名称	刊物名、卷号、出版社	发表时间
阪口直树	《茅盾和"文艺工作者宣言"》	中国文艺研究会编《野草》第30 期（茅盾特辑）	1982.8
青野繁治	《茅盾初期文艺思想的形成和发展（1）》	中国文艺研究会编《野草》第30 期（茅盾特辑）	1982.8
锅山千鹤	《关于〈腐蚀〉的功能》	中国文艺研究会编《野草》第30 期（茅盾特辑）	1982.8
是永骏	《〈走上岗位〉在茅盾作品中的位置》	中国文艺研究会编《野草》第30 期（茅盾特辑）	1982.8
井上光晴	《〈腐蚀〉——一个女人的日记》	《玛达姆》8 月号	1982.8
是永骏	《孙中田先生的〈论子夜〉》	中国文艺研究会编《中国文艺研究会会报》第 38 期	1982.11
藤本幸三	《解读茅盾〈蚀〉三部曲》	《北海道大学语言文化部学报》第 3 期	1983.3
白水纪子	《茅盾在"五四"时期的社会思想》	东京大学中哲文学会编《中哲文学会报》第 8 期	1983.6
青野繁治	《茅盾早期文艺思想的形成和发展 2》	中国文艺研究会编《野草》第32 期	1983.12
青野繁治	《茅盾早期文艺思想的形成和发展 3》	中国文艺研究会编《野草》第34 期	1984.9
是永骏	《论〈水藻行〉》	咿哑会编《咿哑》第 18、19 期合集	1984.12
青野繁治	《茅盾短篇小说〈有志者〉的特色》	咿哑会编《咿哑》第 18、19 期合集	1984.12
和田幸子	《向时代挑战的茅盾文学》	咿哑会编《咿哑》第 18、19 期合集	1984.12
下村作次郎	《茅盾〈大鼻子的故事〉》	咿哑会编《咿哑》第 18、19 合集	1984.12
山田敬三	《〈小说月报〉的"革新"与"反革新"——"文学研究会成立的经过"》	京都大学文学部编《中国文学语学论集》	1985.7
青野繁治	《茅盾早期文艺思想的形成和发展 4》	中国文艺研究会编《野草》第36 期	1985.10

续表

作者	文献名称	刊物名、卷号、出版社	发表时间
是永骏	《论〈动摇〉》	中国文艺研究会编《野草》第36 期	1985. 10
太田进	《茅盾〈走上岗位〉校勘记》	同志社大学编《同志社外国文学研究》第43—44 期	1986. 3
太田进	《茅盾〈第一阶段的故事〉再论》	中国文艺研究会编《野草》第37 期	1986. 3
是永骏	《日本茅盾研究——新的开展》	中国文艺研究会编《野草》第37 期	1986. 3
白水纪子	《〈夜读偶记〉——状况整理》	中国文艺研究会编《野草》第37 期	1986. 3
李庆国	《茅盾的〈诗与散文〉》	中国文艺研究会编《野草》第37 期	1986. 3
筱田一士	《茅盾〈子夜〉——20 世纪十大小说8》	《新潮》9 月号，新潮社	1986. 9
筱田一士	《茅盾〈子夜〉——20 世纪十大小说9》	《新潮》10 月号，新潮社	1986. 10
阪口直树	《茅盾〈幻灭〉及其舞台——武汉三镇》	中国文艺研究会编《野草》第41 期	1988. 2

平成时期（1989. 1—2019. 4）日本茅盾研究主要可参考文献目录

作者	文献名称	刊物名、卷号、出版社	发表时间
是永骏	《茅盾的小说文体和二十世纪现实主义》	中国文艺研究会编《野草》第44 期	1989. 8
是永骏	《茅盾文学的光和影（秦德君日记的影响）》	《季刊中国研究》第16 期	1989. 9
三枝茂人	《论茅盾的性欲描写和〈蚀〉〈野蔷薇〉中的性爱》	京都大学编《中国文学报》第40 期	1989. 10
白水纪子	《围绕〈子夜〉的中国文学研究的最近动态》	《世界文学》第70 期，世界文学社	1989. 12
小川恒男	《关于茅盾的"鲁迅论"》	《四国女子大学学报》第9 期	1990. 3
白水纪子	《在牯岭的茅盾》	东京大学中国学会编《中国——社会与文化》第5 期	1990. 6

作者	文献名称	刊物名、卷号、出版社	发表时间
白水纪子	《茅盾和波格丹诺夫》	《横滨国立大学人文学报》（语言学·文学）第 37 期	1990.10
白水纪子	《鲁迅·茅盾·胡风：关于文学遗产继承》	《鲁迅研究的现状》，汲古书院	1992.9
阪口直树	《〈腐蚀〉的背景——茅盾和国民党"特务组织"》	《未名》第 11 期，未名社	1993.3
桑岛由美子	《茅盾研究的最新展望：思想·传统·文化心理的摸索和再评价》	筑波大学现代语·现代文化学系编《言语文化论集》第 37 期	1993
桑岛由美子	《茅盾文学与"未完成的资产阶级"》	中国文艺研究会编《野草》第 52 期	1993.8
桑岛由美子	《中国现代文学运动的摇篮和政治社会——关于"五四"时期茅盾的考察》	筑波大学现代语·现代文化学系编《言语文化论集》第 39 期	1994
铃木将久	《媒体空间的上海：解读〈子夜〉》	东京大学东洋文化所编《东洋文化》第 74 期	1994.3
阪口直树	《〈子夜〉中"买办"的意义》	中国文艺研究会编《野草》第 54 期	1994.8
铃木将久	《1996 年的茅盾：茅盾诞辰百周年国际学术研讨会参加记》	《季刊中国》第 47 期，《季刊中国》刊行委员会	1996.12
是永骏	《〈霜叶红似二月花〉续稿的世界：解开封印》	中国文艺研究会编《野草》第 60 期	1997.8
铃木将久	《异国的文学家们—9—茅盾在异国看到的〈虹〉》	《月刊西尼卡》第 9 期，大修馆书店	1998.12
铃木将久	《"上海事变"之影——茅盾〈林家铺子〉的方法》	《明治大学教养论集》第 317 期	1999.1
门田康宏	《茅盾对西欧文学的接受》	《早稻田大学研究生院文学研究科学报》（第 2 分册）第 45 期	1999
白水纪子	《〈蚀〉三部曲的女性形象》	《转型时期的中国文化人》，汲古书院	1999

续表

作者	文献名称	刊物名、卷号、出版社	发表时间
中井政喜	《关于茅盾（沈雁冰）和〈从牯岭到东京〉的记录（1—5）革命文学论争备忘录（8—12）》	名古屋大学大学院国际言语文化研究科编《言语文化论集》（第21期第2号—第25期第1号）	2000.3 — 2003.2
铃木将久	《他乡日本的茅盾和"谜团"》	《亚洲游学》（特辑：中国作家的"帝都"东京体验），勉诚出版	2000.2
白井重范	《"黑暗"与"光明"的相克——茅盾与北欧神话》	日本现代中国学会编《现代中国》第75期	2001
白井重范	《中国文学百态（60）哭笑不得之解读茅盾〈创造〉》	《季刊中国》第69期，《季刊中国》刊行委员会	2002
李庆国	《茅盾：现实主义文学的荣光和忌避——北京现代文学（3）》	追手门学院大学国际教养学部编《亚洲观光学年报》第3期	2002.4
近藤正义	《关于革命文学论争与茅盾》	佛教大学中国言语文化研究会编《中国言语文化研究》第2期	2002.7
白井重范	《茅盾和现实：1930年前后茅盾现实认识的相关考察》	中国研究所编《中国研究月报》第56卷第9期	2002.9
阪口直树	《茅盾与青年作家的培养政策》	《中国现代文学的系谱——围绕"革命"与"通俗"》，东方书店	2004.2
白井重范	《茅盾〈动摇〉的内面》	国学院大学编《国学院杂志》第105期第4号	2004.4
白井重范	《论茅盾的〈幻灭〉》	《国学院大学外国语文化学科学报》2006年卷	2006
福鸠亮大	《浪漫构造的剥离：论茅盾〈子夜〉》	中国社会文化学会编《中国——社会与文化》第21期	2006.6
有泽晶子	《从茅盾看中国神话类型》	东洋大学亚洲文化研究所编《亚洲文化研究所研究年报》第43期	2008
白井重范	《茅盾与钱杏邨——革命文学论争再考》	《国学院大学学报》第46期	2008

续表

作者	文献名称	刊物名、卷号、出版社	发表时间
白井重范	《关于〈严霜下的梦〉——〈茅盾与北欧神话〉补遗》	《国学院大学外国语文化学科学报》2008 年卷	2008
白川丰	《廉想涉〈二次破产〉与茅盾〈林家铺子〉：中朝现代小说中现实主义的样态》	《东亚比较文学研究》第 8 期，东亚比较文化国际会议日本分部	2009.6
白井重范	《试论茅盾〈追求〉——或有名无实的后现代主义》	《国学院杂志》第 110 卷第 7 期，国学院大学	2009.7
白井重范	《茅盾小说的世界构造：1930 年代都市·农村印象》	中国研究所编《中国研究月报》第 65 卷第 11 期	2011.11
白井重范	《中国文学百态（99）细品无能之感：茅盾小说中"无能"男性的系谱》	《季刊中国》第 110 期，《季刊中国》刊行委员会	2012
是永骏	《太田先生与茅盾研究会（追忆太田进先生)》	中国社会文化学会编《野草》第 92 期	2013.8
白井重范	《关于茅盾小说"主题先行"的批判》	《国学院杂志》第 114 卷第 9 期，国学院大学	2013.9
桑岛由美子	《书评白井重范：论"作家"茅盾——二十世纪中国小说的世界认识》	日本现代中国学会编《现代中国＝Modern China：研究年报》第 88 期	2014
白井重范	《论茅盾〈夜读偶记〉：文化部长的战略》	《国学院杂志》第 115 卷第 11 期，国学院大学	2014.11
铃木将久	《中华人民共和国建国前后的茅盾》	《越境的中国文学：寻求新的冒险》，东方书店	2018.2

日本茅盾相关研究博士论文目录

作者	博士论文题目	学位授予单位	发表年月
佐藤一郎	《中国文学作品论》	庆应义塾大学	1991.3
白永吉	《中国抗战时期现实主义文学论争研究》	早稻田大学	1995.11
铃木将久	《1930 年代上海的媒体与文学》	东京大学	1997.1
中井政喜	《二十年代中国文艺批评论：郭沫若·成仿吾·茅盾》	名古屋大学	2004.7

续表

作者	博士论文题目	学位授予单位	发表年月
白井重范	《茅盾"作家精神"的形成与发展研究》	东京大学	2007.6
是永骏	《论茅盾小说：幻想与现实》	大阪大学	2012.9

日本茅盾相关研究著作目录

作者	书名	出版社	出版年月
山本实彦	《人与自然》	改造社	1937
小田岳夫	《中国人·文化·风景》	竹村书房	1937
菊池三郎	《中国文学入门》	新评论社	1951
实藤惠秀、实藤远	《新中国文学发展史》	三一书房	1955.10
实藤远	《中国近代文学史》	淡路书房新社	1960.11
尾坂德司	《中国新文学运动史续——抗日战争时期的中国文学》	法政大学出版局	1965
小野忍	《中国文学杂考》	大安	1967
竹内好	《为了了解中国第三辑》	劲草书房	1973
中野美代子	《中国人的思考模式——以小说世界为视点》	讲谈社	1974.6
中野美代子	《没有恶魔的文学：中国的小说和绘画》	朝日新闻社	1977.3
小野忍	《道标：中国文学和我》	小泽书店	1979
松井博光	《黎明的文学——中国现实主义作家·茅盾》	东方书店	1979.10.15
小谷一郎、左治俊彦、丸山升编	《转型期中的中国知识分子》	汲古书院	1999
阪口直树	《中国现代文学的系谱：关于革命和通俗》	东方书店	2004.2
中井政喜	《论二十年代中国文艺批评：郭沫若·成仿吾·茅盾》	汲古书院	2005.10
桑岛由美子	《茅盾研究："新文学"的批判·媒体空间》	汲古书院	2005.2.28

续表

作者	书名	出版社	出版年月
是永骏	《论茅盾小说——幻想与现实》	汲古书院	2012.1.17
白井重范	《论"作家"茅盾——二十世纪中国小说的世界认知》	汲古书院	2013.7.4

日本各主要报刊对"茅盾逝世"新闻的报道

报纸名称	标题	版面及页数	时间
《赤旗》	《已故茅盾先生时隔60年党籍恢复》	第10版面，第5页	1981.4.2
《读卖新闻》	《华国锋等担任茅盾先生的治丧委员》	第14版面，第7页	1981.4.8
《中日新闻》	《茅盾先生的葬礼——华国锋任第一委员》	第12版面，第4页	1981.4.8
《日本经济新闻》	《华主席任茅盾治丧第一委员》	【国际政经】第13版面，第5页	1981.4.8
《朝日新闻》	《华国锋主席活动——参加茅盾先生告别仪式》	【国际】第13版面，第7页	1981.4.11
《读卖新闻》	《在茅盾先生追悼会上的顺序：胡"主席"、华"副主席"》	第14版面，第7页	1981.4.12
《朝日新闻》（晚刊版）	陈舜臣：《茅盾先生轶事——如今才是精读之时》	第10版面，第5页	1981.4.13
《赤旗》	《华国锋第四位登场——茅盾追悼大会》	第10版面，第5页	1981.4.13

【笔者所藏部分报刊图片示例】

《读卖新闻》1981 年 4 月 12 日

《朝日新闻》（晚刊版）

1981 年 4 月 13 日

附录二　日本茅盾研究会概况及《茅盾研究会会报》目录一览

　　日本茅盾研究会成立于 1984 年 3 月 27 日，秘书处设在位于大阪府箕面市的大阪外国语大学中国语学科是永骏研究室。日本茅盾研究会时任会长是太田进，研究会会员为阪口直树、下村作次郎、是永骏、青野繁治、古谷久美子、和田幸子，共计 7 人。此外，白水纪子、铃木正夫、芦田肇、北冈正子等中国文学研究学者给予了学术支持，特为会报赐稿。研究会每年不定期召开例会，会员在会上发表近期研究成果并一起讨论。① 此外，我国茅盾研究学者孙中田、庄钟庆、李广德、钟桂松等也曾为该会会报赐稿，孙中田先生专门为会报名执笔题字。

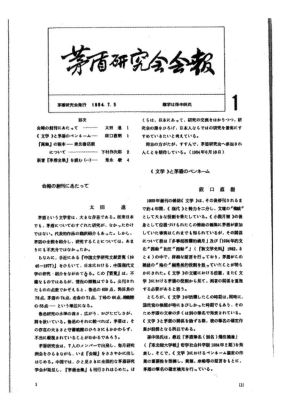

笔者所藏《茅盾研究会会报》
影印本第 1 期首页

1984 年 5 月 3 日研究会首次召开了例会，《茅盾研究会会报》于同年 7 月 5 日创刊。会长太田进在第 1 期头版发表了会报创刊词《会报创刊之际》一文，以下全文为笔者所译：

①　是永骏《日本茅盾研究会简介》、钟桂松著《二十世纪茅盾研究史》中指出的："研究会每月开一次例会"这一说法存在错误。笔者根据《茅盾研究会会报》每期最后登载的例会目录可知，例会举办时间并非每月而是不定期。另，例会参加人员只有上述太田进、是永骏、下村作次郎等 7 人，白水纪子、铃木正夫、北冈正子等只是寄稿，并非参会人员。详细参照《茅盾研究会会报》及例会目录表。

会报创刊之际

太田进

文学家茅盾是一种巨大的存在。以往在日本有关茅盾的出色研究并非没有。代表作品的翻译介绍也出现过。然而，在对茅盾全面介绍和研究方面还十分欠缺。

顺便说一下，我翻阅手头的《中国文学研究文献要览（1945—1977）》调查了日本中国现代文学研究及介绍情况。此《要览》虽有疏漏之处但可概览其基本情况。悉数公开发表的文献数量，其顺序为：鲁迅 659 篇、郭沫若 76 篇、茅盾 74 篇、老舍 71 篇、丁玲 66篇、赵树理 55 篇……

鲁迅研究水平之高，范围之广，数量之多，可谓出类拔萃。茅盾尽管存在感强、研究范围广，但与鲁迅研究相比会发现，目前尚处于不合理地被轻视阶段。

茅盾研究会由七名会员组成，每月召开研究例会，目前开始着手出版《会报》。在中国已先前一步成立了全国性茅盾研究学会，《茅盾全集》也已开始出版发行。我们试图在日本与之展开研究交流，进一步扩大研究会的影响力，意图对日本人独特的研究展开稳健推进。

期待各位同仁主动前来加入茅盾研究会。（1984 年 6 月 10 日）①

茅盾研究会例会最后一次于 1988 年 2 月 7 日在大阪府劳动中心举办，自 1984 年起共计举办 17 次。会报在 1989 年 7 月 30 日发行第 8 期后便停刊，因 1989 年国内政治环境的影响，日本茅盾研究会最终走向了解散。

---

① 太田進「会報の創刊にあたって」、「茅盾研究会会報」第 1 頁、（日本）茅盾研究会発行、1984 年 7 月 5 日（太田进：《会报创刊之际》，《茅盾研究会会报》第 1 页，（日本）茅盾研究会发行，1984 年 7 月 5 日）。

《茅盾研究会会报》总目录一览

期号	作者	论文题目	发行年月日
第1期	太田进	《会报创刊之际》	1984.7.5
	阪口直树	《〈文学〉与茅盾的笔名》	
	下村作次郎	《〈腐蚀〉的版本：关于东北书店版》	
	是永骏	《读新著作〈茅盾全集〉》	
第2期	庄钟庆，和田幸子（译）	《茅盾和中国现代作家》	1984.11.25
	青野繁治	《关于"冰严"》	
	是永骏	《关于〈水藻行〉的日译》	
第3期	徐重庆，是永骏（译）	《茅盾遗札》	1985.7.25
	白水纪子	《茅盾和胡风（一）——鲁迅和胡风的〈子夜〉评价》	
	茅盾研究会编	《1978—1984年茅盾相关书籍出版目录》	
第4期	李广德，青野繁治（译）	《茅盾湖州中学就读时期小考》	1985.11.22
	白水纪子	《茅盾和胡风（二）——关于胡风的政治问题》	
	铃木正夫	《茅盾故居和丰子恺故居访问记》	
	雪燕	《北京茅盾故居示意图》	
	是永骏	《东北师大图书馆所藏版本数量种类》	
第5期	白水纪子	《关于〈霜叶红似二月花〉的时代背景》	1986.9.25
	荫山达弥	《茅盾和叶圣陶（一）》	
	钟桂松	《人杰地灵文星并耀：记录中国文坛巨星茅盾的故乡乌镇（上）》	
	李广德，汪家荣	《乌镇的茅盾旧宅》	
	蒋琦亚	《中日友情在此扎根：茅盾母校湖州中学》	
第6期	是永骏	《京都高原町调查（一）》	1988.2.5
	是永骏，钟桂松	《茅盾家谱》	
	钟桂松	《人杰地灵文星并耀：记录中国文坛巨星茅盾的故乡乌镇（下）》	
	太田进	《关于〈动摇〉〈追求〉的日译》	

续表

期号	作者	论文题目	发行年月日
第7期	阪口直树	《茅盾〈腐蚀〉最后一页》	1988.6.30
	白水纪子	《关于茅盾〈论无产阶级艺术〉的依据》	
	是永骏	《京都高原町调查（二）》	
第8期	北冈正子	《解读山根讲师讲述雁冰译注〈汉字与日语〉——茅盾是日语精通者吗?》	1989.7.30
	白水纪子	《读筱田一士的论〈子夜〉》	

日本茅盾研究会例会参考目录

例会	会议内容	时间	地点
第1次	例会报告 古谷久美子：《1978年—1983年日本茅盾相关研究文献目录》 是永骏：《1978年之后出版的茅盾相关书籍目录》、《关于〈茅盾研究论文选集〉（上·下）》 例会讨论 围绕《关于〈腐蚀〉的文体和构造》（是永骏论文）	1984.5.8	大阪外国语大学
第2次	例会报告 是永骏《1978年至今日本茅盾研究文献目录（一）》 例会讨论 围绕关于《茅盾和短篇集〈野蔷薇〉》《茅盾的短篇小说集〈野蔷薇〉》（南云智论文）	1984.6.8	大阪外国语大学

续表

例会	会议内容	时间	地点
第3次	例会报告 古谷久美子：《〈幻灭〉小说词汇取例》 会报第1期出刊	1984.7.8	大阪外国语大学
第4次	例会报告 阪口直树：《茅盾和〈文学〉：关于国防文学论争》 青野繁治：《小野忍的茅盾论》	1984.9.9	浪速会馆
第5次	例会报告 和田幸子：《竹内好的〈茅盾论〉》 是永骏：《关于〈水藻行〉》	1984.10.10	浪速会馆
第6次	例会报告 下村作次郎：《茅盾〈大鼻子的故事〉（台湾发行）》	1985.12.2	大阪外国语大学
第7次	例会讨论 《咿哑》茅盾特辑集体评论会（和《咿哑之会》合同例会）	1985.3.3	大阪太融寺会馆
第8次	例会报告 太田进：《松井博光先生的茅盾论》 例会讨论 《会规》《会报投稿规则》	1985.3.31	大阪府立劳动中心
第9次	例会报告 青野繁治：《金韵琴的茅盾谈话录》	1985.5.3	同上
第10次	例会报告 是永骏：《中野美代子的茅盾论》	1985.6.23	同上
第11次	例会讨论 编写年谱《野草》37号茅盾特辑	1985.8.30	同上
第12次	例会报告 阪口直树：《茅盾和青年作家培养政策》	1985.10.10	同上
第13次	是永骏《读〈胡兰畦回忆录〉》 青野繁治《关于茅盾年谱的编纂》	1986.3.29	同上

续表

例会	会议内容	时间	地点
第 14 次	例会报告 太田进：《关于小田岳夫日译的茅盾〈动摇〉〈追求〉》 青野繁治：《关于茅盾年谱的编纂（续)》	1986.6.1	大阪府立劳动中心
第 15 次	例会报告 芦田肇：文学研究会成立前后的郑振铎文学观 阪口直树：《关于〈腐蚀〉版本的校对》	1986.10.18	（东京例会）国学院大学
第 16 次	例会报告 中国的茅盾研究——围绕孙中田先生	1987.6.1	大阪府立劳动中心
第 17 次	例会报告 是永骏：秦德君相关资料介绍	1988.2.7	同上

附录三　茅盾小说日文译本一览表

作品名	译者	出版发行时间	出版社、刊物	说明
《蚀》	小田岳夫	1935 年 10 月	《塞露潘》（日文「セルパン」）第 56 期	译者只摘译了《幻灭》，译文中未见相关评论
	小田岳夫	1936 年 8 月	第一书房出版	译者完整翻译了《动摇》和《追求》并以《忧愁的中国：大过渡期》为书名出版了单行本。书中附加有译者序言及评价
	古谷久美子	1973 年至 1975 年	《咿哑》第 1 期—第 5 期连载	译者只完整翻译了《幻灭》，未见相关评价。因出版翻译作品困难，故连载于该刊

续表

作品名	译者	出版发行时间	出版社、刊物	说明
《子夜》	增田涉	1938 年 6 月—8 月	改造社《大陆》创刊号、7 月号、8 月号连载	因战争等原因只连载了《子夜》的前两章便终止了连载；文中附有刘岘的版画插图和译者简介
	尾坂德司	1951 年 10 月、11 月	千代田书房出版	译者完整翻译了《子夜》，并以《深夜》（日文：「真夜中」）为书名分第一部和第二部两次出版发行
	小野忍、高田昭二	1962 年 10 月 1970 年 11 月	岩波书店出版	译者以 1958 年人民出版社出版的《茅盾文集》第 3 卷为原版分上下册合译。下册书后附有小野忍的《解说》和《〈子夜〉人物表》
	竹内好	1963 年 9 月	《中国现代文学选集第 4 卷·长篇小说》平凡社出版	译者以 1958 年人民出版社出版的《茅盾文集》第 3 卷为原版翻译；书中附有叶浅予插画及地图；书后附详细《解说》
	竹内好	1970 年 10 月	现代中国文学 2《茅盾·子夜》河出书房新社出版	系 1963 年版本修正本；《解题》中增加了照片和地图；附加有堀田善卫的《回忆·作家茅盾》
	竹内好	1974 年 5 月	世界文学大系 78《鲁迅·茅盾》卷筑摩书房出版	此版本与 1970 年版本相同，修改了 1963 年版中《解说》中的内容细节；卷末附《茅盾年谱》（松井博光编，藤本幸三补订）

续表

作品名	译者	出版发行时间	出版社、刊物	说明
《虹》	武田泰淳	1940 年 2 月	《现代支那文学全集》第 3 卷 东成社出版	译者只翻译了《虹》前七章；附《解题》和《后记》；《后记》中对《虹》后三章梗概进行了简介
《腐蚀》	小野忍	1954 年 6 月	筑摩书房出版	译者以 1951 年 1 月新版本作为底本，在菊池租的译稿基础上进行了补充修改
	小野忍	1961 年 2 月	岩波书店出版	卷首附茅盾照片，卷末有《译注》和《解说》；根据 1958 年版《茅盾文集》第 5 卷对旧版本加以了删减
	市川宏	1978 年 6 月	世界文学全集 45 《老舍·茅盾》卷 学习研究社出版	卷首附加有多张茅盾各时期照片及堀田善卫的回忆录《茅盾和我》；卷末收录了译者评论解说文《茅盾》并附有茅盾年谱
《霜叶红似二月花》	奥野信太郎	1958 年 7 月	世界文学大系 62 《鲁迅 茅盾》卷 筑摩书房出版	卷首附茅盾照片；卷末附译者撰写的《吴奔星的论茅盾》和《茅盾》及茅盾（松井博光译）《鲁迅论》和《茅盾年谱》
	奥野信太郎	1958 年 7 月	现代中国文学全集第 3 卷《茅盾篇》河出书房新社出版	附有《后记》
	竹内好	1962 年 2 月	世界文学全集 47 《鲁迅·茅盾》河出书房新社出版	卷末有《解说》和《茅盾年谱》
	立间祥介	1980 年 10 月	岩波书店出版	书后附有《解说》

作品名	译者	出版发行时间	出版社、刊物	说明
《水藻行》	山上正义	1937 年 5 月	《改造》5 月号	译文中未见译者姓名与评论解说；附有茅盾《水藻行》手稿影印照片
	伊藤德也	1991 年 6 月	《水藻行：茅盾短篇集》东京 JICC 出版局	书后附有白水纪子的《解题》
《春蚕》	曹钦源	1939 年 11 月	《支那现代文学丛刊》第二辑《蚕》伊藤书店出版	卷首有译者《序言》
	尾坂德司	1955 年 3 月	《茅盾作品集》青木书店出版	译者根据 1952 年开明书店版新文学选集《茅盾选集》为原本翻译；书后附有原书《自序》和《译者后记》
	竹内好	1956 年 1 月	现代世界文学全集第 42 卷《阿 Q 正传·李家庄的变迁及其他》	附有译者《解说》
	宫尾正树	1991 年 6 月	《水藻行：茅盾短篇集》，东京 JICC 出版局	书后附有白水纪子的《解题》
《林家铺子》	尾坂德司	1955 年 3 月	《茅盾作品集》青木书店	除《林家铺子》《春蚕》外，此作品集还收录了《儿子开会去了》《脱险杂记》
	竹内好	1956 年 1 月	现代世界文学全集第 42 卷《阿 Q 正传·李家庄的变迁及其他》，新潮社出版	附有译者《解说》
	松井博光	1958 年 7 月	现代中国文学全集第三卷《茅盾篇》河出书房新社出版	附有竹内好《后记》

续表

作品名	译者	出版发行时间	出版社、刊物	说明
《大泽乡》《秋收》	小田岳夫	1938 年 6 月	《同行者：支那现代小说三人杰作集》竹田书房出版	此集除茅盾两部作品外还收录了萧军与郁达夫作品各两部；附《序》
《小巫》	曹钦源	1939 年 11 月	《支那现代文学丛刊》第二辑《蚕》伊藤书店出版	除茅盾《春蚕》和《小巫》外还收录了冰心、叶绍钧和郭沫若作品共计 8 部
	白水纪子	1991 年 6 月	《水藻行：茅盾短篇集》东京 JICC 出版局	书后附有白水纪子的《解题》，并加有《林家铺子》《子夜》等电影剧照图片
《诗与散文》	宫尾正树	同上	同上	同上
《右第二章》	伊藤德也	同上	同上	同上
《当铺前》	白水纪子	同上	同上	同上
《烟云》	白水纪子	同上	同上	同上
《劫后拾遗》	小野忍、丸山升合译	1963 年 4 月	小野忍编《中国现代文学选集 8——抗战时期文学集 2》平凡社出版	书后附小野忍《解说》和地图
《少年印刷工》	白水纪子	1984 年 5 月	东京：太平洋出版社	附《解说》及西村保史郎绘制的插画

后　记

时光飞逝，倏然之间，从博士毕业至今已有近一年之久。经过夜以继日地对原博士论文修改、文献校对、语句译文的反复斟酌与润色，终于完成了我学术生涯中的第一部著作，此时此刻难以表达内心中的兴奋与激动之情。再回首博士求学的这几年，最强烈的是不尽的感恩之情：父母给了我生命，各位老师给了我学识，家人、师长、同事、朋友给了我支持和关怀。没有你们我不会顺利完成自己的学业，更不会有今天的收获与成果。

首先要感谢我的恩师阎浩岗教授，是阎老师把我带入了"茅盾研究"这块广阔而富有挑战意义的学术领地。2017 年我顺利考上了河北大学文学院的博士生，在读期间我除上班外几乎每天闭门不出，伏案于书房仄仄方寸的电脑桌前查找研读文献，费尽脑汁思索论文该如何选题。由于自己的中国现代文学知识储备有限，在短时间内很难找到具体的研究对象和切入点，感觉以留日派作家为题写一篇既有新意又能超过前人的高水平博士论文难度非常大。然而，世间很多事情总是充满巧合，在一次翻阅日文文献时我偶然发现茅盾作品在日本的译本和研究文献数量巨大，而这些资料迄今尚未被发掘整理和翻译，如果以"茅盾作品在日本的传播与接受"为题撰写一篇博士论文不仅选题有新意，而且有很高的研究价值。于是我开始夜以继日地大量阅读茅盾作品文本、回忆录、书信及中日相关茅盾研究文献，最终把"茅盾小说在日本的译介与研究"定为了博士论文开题题目。

　　阎老师在我的心目中一直以来是一位严肃、严格、严谨的学者印象。在博一期间修习"中国现代小说研究"这门课时就感受到了阎老师治学严谨、一丝不苟的教学风格。在研读阎老师的专著和论文时，老师那种对做学问求真、求是、求精的精神深深地感染了我。还记得第一次给阎老师打电话汇报选题时我心中充满了忐忑不安，担心自己的选题会遭到阎老师严格地批评甚至被否掉。然而恰恰相反，阎老师不仅非常认可，还计划让我以茅盾为开端，将来逐步把研究范围扩展到其他作家和作品上，并且给我推荐了很多必读书目。阎老师温和的语气和平易近人的态度一改我之前的印象，使我信心倍增。开题当天我把自己的研究计划向各位评审老师作了详细汇报，在场的各位老师对该选题给予了肯定的评价并提出了宝贵的指导意见。开题通过后，2019 年 8 月我便立刻前往日本东京国立国会图书馆查找并复印资料。为了在短时间内取得完整的资料，我几乎每天第一个到馆，最后一个离开，闭馆日也不得闲，另外还乘坐地铁去位于东京神保町的二手书市场淘购资料。回国后我把材料进行了整理，翻译和研读，经过两年的刻苦撰写完成了近 20 万字的博士论文初稿。在此期间，师徒二人通过一番默契合作在《中国现代文学研究丛刊》和《新文学史料》上发表了两篇论文，文章得到了学界专家的推介与认可，这对于我来说是巨大的鼓舞与鞭策。在此感谢《丛刊》和《史料》编辑部各位责编老师的辛勤付出。阎老师收到我的博士论文初稿后在论文摘要、绪论、各章内容的各环节都进行了修改，处处凝结了大量的心血。阎老师严谨求实、诲人不倦的精神和扎实的文字功底给我留下了深刻印象，使我受益终身。另外，阎老师还介绍我加入了中国茅盾研究会。我先后前往青岛、桂林和乌镇等多次参加了与茅盾研究相关的学术会议，在会议上的发言得到了学界专家的认可，同时也结交了很多中国现当代文学研究界的年轻学者。这些经历不仅开拓了自己的学术视野也为今后通往更宽远的学术道路奠定了基础。总之，往昔的点点滴滴对于我来说都是非常难忘的，我和阎老师的师生关系也随着博士论文撰写的不断推进变得越来越亲近，越来越有共同话题，同时也越来越感到做学问是一种乐趣，是一种追求，更是一种情怀。最难得的是，阎老师深厚的学术造诣和德艺双馨的治学品质为我在未来教师职业生涯中树立了一个优秀学者的榜样，这种榜样的精神既是我读博期间最大的收获，也是我人生道路上一笔巨大的财富。

在此还要特别感谢陕西师范大学李继凯教授、辽宁师范大学王卫平教授和山东师范大学贾振勇教授能够在工作的百忙之余参加我的博士论文最终答辩。三位中国茅盾研究界的资深专家能出席答辩使我倍感荣幸，同时得到了一次千载难逢的学习机会。答辩时三位专家对论文严谨认真的指导和严格、严肃的教诲使我受益颇多，收获满满。

衷心感谢河北大学田建民教授。在我印象中田老师一直是一位温和儒雅、知识渊博的学者。在我纠结于博士论文选题时，田老师曾给了我很多宝贵建议，在读期间也为我提供了很多无微不至的关怀与帮助。田老师的"中国现当代文艺思潮"讲义使我印象深刻。通过此课的学习，以鲁迅为代表的中国现代作家的印象在我脑海中逐渐变得生动、鲜活起来，他们的作品也从原来的晦涩难读渐渐变得通俗易懂。另外使我难忘的是"鲁迅研究"这门课，每节课都有不同收获。田老师从民国历史出发解读鲁迅，又以鲁迅作品反观历史的研究方法使我很受启发，还教给了我们在浩如烟海的文献中如何以小见大、由浅入深地发现问题、提出问题和解决问题。通过一年多的学习，不仅提高了我对中国现代文学的学习兴趣，也为我博士论文的撰写提供了理论性基础。博士毕业后，田老师依然为我提供了很多在学术研究方面的帮助。

衷心感谢中国人民大学高旭东教授、首都师范大学傅光明教授、西北大学雷鸣教授、河北大学陈黎明教授和刘起林教授给予我的指导、教诲与帮助。陈黎明老师和刘起林老师的"当代文学前沿问题研究"课程使我印象深刻。陈老师在课上教授了博士论文选题的方法和查找、整理文献的技巧，这让我受益颇深。刘起林老师的"中国当代历史长篇小说研究"讲义思路清晰，有理有据，视野广阔，其学术功底让我折服。雷鸣老师关于博士论文选题、论文写作与投稿技巧、如何发掘新的研究视角等方面的讲解对我非常有帮助。感谢熊权教授、黄涛教授、邓招华教授和李致教授。熊老师和邓老师在博士论文开题时给予的批评指导意见使我备受启发，黄老师、邓老师和李老师在预答辩中提出的修改意见也对我提高论文质量起到了很大作用。衷心感谢河北大学外国语学院各位领导及同事们在我读博及专著修改期间给予的大力支持。感谢河北大学日本籍教师宫田和纪先生、日本鸟取县米子市政府国际交流室的铃木充先生、日本友人赤崎幸彦先生及各位在日留学生近几年来热心为我帮忙查找和购买日文资料。

博士论文发表后，本人有幸于 2022 年 6 月被《茅盾研究年鉴》编辑部评选为"2020—2021 年度新锐学者"。在此特别感谢中国茅盾研究会会长杨扬教授及学界各位专家的认可，感谢浙江传媒学院、中国茅盾研究会副会长赵思运教授及《茅盾研究年鉴》编辑部各位老师的辛勤付出。喜获此奖，备受鼓舞，谨以自勉，吾将继续前行！在此也衷心感谢中国社会科学出版社责任编辑张玥女士、责任校对王龙先生及其他工作人员对本拙作认真负责细致地校对与修改。另外在此特别需要说明的是，1984 年恩师的导师、师祖李岫先生编辑出版了《茅盾研究在国外》一书，此书中介绍了一些关于日本对茅盾作品译介和研究的资料，这些资料不仅为我撰写拙作提供了最基本的文献参考，也是帮助我打开研究思路、提供研究方法的重要启蒙之作。经过几年来的不懈努力，寒窗苦读和潜心研究后完成的这部拙作可以说是隔代传承了李岫先生开拓的事业，这是最令我感到骄傲和自豪的。在此，本人衷心期望拙作能够给我国茅盾研究界带来一点点贡献，文中可能还尚存疏浅幼稚和谬误之处，还恳请各专家学者予以宝贵批评与指正意见。

最后特别衷心感谢我的父亲、母亲、岳父、岳母、妻子及亲戚朋友几年以来默默给予的支持、理解和鼓舞。你们无私的付出为我分担了生活上的琐事，克服了心理上的障碍，为我提供了安心搞学术研究的良好环境与氛围，你们是我顺利完成学业最坚强的后盾，此拙作也是对你们最好的感恩与报答。借此机会，衷心祝愿家人幸福和睦，岁岁平安。

连　正

2022 年 7 月 30 日